16'85€
BV.

Cómo superar las situaciones más difícil[es]

Si está interesado en recibir información
sobre nuestras publicaciones,
envíe su tarjeta de visita a:

Amat Editorial
Comte Borrell, 241
08029 - Barcelona
Tel. 93 410 97 93
Fax 93 321 50 68
e-mail: info@amateditorial.com

William Bridges

Cómo superar las situaciones más difíciles

Guía para transformar y superar crisis y tragedias emocionales, personales y profesionales

Amat Editorial

La edición original de esta obra ha sido publicada en lengua inglesa
por Perseus Publishing, de Massachusetts, con el título *The way of transition*

Autor: *William Bridges*
Traducido por: *Mariona Barrera*
Diseño cubierta: *Jordi Xicart*

ISBN: 84-9735-161-4
Depósito legal: B-7460-2004
Fotocomposición: Zero pre impresión, S.L.
Impresión: Novagràfik, S.L. Vivaldi 5, Montcada i Reixac (Barcelona)
Impreso en España – *Printed in Spain*

Para Susan...
y un nuevo comienzo

Índice

Prólogo

Ninguna historia nos parece la misma después de un lapso de tiempo; igual que los que la leemos tampoco somos los mismos intérpretes.

GEORGE ELIOT

La vida tiene una forma de devolverle a lugares que creía que había dejado definitivamente. Empecé mi segunda carrera en 1980 —la primera fue enseñar literatura— con un libro sobre la transición personal. Eso me condujo a trabajar con empresas, ya que solían ser sus fusiones, reorganizaciones y cambios tecnológicos los que provocaban que las personas entraran en transición. La transición empresarial me condujo un poco más allá de la transición personal, y empecé a escribir sobre la desaparición de los trabajos tradicionales en el mundo laboral actual. Con la publicación de *JobShift*, en 1994, pensé que había dejado atrás el tema de la transición personal.

Pero en menos de un año descubrí que mi vida se precipitaba en el caos. Mondi, mi mujer desde hacía treinta y cinco años, se encontró un pequeño bulto en el pecho izquierdo y empezamos una larga batalla contra el cáncer. Durante los dos años siguientes, vivimos en una montaña rusa de esperanza y decepción. Aunque tuvo bastantes momentos buenos como para que en ocasiones pensáramos que el cáncer había desaparecido, no dejaba de volver. Finalmente, en mayo de 1997, justo un mes después de que hubiera disfrutado de una remisión especialmente buena como para que imagináramos que podía significar una recuperación, falleció.

Durante varios meses tras su muerte, no ofrecí ninguna charla ni formación sobre el tema de la transición. Al principio, simplemente me faltaban fuerzas para realizar cualquier tipo de actividad, y menos una que requería que informara y entretuviera a un auditorio. Pero me di cuenta de que, aunque estaba contento de tener la oportunidad de descansar, echaba de menos la estructura y utilidad que el trabajo siempre había proporcionado a mi vida, la oportunidad que me ofrecía de estar rodeado de personas y el sentimiento que me transmitía de ser productivo.

Después de tres meses de inactividad probé con unos cuantos proyectos pequeños y comprobé que volver a estar ocupado me sentaba bien. Pero trabajar también me presentaba un nuevo problema imprevisto. Todo lo que había escrito sobre la transición –esas cosas que la gente había dicho que eran tan útiles–, en ese momento me parecía extrañamente irreal. Me pregunté: *¿Cómo pude haber intentado hacerme pasar por un experto en transiciones?* En ese instante sentí que mis palabras no habían llegado a casar totalmente con la *experiencia* de estar de verdad en transición.

Comencé a percibir una molesta fantasía: que durante todos esos años, las personas que estaban viviendo una transición y habían asistido a mis charlas, habían recurrido a mis libros en busca de ayuda y se habían marchado insatisfechas. Peor, imaginé que se habían sentido molestas por mi convicción de que tenía algo que contar. Ese sentimiento se hizo tan intenso que decidí dejar de hablar o escribir totalmente sobre el tema durante un tiempo, a pesar de que esa decisión no me salvaba de la vergüenza de haber discutido tanto tiempo sobre algo de lo que en ese momento dudaba conocer.

Me sentí como si toda mi carrera de experto en transiciones hubiera sido una fantasía de la que me hubieran sacado con una sacudida de realidad. No podía ni imaginarme volver a escribir o charlar sobre el tema. Eso me asustó porque, si dejaba de realizar ese trabajo, perdería no sólo mi sustento, sino también una de las continuidades importantes de mi vida. No era que estuviera cansado de reflexionar sobre el tema de la transición. Todo lo contrario: nada me parecía más interesante que eso. Simplemente, no podía imaginarme cómo hablaría de un tema de forma que encajara con la intensidad de la experiencia que estaba viviendo.

Tardé un tiempo en darme cuenta de que esos sentimientos eran una expresión del *desencanto* que siempre había comentado que formaba parte de la experiencia de la transición. Si es profunda y de grandes repercusiones, la transición hace que una persona crea que no sólo es una pieza de una realidad desaparecida, sino que todo lo que parecía ser realidad, tan sólo era un espejismo. Roto el hechizo, la vida puede parecer tan distinta que apenas la reconocemos.

Paulatinamente decidí que siempre que una realidad antigua desaparece, la respuesta no es negarse a hacer algo que había estado asociado a esa realidad, sino, más bien, explorar y descubrir cuál es la nueva. ¿Qué me revelaba mi propio encuentro emocional con la transición? ¿Qué explicaría en ese momento si tuviera que hablar sobre el tema por primera vez?

Esas eran preguntas difíciles, tanto porque me obligaban a replantearme todo lo que creía que sabía, como porque amenazaban con derrumbar a mi alrededor una carrera y reputación perfectamente positivas. ¿Quién soy, me planteaba, si ya no poseo esa experiencia? Ah, sí, pensaba. Sé qué está ocurriendo. La transición no sólo desencanta; además, termina su antigua identidad. También había tratado sobre ese aspecto de la transición, definiéndolo como *desidentificación*, y la gente había agradecido mis aportaciones.

También había hablado sobre *desorientación*. Y, de hecho, me sentía desorientado… perdido… no sabía cuál era el final. Quizás *había* sabido de lo que estaba hablando durante todos esos años. Quizás era que la experiencia subjetiva era mucho más conmovedora de lo que la descripción podía transmitir. Decidir eso me hizo sentir un poco mejor.

Fui afortunado al poder desconectar un poco del trabajo después de que Mondi falleciera esa primavera. Ese descanso me ofreció una oportunidad para familiarizarme un poco más con mi nueva realidad. A finales del verano estaba probando con algunas charlas, y a principios de otoño emprendí un viaje de negocios por Europa durante el que pronuncié varios discursos más. Experimenté momentos de dudas personales, a medio esperar que alguien se levantara y me denunciara por charlatán, pero me descubrí contando cosas nuevas que no sabía que sabía.

En ese viaje, también me tomé algunos días libres en Gales, conduje un pequeño Fiat por carreteras estrechas y paseé por las ruinas de abadías de valles desiertos. Aunque en casa vivía solo, ese era un tipo de soledad diferente. Podía apreciar de primera mano por qué las personas en transición frecuentemente hacen peregrinaciones. Yo mismo me alejé de mi camino para descubrir ruinas reputadas por ser especialmente sagradas. ¿Era mi imaginación o realmente sentí una presencia espiritual nuevamente intensa mientras estaba sentado junto a un pozo sagrado o paseaba por la nave lateral (en ese momento, cubierta por una alfombra de césped) de un monasterio abandonado que en una época había sido destino de peregrinos? En ese paisaje nuevo y diferente sentí que empezaba de nuevo y conseguí ver cómo la transición personal puede abrir perspectivas que se denominan correctamente *espirituales*.

Una idea empezó a tomar forma, aunque fue varios meses antes de que pudiera articularla por completo. La desorientación que estaba experimentando (al igual que la desidentificación y el desencanto que la creaban) estaba comenzando a parecer no un estado terminal, sino un preludio de algo nuevo. El final que había tenido lugar y la pérdida que había sufrido eran, empecé a sentir, la operación de limpieza psíquica que podría hacer posible un nuevo edificio. Esa experiencia inédita de estar en transición podría llegar a proporcionarme una nueva comprensión de la transición y formas renovadas para ayudar a los demás a encontrar su sentido.

William Wordsworth afirmó que el arte es la pasión «recordada en tranquilidad». No creo que ya haya alcanzado la parte tranquila de la experiencia. Pero he dejado de sentirme abrumado por mi transición. Puedo reflexionar sobre ella, abrazarla y considerar de nuevo qué es realmente la transición y qué provoca en una persona. Puedo hablar tanto como una persona que ha trabajado con otras en transición durante veinticinco años, como también como persona que ha vivido una de enorme recientemente.

Al escribir este libro quiero mantener claras mis perspectivas y hacer justicia a ambos puntos de vista: el conceptual y el experimental. Con ese objetivo he agrupado mis ideas y mi historia personal en varios capítulos distintos y he ido moviéndome entre estas dos perspectivas diferentes sobre la transición. Tengo la sensación de que la verdad —sea lo que sea lo que signifique esa palabra mal usada— sólo puede surgir de ese tipo de visión binocular.

Mi trabajo previo sobre la transición se produjo cuando rondaba los cuarenta o cincuenta años. Me sigue pareciendo válido, pero el mundo y yo hemos cambiado. Lo que sigue a continuación es lo que me parece que es la transición, en la actualidad, a los sesenta y seis años, al principio del siglo XXI, en esta encrucijada de mi vida. En esta etapa de finales-y-principios. Fuera de ese extraño vacío que denomino zona neutral. Mientras salgo de mi propia transición.

1

Cambio y transición

No existe pecado castigado más implacablemente por la naturaleza que el de la resistencia al cambio.

ANNE MORROW LINDBERGH

Es una paradoja: para alcanzar la continuidad, tenemos que estar dispuestos a cambiar. El cambio es, de hecho, la única forma de proteger cualquier cosa que exista, pues sin constantes reajustes el presente no puede continuar. Hasta el mayor conservador, Edmund Burke, lo entendió, pues afirmó: «un estado sin los medios de algún cambio se queda sin los medios de su continuación».[1] El rechazo al cambio no garantizará que lo que nos importa permanece igual. Sólo evidencia que lo que nos importa ha sido privado de lo fundamental que necesita para sobrevivir. Un matrimonio, una carrera, un sueño de futuro, incluso una imagen del pasado, cada una de estas situaciones está preparada para la destrucción si no se transforma con el tiempo.

Otra paradoja: las cosas importantes que en este momento desearíamos poder asir y preservar del cambio fueron originariamente producidas por cambios. Y muchos de esos cambios, en esa época, parecían igual de amedrentadores que cualquiera del presente. No importa lo sólido y confortable y necesario que nos parezca el *statu quo* en la actualidad, en algún momento fue nuevo, no probado e incómodo. El cambio no sólo es el camino hacia adelante, sino que también es el camino que nos queda por detrás, el que recorrimos hasta llegar al lugar en el que intentamos permanecer en este instante.

Pero a pesar de ser necesario, la mayoría de personas le dirían que el cambio es algo a lo que nos resistimos «naturalmente». Si les pide que le expliquen esa resistencia, manifestarán que como tememos tanto lo desconocido nos aferramos incluso a situaciones incómodas, antes de aventurarnos en territorio desconocido. O le expondrán que nuestro egoísmo natural hace que nos neguemos a abandonar todo lo que tenemos, o que el punto de vista limitado de la mayor parte de personas les esconde otras posibilidades. Es posible que le cuenten lo «inflexibles» que son la mayoría de nuestras personalidades.

Después de trabajar, tanto con personas como con empresas, sobre problemas relacionados con la transición durante veinticinco años, afirmaría que la mayoría de personas *no* se resisten al cambio. A lo que nos resistimos es a la transición. «Transición» y «cambio» son palabras que suelen utilizarse como si fueran sinónimas, pero no lo son realmente.

El cambio es una alteración situacional:

- Tener un nuevo jefe es un *cambio*, al igual que recibir una promoción o perder el trabajo;
- Trasladarse a una casa diferente es un *cambio*, al igual que remodelar la vivienda o perderla en un incendio;
- Tener otro hijo es un *cambio* para todos los miembros de la familia, incluido el bebé, que estaba bastante mejor situado antes de que el cambio tuviera lugar;
- Y, por supuesto, perder a un ser querido es un *cambio*; uno enorme.

La *transición*, en cambio, es el proceso de desprenderse de la forma como solían ser las cosas, y luego adaptarse a la forma que adoptan después. Entre el momento de soltarse y volver a asirse existe una «zona neutral» caótica, aunque potencialmente creativa, en la que las cosas no son como eran, pero en realidad tampoco son de una nueva forma. Este proceso de tres fases —terminación, zona neutral, vuelta a empezar— es una transición.

La transición es la forma en que aceptamos el cambio. Sin la transición, un cambio es mecánico, superficial, vacío. Si la transición no tiene lugar o si empieza, pero es abortada, las personas terminan (mental y emocionalmente) por detrás de por donde empezaron, y el cambio no se produce. A pesar del nuevo jefe (o de la nueva casa o del recién nacido), nada es realmente distinto.

Cuando nos resistimos a la transición, lo hacemos a una o más de las tres fases de su estructura. Puede que nos resistamos a *abandonar* lo antiguo; puede que nos resistamos a la confusión de encontrarnos en el estado intermedio de la *zona neutral*, o puede que nos resistamos a las incertidumbres de emprender un nuevo *comienzo* arriesgado. Nos resistimos a la transición no porque no podamos aceptar el cambio, sino porque no podemos aceptar el deshacernos de esa pieza nuestra que tenemos que abandonar cuando y porque la situación ha variado.

Además, nos resistimos a la transición porque es más larga (a menudo, mucho más larga) que el cambio, lo que nos deja en el limbo —o en la *zona neutral*, como prefiramos denominarlo—, mientras que una realidad reemplazante y un nuevo yo se están formando progresivamente. Aunque es posible que el cambio en sí mismo vaya directa e inmediatamente de lo viejo a lo nuevo —vive en una casa un día y en otra al día siguiente—, la transición siempre nos hace perder una cantidad de tiempo sorprendente en esa zona neutral intermedia e incómoda. Y mirando hacia atrás, nos damos cuenta de que ya nos sentíamos como si hubiéramos estado en una transición durante esas últimas semanas en la antigua casa. Hasta la perspectiva de un cambio puede colocarnos en una transición.

Otro motivo por el que las personas se resisten a la transición es que crea una «resonancia» entre el presente y las experiencias dolorosas del pasado. Es como si la experiencia de pérdida pasada «vibrara» y colocara otras pérdidas antiguas en la misma longitud de onda, vibrando por simpatía. Una persona que pierde a un padre durante la infancia, por ejemplo, es probable que también sea especialmente vulnerable al final de una relación adulta. Las personas cuyas vidas se vieron apartadas en una ocasión debido a un movimiento físico difícil que las separó de todas las personas que les importaban, es probable que encuentren desagradables los movimientos posteriores. Y las personas con experiencias infantiles de fracaso profundo —del tipo que dejan a uno con el sentimiento de inutilidad e incompetencia— pueden ser especialmente vulnerables frente a experiencias en que su sensación de valía o adecuación personal se ponen en duda.

Al eliminar el *statu quo*, la transición no sólo recuerda antiguas heridas, sino que también amenaza con devolvernos al estado en que estábamos antes de que el *statu quo* fuera establecido. Las circunstancias de nuestras vidas adultas (las casas en que vivimos, las amistades que tenemos, el trabajo que ejercemos, las familias de las que formamos parte) suelen servir para protegernos de recuerdos dolorosos respecto a cómo solíamos sentirnos antes de que existieran esas cosas. Cuando esas circunstancias desaparecen o se desmoronan, quedamos expuestos a nuestras propias dudas y viejas ansiedades. No es casual que el dolor provocado por la transición sea lo que a menudo conduce a las personas a psicoterapia, o que una de las tareas que se abordan en psicoterapia sea definir realidades presentes (que puede que sean bastante dolorosas por derecho propio) de entre los traumas recordados del pasado.

• • •

No son los cambios conscientes que los hombres y mujeres hacen en sus vidas —un nuevo empleo, una nueva ciudad, un divorcio— lo que realmente les condiciona, como los títulos de los capítulos en una biografía, sino una mutación larga y lenta de la emoción, oculta, que penetra por todas partes [estas alteraciones internas son]; algo por lo que están tan absortos que los cambios exteriores prácticos de sus vidas en el mundo, percibidos con sorpresa, escándalo, o envidiados por otras personas, pasan casi desapercibidos para esas personas.

NADINE GORDIMER

Hasta el momento me he referido al tipo de transición provocada por un cambio externo específico y que representa el contexto mediante el cual las personas afrontan o sobreviven al cambio. Es decir, un cambio sucede y, luego, tiene lugar una transición. Llamemos a este tipo de transición una transición «reactiva». La transición después de la muerte de mi mujer fue reactiva. La transición fue una reacción al cambio, y fue el camino que tomé para pasar el cambio.

Pero existe otro tipo de transición, que denominaré «evolutiva». Es aquella que no está causada por un cambio externo, sino que está provocada por un desarrollo natural, interno, de esos aspectos de nuestra persona que están establecidos en quién somos y cómo actuamos. La transición de la adolescencia es una transición evolutiva. Del mismo modo que lo es la llamada transición de los cuarenta, y cualquier cambio profundo hacia una nueva manera de experimentar el mundo. Este tipo de sorpresas pueden acontecer en cualquier momento de la vida, siempre que uno se da cuenta, de forma gradual o repentina, de que la carrera personal, el matrimonio o el estilo de vida han dejado de satisfacerle. Una transición evolutiva puede llegar a estar provocada, simplemente, por el reconocimiento de que sí que *existen* alternativas al *statu quo*.

En esos momentos, después de ser más o menos la misma persona durante meses o años, nos sucede que un día nos ocurre algo en nuestro interior. Es posible que intentemos explicarlo atribuyéndolo a algún acontecimiento o culpando del cambio a otra persona. Pero si somos honestos con nosotros mismos, sólo podemos afirmar que las cosas que eran imprescindibles para nosotros han dejado de serlo, o que algo que en un momento fue sólo una presencia imprecisa en nuestra mente ha tomado protagonismo y reclama nuestra atención. Empezamos a preguntarnos cómo sería la vida si hiciéramos tal y cual. Nos rompemos la cabeza pensando en cómo llegamos a ese estadio de nuestras vidas, pensando en lo que realmente esperamos de la vida a partir de ese momento.

Los dos tipos de transición distintos están caracterizados por las mismas tres fases (una terminación, una zona neutral y un nuevo comienzo):

- En la terminación perdemos o abandonamos nuestra antigua perspectiva, nuestra realidad pasada, nuestras viejas actitudes, nuestros valores iniciales, nuestra imagen anterior.[2] Es posible que nos resistamos a ese final durante un tiempo. Es posible que intentemos disuadirnos de lo que estamos sintiendo, y cuando nos rendimos puede que nos envuelvan sentimientos de tristeza y enfado. ¿Por qué me sucede a mí? ¡Mis amigos no se ven envueltos en este tipo de problemas!
- Después nos encontramos en la zona neutral entre lo viejo y lo nuevo, aunque en realidad no estamos ni en uno ni en otro. Este estado confuso es un momento en el que nuestras vidas se sienten como si se hubieran roto o muerto. Recibimos señales mezcladas, algunas de nuestra antigua manera de ser y algunas de una manera de ser que seguimos sin tener muy clara. Nada parece sólido. Todo está en el aire. Aunque, por ese motivo, es un momento en que solemos sentir

que todo es posible. Por tanto, el estadio intermedio también puede ser un momento creativo.

- Finalmente nos aferramos y nos identificamos con algunos puntos de vista nuevos y con algunas realidades renovadas, al mismo tiempo que con actitudes y una imagen personal inéditas. Cuando lo hemos hecho, nos parece que al final estamos empezando un nuevo capítulo de la vida. No importa lo imposible que fuera imaginar un futuro previamente, la vida ha pasado a parecernos como si hubiera recuperado el rumbo. Tenemos un nuevo concepto de nosotros mismos, una perspectiva fresca, un sentimiento renovado de finalidad y posibilidad.

Si nos sentimos así, *es posible* que decidamos introducir cambios en nuestras vidas. Pero con independencia de que una transición evolutiva nos conduzca, o no, a un cambio externo real, nos deja con un sentimiento interior diferente.

• • •

Las enfermedades casi siempre atacan a los hombres cuando están expuestos a un cambio.

HERODOTO

Descubrí y llegué a entender el proceso de transición por primera vez no en la forma conceptual que estoy presentando en estas páginas, sino como una experiencia. Fue en 1974. Había abandonado mi carrera como profesor de literatura norteamericana y trasladado a mi familia al campo. Ambos cambios tuvieron lugar porque Mondi y yo decidimos unirnos a una de esas «comunidades intencionales» que estaban floreciendo en California en esa época. La nuestra estaba formada por seis familias que se conocían bien entre ellas y habían decidido que sería maravilloso vivir juntas en casas vecinas, con algunos equipamientos compartidos y frecuentes actos comunitarios.

Estaba entusiasmado ante la perspectiva de nuestra nueva vida y dedicamos mucho tiempo a prepararnos para los cambios que comportaba. Había muchas incógnitas, evidentemente, pero esperaba una nueva aventura emocionante. Y resultó *ser* emocionante. ¡Pero *yo* estaba trastornado! Un mes después del traslado me estaban tratando por causa de un agarrotamiento en el cuello y por una subida de la tensión arterial; además, no paraba de discutir con Mondi y me sentía mucho más desanimado sobre el futuro de lo que había imaginado.

No paraba de repetirme: este es un cambio *positivo*, uno que quería hacer. No dejaba de intentar convencerme de que era feliz. Si así es cómo se vive un *cambio positivo*, pensé, ¿qué ocurrirá cuando se afronta un cambio *negativo*? Las partes del cuerpo quedan destrozadas, probablemente.

Me preocupaba haber cometido un error al trasladarnos al campo. También me inquietaba que tuviera que dar marcha atrás y rogar que me contrataran en la universidad donde trabajaba antes del traslado. Al no comprender el proceso de transición, ni saber que las terminaciones pueden provocar una lamentación real por lo que se ha dejado detrás, sólo podía imaginar que el cambio había sido un error: ¿Por qué otro motivo me sentiría tan miserable?

El sufrimiento causado por la fase de terminación me hizo sentir algo parecido a un tipo de ritual sobre el que había estado leyendo al final de mi carrera docente. En esa época había dejado gradualmente de leer literatura y leía cada vez más antropología y psicología. (Esto se denomina «no mantenerse en el ámbito propio».) Uno de los libros que contribuyó a que «no me mantuviera» fue un libro antiguo publicado originariamente en 1909 por un antropólogo belga llamado Arnold van Gennep. Titulado *Ritos de paso*, era el primer intento occidental de comprender un tipo de ritual extendido, mediante el que los grupos tribales ayudaban a sus miembros a negociar los momentos decisivos de la vida, como, por ejemplo, nacer, crecer, casarse, tener un hijo, unirse al círculo de los ancianos y morir.[3]

Estos rituales habían sido estudiados por separado anteriormente, pero Van Gennep fue el primer occidental que se dio cuenta de que eran colectivamente similares y que representaban, en realidad, variaciones de un tema. Se inventó el término «ritos de paso» para referirse a ellos y observó que todos esos rituales eran formas de separar a las personas de sus identidades anteriores y de ayudarles a encontrar unas de nuevas. Todas estas experiencias simbólicas empezaron a partir de una terminación, un tipo de ritual en el cual las personas eran separadas de sus viejos mundos y de las identidades que poseían en esos mundos. Los rituales también alejaban a las personas que estaban de paso de cómo les habían enseñado a comprender la realidad. Este tipo de ritual siempre finalizaba con alguna forma simbólica de reincorporación de las personas en transición en el orden social, con identidades e ideas nuevas del mundo en la cabeza. Entre la separación y la reincorporación, las personas en transición eran adentradas en una especie de páramo y en un estado intermedio físico correspondiente, que Van Gennep denominó «la zona neutral».

Entendemos la ceremonia de la entrada en la mayoría de edad como algo que introduce a los jóvenes en la vida adulta que están comenzando, pero Van Gennep reconoció que ese tipo de cambio progresivo sólo funcionaría si primero se desprendían de la infancia que estaban abandonando. «No puede llevárselo consigo», se aplica en un sentido figurativo a todos los momentos decisivos de la vida, no sólo a la muerte. Tiene que desprenderse de ellos para llegar a un final. Para encontrar lo nuevo, primero debe renunciar a lo viejo. El gran científico francés Claude Bernard llegó a la misma conclusión al manifestar: «Es lo que creemos que ya sabemos lo que suele impedir que aprendamos.»

Siempre había sabido que, en los ritos de paso, a las personas se les enseñaban aspectos importantes sobre qué entendía la tribu por «realidad», pero no comprendía que este aprendizaje también requería *desaprender* las «realidades» que les habían enseñado en momentos previos de la vida. Y siempre había descartado los ritos tribales por ser magia prerracional, de modo que fue chocante darme cuenta de que era mejor concebirlos como psicotecnología sorprendentemente sofisticada diseñada para conducir a una persona a través del hueco, entre una etapa de la vida y la siguiente. A los cuarenta años, cuando dejé de enseñar, yo mismo estaba perdido en uno de esos «huecos» de la vida, que también se denomina «crisis de los cuarenta». Y a pesar de que mi cultura no tenía rituales formales para que los utilizara, estaba pasando por la misma experiencia de tres fases: terminación, zona neutral y vuelta a empezar, que las personas de las tribus habían ritualizado. Era como si estuviera en un paso de la vida no ritualizado.

• • •

El objetivo principal de la educación no es aprender cosas, sino desaprenderlas.

G. K. Chesterton

Empiece con una fase de finalización: cuando me trasladé al campo me sentí consternado porque me di cuenta de que en vez de sentir que mi nueva vida había comenzado, percibía que mi vida estaba acabada. Me sentía deprimido y miserable. Tanto como había querido dejar la docencia, noté que echaba de menos la regularidad de mi antiguo horario y el toma y daca familiar del aula. Echaba en falta charlar con los colegas sobre las clases y chismorrear sobre los estudiantes. Echaba de menos cómo mi trabajo me había proporcionado una concepción tan clara de quién era.

Fue desconcertante descubrir que cuando llegué al campo y me rodeé de un grupo de amigos bien urdido, lo primero que experimenté fue un doloroso sentimiento de pérdida. Ese descubrimiento también desconcertó a los demás; mis viejos amigos y vecinos me habían visto como un tipo valiente que estaba dispuesto a abandonar una carrera en la que había dejado de creer. Pero, después, se quedaron más que un poco desconcertados al comprobar que ese mismo tipo vagaba deprimido y se comportaba como un alma en pena. Se preguntaban si mi conducta no era un reflejo de que mi enorme cambio vital había sido un giro equivocado. Quizá hasta un fraude. Tengo que admitir que esas suposiciones también se me ocurrieron a mí.

Un día, poco después de nuestra llegada a la comunidad, Margaret, mi hija menor, volvió a casa del colegio y explicó que su profesora había pedido a todos los alumnos que averiguaran de qué trabajaban sus padres. Ya sabía que Mondi era psicoterapeuta, pero yo… ¿de qué trabajaba yo? Busqué una respuesta sopesando entre me dedico a hablar, a escribir, a cuidar del jardín, a criar pollos. Los ojos de Margaret brillaban; estaba buscando un nombre —profesor, granjero, doctor, camarero—, pero lo mejor que podía ofrecerle era una retahíla de verbos: *me dedico a hacer* eso y *me dedico a hacer* aquello. No eran buenas respuestas a la pregunta: *¿de qué trabajas?* Lo sabía incluso antes de intentar engatusarla, pero creí que, a lo mejor, no lo notaría. Pero sí que lo notó.

No fue hasta que comprendí que los ritos de paso empezaban separando a la persona de su antigua identidad que comencé a encontrar el sentido en mi experiencia subjetiva de desidentificación. En los años posteriores encontré a muchos clientes que luchaban por darle un sentido a la misma experiencia:

—Ya no sé quién soy sin mi trabajo.

—Si no soy su esposa, ¿quién soy?

—La pérdida de nuestra vivienda en un incendio me hizo sentir como si hubiera perdido un parte de mi persona.

—Después de que nuestro hijo se haya marchado de casa para estudiar en la universidad, hemos dejado de sentirnos los mismos.

Lo que descubrí en mi propio caso fue que existía una diferencia enorme entre entender la desidentificación como un primer paso de un proceso que producirá algo nuevo y como el último peldaño en el hundimiento de toda una vida. Por este motivo, el modelo del ritual de paso era útil. La idea de ese ritual era crear una identidad renovada, y la terminación y los sentimientos de pérdida anejos eran sólo la operación de limpieza que creaba el espacio para esa identidad nueva.

En 1974, la sabiduría de llegar-a-terminaciones-antes-de-realizar-nuevos-comienzos se me reveló de varias formas. Me había trasladado al campo, en parte, porque (como profesor de literatura norteamericana) me había encaprichado con *Walden*, de Thoreau, y su historia de llevar una vida sencilla, cerca de la naturaleza. El núcleo de ese proyecto, había escrito, era simplificar su vida. *¡Simplificar, simplificar, simplificar!*, redactó. Mirando hacia atrás, puedo contemplar que aunque sabía que eso era lo que yo estaba haciendo, en realidad estaba intentando *añadir simplicidad a mi vida*. Además de todas las cosas antiguas que había estado realizando, empecé a calentar la casa con una chimenea, cortar leña para disponer de combustible, cultivar toda la comida que podía para la familia y reutilizarlo todo. Es evidente que mi vida se había ido complicando cada vez más a lo largo del proceso.

El descubrimiento inesperado de que hay que llegar a un final antes de realizar un comienzo me hubiera consternado menos si hubiera podido realizar una terminación rápida y, luego, continuar seguidamente con un principio distinto. Pero el nuevo comienzo que estaba buscando tenía que incluir el descubrimiento de una forma de vivir inédita, y eso dependía, a su vez, de una nueva forma de definir el tipo de trabajo que podía ejercer. Siempre que me planteaba el trabajo que podía realizar, pensaba en enseñar literatura, pero eso era lo que quería *dejar* de hacer. En ese punto, me encontré en un serio callejón sin salida.

Lo que echaba de menos, por supuesto, era la segunda fase de la experiencia de paso: la zona neutral. (¡Pero tenía prisa! No podía permitirme perder varios meses vagando en la zona neutral, como un joven aborigen de paseo. Además, era una persona moderna, no un *primitivo.*) Sin embargo, a pesar de mi modernidad, poco a poco llegué a comprender que necesitaba experimentar la fase desértica de mi transición, como lo hacía, seguramente, un joven indígena durante su rito de paso. En los ritos tribales, ese páramo existía tanto en el interior como alrededor del individuo. Es decir, el joven pasaba un tiempo en el aislamiento externo, porque representaba el amorfismo y confusión internos que se producen cuando desaparecen todo el orden proporcionado por una «vida» y una «identidad».

Ese estado resultado del aislamiento no es realmente un estado negativo o una ruptura de cómo se supone que son las cosas, aunque seguro que le parece así a alguien como yo, que no se lo esperaba o no lo entendía. En realidad, es una fase fértil, una fase creativa, una fase de energía pura y de gran potencial. En la soledad repleta de símbolos de la zona neutral tradicional, algún dios o espíritu enviaba un sueño o transmitía una señal a alguien que se encontraba en medio de un ritual de paso. Los antepasados hablaban o aparecía un animal totémico. De una forma u otra, las personas en una situación de paso descubrían la clave que necesitaban para ayudarles a emprender una nueva vida. Está claro que nuestra sociedad no me había preparado para pasar un tiempo en la zona neutral. Nuestro idioma ni siquiera tiene una palabra para referirse a esa fase intermedia y, por tanto, no es sorprendente que no tuviera práctica de ayunos, velas u oraciones que me guiaran y me apoyaran.

Pero llegué a la conclusión de que esos elementos rituales son, meramente, las evidencias de lo que acaba ocurriendo de todos modos. Los seres humanos están equipados para recibir mensajes de transición (o de «paso»), a pesar de que la transmisión social haya cesado. Por este motivo, el período que pasé en la zona neutral tuvo un efecto intenso sobre mí, a pesar de mi conocimiento limitado del período. Después de que mis peores sentimientos de pérdida empezaran a disminuir, algo nuevo comenzó a surgir. Era una idea, muy imprecisa al principio, sobre el tipo de trabajo que podía realizar. Empecé a pensar que esa experiencia que estaba viviendo podía ser el centro de un nuevo tipo de ayuda que podía ofrecer a los demás. Empecé a considerar cómo podía trabajar con personas que estuvieran, como yo, experimentando una transición.

Para hacerlo creé una empresa educativa unipersonal, llamada (como deferencia a mis descubrimientos) «Caminos de paso», y empecé a organizar seminarios de fines de semana titulados «Estar en transición». Eran proyectos modestos, reuniones de diez o doce personas con las que discutíamos las tres fases de la transición y sobre cómo sentaba experimentarlas. Ofrecía mi experiencia (que, en gran parte, consistía en estar una o dos páginas por delante del grupo en cuanto a la comprensión de la transición), pero aprendí casi tanto de ellos como ellos de mí. Cada vez que dirigía un grupo de «Estar en transición», comprendía un poco más qué era la transición y qué significaba para la vida de una persona.

• • •

Ay, si la mente pudiera dejar caer sus ideas muertas,
como el árbol hace con sus hojas marchitadas...

ANDRÉ GIDE

Veinticinco años después puedo volver la vista atrás y observar que la transición reactiva que experimenté después de cambiar de profesión, en realidad había estado precedida de una evolutiva, totalmente subjetiva (y, para las demás personas, invisible), que tuvo lugar antes de que dejara la enseñanza. Esa etapa anterior, en la que no «me estaba manteniendo en mi propio ámbito», fue una época en la que sentía un creciente vacío en el centro de mi vida. Era una época de fantasías sobre otras vidas que podría haber vivido. Al recordarlo puedo ver que fue esa primera transición la que me condujo a dejar la docencia, a unirme a una comunidad de seis familias y a trasladarme a un entorno campestre de treinta y cinco hectáreas de propiedad colectiva, a dos horas hacia el norte de San Francisco. En la actualidad puedo darme cuenta de que tuvo las mismas tres fases que tendría mi transición posterior.

Incluso antes de dejar de enseñar me había estado alejando de mi antigua vida, del mismo modo que Van Gennep había explicado que la primera fase de un rito de paso ayudaba a las personas. Había realizado una terminación interior sin saberlo. Y bastante antes de que decidiera qué quería hacer y realmente dejara la enseñanza, me encontraba en el aislamiento de la zona neutral, tan claro como si un maestro de iniciación me hubiera conducido y dejado solo en la cima de una montaña. Pero era la cima de una montaña *interna*, un desierto interno. Aparentemente seguí con mis actividades habituales. Pero debido a mi transición, había dejado de ser la misma persona que, sólo unos años antes, había amado la docencia y la vida aburguesada.

Fui tirando, sintiéndome en todo momento completamente solo y desconcertado. Transcurrieron dos años en esta «nada», dando vueltas a qué hacer. Contemplaba mi dilema como algo que me había buscado yo mismo haciendo... haciendo... haciendo (o no) no-sabía-qué. Únicamente después de la etapa en mi zona neutral interna, cuando encontré y me uní al grupo con el que me trasladé finalmente al campo, fue cuando empecé a volver a saber dónde quería estar y qué quería hacer.

Mirando hacia atrás, las tres fases de la transición parecen definidas: mi nuevo comienzo en la comunidad rural había estado precedido de una experiencia interna de pérdida, una zona neutral desconcertante; y esa experiencia vino después de que me hubiera deshecho de mis suposiciones y puntos de vista antiguos. Ese tipo de transición interna que ocurre con naturalidad deja a una persona sintiéndose como una persona muy distinta, aunque los demás puede que no perciban la diferencia y aunque puede que no sea capaz de definirla o, incluso, no quiera admitirla. La antigua persona que había sido antes de mi transición nunca hubiera abandonado un empleo de profesor ni se hubiera lanzado a ese tipo de aventura incierta, como lo hizo la nueva-persona-en-la-que-me-convertí.

Actualmente, veinticinco años después, puedo asegurar que una transición evolutiva conduce a un cambio y que el cambio lleva a una transición reactiva. Puedo comprobar fácilmente que ambas tienen la misma estructura de tres fases y que dicha estructura era la misma que la de los ritos de paso tradicionales. Pero, en esa época, iba a tientas por un corredor oscuro de mi vida con atisbos de iluminación ocasionales. Seguía sintiéndome inquieto porque no sabía por qué estaba sintiendo lo que estaba sintiendo o dónde iba a terminar. Hasta me sentí culpable por haber *cambiado*, como si mi transición fuera una señal interna de alguna informalidad o capacidad de cambio.

Me gustaría poder asegurar que me di cuenta de lo que estaba ocurriendo tan pronto como me trasladé al campo, y que a partir de ese momento trabajé resueltamente para reinventarme. Pero lo cierto es que estuve perdiendo mucho tiempo, esos días, intentando resolver cómo recuperar el confort y seguridad relativos que había sentido antes de precipitarme en la transición. Sospecho que si alguien me hubiera ofrecido retroceder el reloj hasta tiempos anteriores, antes de que empezara a sentirme insatisfecho con la docencia, habría aceptado el ofrecimiento. Ahora sé lo habitual que es que las personas que están en transición deseen poder retrasar el reloj e, incluso, imaginarse que lo están haciendo, cuando lo que en realidad hacen, aunque de forma no intencionada, es avanzar hacia algo nuevo.

Es una historia conocida: piensa que se dirige rumbo a la India y descubre un nuevo continente. Corre detrás de la pelota y se cae en la alberca. Cree que está haciendo una cosa y se pasa todo el tiempo ocupado en otra. La mayoría de las transformaciones más grandes ocurren cuando uno cree que tan sólo está intentando reestablecer el *statu quo*.

• • •

Existe un momento para la partida, incluso cuando no existe un lugar concreto al que dirigirse.

TENNESSEE WILLIAMS

Después de empezar a trabajar con personas que se encontraban en transición, descubrí que las finalizaciones y las pérdidas son la primera señal más habitual de que las personas están pasando por una transición. Estas terminaciones tienden a estar señaladas por una de las experiencias siguientes:

- Un acontecimiento repentino e inesperado que —como la muerte de Mondi— destruye la vida anterior que le hacía sentirse como usted mismo;
- El «agotamiento» de una situación o relación que en algún momento fue vital y viva;
- Una actividad que antes siempre había salido bien y que, de repente, e inesperadamente, sale mal;
- Una persona o empresa en las que siempre había confiado demues-

tra ser indigna de confianza y toda su concepción de realidad se desmorona;
- Un problema inexplicable o imprevisto que se cruza, en el peor momento, para interrumpir el funcionamiento ordinario de su vida.

Lo irónico es que las personas suelen ver esa clase de acontecimientos o situaciones como desastres que hay que prevenir, problemas que resolver o errores que corregir. Pero como en realidad son señales de que el proceso transitorio se ha iniciado, hacer que desaparezcan no es más que pulsar el despertador que le despertó.

Sean cuales sean los detalles, una pérdida exterior es mejor imaginarla como un sustituto de alguna renuncia interna que debe hacerse, pero una que es difícil de describir. Lo que ha llegado el momento de abandonar no es tanto la relación o el trabajo en sí mismos, sino, más bien, los miedos, esperanzas, sueños y creencias que les hemos relacionado. Si se deshace sólo del empleo o de la relación, encontrará otro/a y le vinculará los mismos miedos, esperanzas, sueños y creencias. Y, en cambio, es posible que descubra que puede desprenderse de esas actitudes internas sin llegar a terminar con la situación externa.

Dado que es mejor entender una pérdida como el momento oportuno para desprenderse de un aspecto interno, una de las primeras cosas que tiene que plantearse una persona que se encuentra en una transición es: «¿Qué tengo que abandonar llegado este momento?» Lo peligroso es que la persona no llegue a comprender el mensaje interno y que concluya que el cambio externo es el quid de la cuestión. Es lo que me ocurrió al creer que «trasladarme al campo» y «encontrar una nueva profesión» eran fines en sí mismos. Por suerte, mi esfuerzo duró lo suficiente como para que tuviera tiempo de descubrir que lo que tenía que dejar estaba menos relacionado con la actividad vocacional y geografía que con la programación que me había sostenido durante los primeros cuarenta años de mi vida.

Cuando indico que una pérdida es una metáfora de una finalización interna que ha llegado el momento de llevar a cabo, no deseo que se me malinterprete. Estoy afirmando que es *como si* la pérdida externa fuera tan sólo un símbolo. No estoy diciendo que perdiera lo que perdiera porque alguien (o Alguien) esté intentando enseñarle una lección. «¿Por qué me está ocurriendo a mí?», no es una pregunta más iluminadora cuando se le da un giro kármico que cuando se plantea en un estado paranoico. Simplemente, estoy recomendando olvidar la especulación sobre la identidad del emisor y (¡Eh, hora de despertarse!) leer el mensaje. Estoy señalando que puede salir al encuentro de alguna de esas señales de terminación con más eficacia si se plantea a qué debe renunciar llegado ese momento.

Pero también estoy exteriorizando algo más, porque he descubierto que la mejor manera de encontrar el sentido de un acto o situación es contemplarlo como si el acto o situación fueran una persona que está intentando captar su atención. El costo causado por una pérdida es como el río que el héroe encuentra hacia el final de la novela de Hermann Hesse, *Siddhartha*. El humilde remero que Siddartha encuentra al margen del río le cuenta al héroe:

> He pasado a muchos, a miles, y para todos mi río no ha sido más que un obstáculo para su viaje. Viajaban por dinero y negocios, para ir a una boda o como peregrinos, el río les cortaba el paso y el barquero estaba aquí para ayudarles rápidamente a vencer el obstáculo. Pero unos cuantos de estos miles, unos pocos, cuatro o cinco, han llegado a considerar que el río no les representa un obstáculo; han oído su voz, la han escuchado y el río se ha vuelto para ellos tan sagrado como para mí.[4]

El cambio puede ocurrir en cualquier momento, pero la transición tiene lugar cuando un capítulo de la vida ha terminado y otro está esperando su oportunidad para hacer su entrada.[5] No hace falta decir que es imposible imaginar que empieza un nuevo capítulo cuando la muerte de la mujer de uno acaba de cerrar lo que éste siente como *toda su vida*. Simplemente, uno no puede *imaginarse* un capítulo nuevo, pero la realidad es que dejar un capítulo de la vida inicia la transición que concluye con el comienzo de otro capítulo.

La transición no requiere que desestime o niegue la importancia de su vida anterior, sólo que la deje partir. Lejos de rechazarla, es probable que realice una terminación mejor si honra la vida antigua por todo lo que hizo por usted. Le ha mantenido hasta ese instante. Le ha aportado todo lo que posee. Pero ha llegado el momento —aunque es posible que sea antes de que se sienta realmente cómodo haciéndolo— de abandonarla. Su vida pasada ha terminado. No importa lo mucho que le gustaría continuarla o rescatarla o sujetarla; es momento de dejarla ir.

Si esta renuncia será totalmente subjetiva e interna, o si causará más cambios externos, puede que no esté claro al principio. Muchas personas llegan a la conclusión precipitada de que «ha terminado» significa que la situación de la vida tiene que irse. Se divorcian. Dimiten de la oficina para nunca volver. Abandonan la iglesia. Dejan sus estudios. Renuncian a sus países. Lo hacen, aunque todo lo que se les había pedido que hicieran era abandonar la relación que habían tenido con esas cosas. Incluso cuando el final es literal, como en el caso de la muerte, la renuncia más importante no es respecto a la persona, sino respecto a la *vida* que compartió con esa persona.

La relación entre cambio y transición es más complicada por el hecho de que algunas personas llegan a utilizar los cambios externos para distraerse de la tarea más peliaguda de abandonar sus realidades e identidades subjetivas. Llevan a cabo cambios *para no tener que realizar transiciones.* Terminan sus matrimonios, pero se llevan consigo las actitudes hacia la pareja que los destruyeron. O continúan buscando a «alguien que se ocupe de mí», después de dejar sus empleos porque sus superiores no estaban interesados en desempeñar ese papel. O se trasladan, porque sus ciudades no tienen «personas interesantes», y acaban descubriendo que las nuevas tampoco las tienen. Es posible que este tipo de personas asegure que «siempre se encuentran en transición», pero, en realidad, lo más probable es que nunca se encontraran en una. Son adictas al cambio y, como cualquier adicción, es un escape de las preocupaciones reales de sus vidas.

Son las realidades internas las más difíciles de abandonar. El novelista ruso, Leon Tolstói, se refería a cómo y por qué no llegamos a realizar ese tipo de renuncias internas cuando escribió:

> De sobra sé que la mayoría de los hombres, hasta los más inteligentes, con dificultad reconocen una verdad, aun la más sencilla y evidente, si esta verdad les obliga a tener por falsas ideas a las que están aferrados, que han enseñado a otros y sobre las cuales han formado su vida.[6]

Tolstói define lo que las personas se niegan a dejar como sus «verdades» e «ideas». También podría haberlas denominado «perspectivas», «suposiciones» o «realidades». Son las cosas que nos hacen sentir como en casa porque «sobre ellas hemos formado nuestras vidas». Las personas creen que alejarse de ellas es alejarse de la propia vida. Sin ellas, el mundo sería extraño y aterrador. No es extraño que nos aferremos a ellas.

Pero hasta que no las abandonamos, vivimos en un hechizo. Como la Bella durmiente, no somos conscientes de lo que realmente ocurre a nuestro alrededor. Al principio es posible que esa ignorancia nos proteja, pero un día empieza a cerrarnos, a adormecernos, a separarnos con un muro de la vida. Si tenemos suerte, una transición se presenta para despertarnos. Si no la tenemos, dormimos para el resto de nuestras vidas.

• • •

A uno le empujan fuera de un ciclo finalizado de la vida, y... debe desprenderse de su fe, de su amor, cuando lo que haría es renovar la fe y recrear la pasión.

Anaïs Nin

Sigo utilizando el pasado para describir mis puntos de vista sobre el proceso de la transición, porque me ocurrió por primera vez en el pasado. Pero cuando Mondi falleció, me pregunté si en realidad había aprendido algo. Después de preocuparme un poco por eso, decidí que el problema reside en el propio concepto de «aprendizaje». En su uso más habitual, la palabra se refiere a la adquisición de información. Cuando se han recopilado unos datos, se está vinculado a ellos de una vez por todas; o bien, los sabe, o bien, no. Sin embargo, descubrir cosas sobre la vida no encaja con ese patrón. Independientemente de que las denomine «verdades» o de otra forma, aprenderlas implica descubrirlas una y otra vez en contextos distintos, pero similares. Sólo en ese momento el patrón esencial se grabará en su conciencia; aunque, hasta que eso ocurra, resulta desesperadamente fácil perder de vista el patrón y ser incapaz de volverlo a encontrar. Como un pájaro cantando en un árbol: está allí, pero no está visible en ese instante.

Pero la vida es generosa. Nos deja volver atrás para echar otra mirada. El ángulo siempre es distinto. En algunas ocasiones, el ángulo de visión nos rompe el corazón. Eso es lo que me ocurrió con las transiciones anteriores y posteriores a la muerte de Mondi.

2

Cómo redescubrí la transición

Cuántas veces vive y muere un hombre,
entre sus dos eternidades.

William Butler Yeats

No creo que la enfermedad y el sufrimiento de Mondi fueran enviados para enseñarle algo a ella, ni a mí tampoco. Pero, junto con su muerte al final, nos enseñaron muchas cosas a ambos. A través de su lucha, día tras día, durante más de dos años, evolucionó de ser simplemente una persona enferma y asustada a ser alguien que halló mucho sentido en su enfermedad y desveló nuevas fortalezas de su persona, debido a sus descubrimientos. Y durante ese mismo tiempo, yo progresé de ser un espectador pasmado, que intentaba comprender lo que ocurría, a ser un participante en una experiencia intensa e imponente. En la tarjeta navideña que escribí a familiares y amistades siete meses después de su muerte, expliqué que el año de su óbito fue el año más maravilloso que ambos habíamos vivido.

Varios meses después de que le hubieran diagnosticado un cáncer de mama, Mondi decidió escribir a sus amistades y ponerles al día de cómo se encontraba. Dos meses más tarde escribió una segunda «actualización», como ella las denominaba. En esas cartas —un total de quince antes de su muerte— reflexionaba sobre la experiencia de estar muy, muy enferma. Estudió esa experiencia en sí misma y en otras personas que estaban afectadas por su condición, del mismo modo que una persona podría estudiar la vida en un país extranjero. Si iba a tener que estar allí, decidió, también podría llegar a investigar todo lo posible sobre cómo era la vida en la tierra de la muerte.

A continuación, le presento un pasaje de una de esas actualizaciones. Lo escribió a medio camino de su calvario:

> Me gustan muchos los nuevos comienzos. Me gusta el reto de encontrar un sentido a las situaciones que previamente eran imposibles. Me gusta que Etty Hillesium pudiera encontrar esperanza y sentido mirando una pequeña nube, mientras estaba sentada, apiñada en un campo de concentración nazi.[1] Me gusta estar en medio de lo que es cierto y lo que es real, y de lo que está en el centro de las cosas. Siempre me ha complacido pensar en la muerte y siempre me la he planteado como un nuevo comienzo. Ahora tengo que predicar con el ejemplo. Acepto este desafío. Estoy dispuesta a estar despierta y consciente si enfermo y muero. Para una persona como yo, que tiene un interés tan firme en su crecimiento espiritual, padecer cáncer es como una oportunidad. También odio los nuevos comienzos. Es desolador para mí pensar en no ver cómo madurarán mis hijas y cómo crecerán mis nietos. Me rompe el corazón pensar en dejar a Bill, con quien he pasado 37 años de mi vida, en lo bueno y lo malo y en todo lo que ocurre en un buen matrimonio. Mis amigos son mis tesoros. No quiero dejarlos. No sé quién seré si no puedo pasear, correr o ir en bicicleta. Sería una pena terrible no ser una analista junguiana, después de diez años de estudio y trabajo hacia ese objetivo. ¿Cómo puedo llegar a sentirme bien al dejar a mis pacientes, que han confiado tanto en mí y que han arriesgado sus vidas al contar conmigo? ¿Quién soy yo si no soy una terapeuta? No es que no crea que seguiré estando aquí, terapeuta o no, sino que, simplemente, no estoy familiarizada con esa mujer no terapeuta. ¿Y abandonar este cuerpo? He vivido en él cincuenta y seis años y me ha servido muchísimo. No sé quién sería sin este cuerpo, aunque estoy bastante segura de que seguiré siendo yo y seguiré estando ahí.

Como junguiana, Mondi tenía sus propias ideas sobre los momentos decisivos de la vida, y aunque siempre había estado interesada en mi trabajo con la transición, mi modelo particular de cambio vital no era el que solía utilizar para interpretar su propia experiencia. Pero a medida que su situación se fue agravando, empezó a hablar sobre su transición, o transiciones, ya que cuando comenzó a mirar, las vio por todas partes. Un año después de escribir la actualización que he citado, redactó lo siguiente:

El cáncer no está mal si te gustan los comienzos. Cada día tengo un nuevo comienzo. Cada día intercambio la persona que pensaba que era con lo que soy en este momento. Creía que estaba sana; ahora tengo cáncer. Creía que tenía un tumor local tratable; ahora es más probable que sea una metástasis incurable. A lo largo de 25 años, fui una terapeuta a tiempo completo; ahora soy una terapeuta a tiempo parcial. Hoy estoy escribiendo un informe para convertirme en una analista junguiana; la próxima semana, es posible que tenga que coger un permiso para que me hagan un trasplante de médula ósea. Hoy, mi cuerpo se siente fuerte y sin dolor; en un mes, puede que viva la tortura de la quimioterapia. Hoy soy una abuela enérgica e implicada a quien le gusta llevar a sus nietos a Disneyland; el año que viene, es posible que sea una abuela que prácticamente mira y disfruta de sus nietos observándoles y oyéndoles.

Una enfermedad mortal, averiguó, no es tan sólo una preparación para la gran transición denominada «muerte». Existen inicios y finales a lo largo de todo el camino. Uno renuncia constantemente a quién creía que era y cómo pensaba que sería su vida. Uno se encuentra a sí mismo continuamente en la zona neutral, incapaz de recuperar la antigua vida, pero igual de incapaz de aceptar la nueva con comodidad. En el momento en que pueda deshacerse de quién solía ser y honrar la experiencia de estar en una vida intermedia, descubrirá una forma de vida intensa y maravillosa. No hay ningún comienzo que no exija una terminación, ni ningún final que no haga posible un nuevo comienzo.

La muerte situó a Mondi bajo una luz brillante y empezó a ver las cosas que siempre habían sido oscuras hasta ese momento. En esa época observó, con mucha más claridad que la que yo podía tener entonces, que la vida está formada a partir de transiciones en cualquier nivel de detalle desde el que elija observar. Yo había tendido a describir la transición como algo pasajero, un estado en el que nos ha introducido un cambio. Intelectualmente percibí que las transiciones no estaban limitadas a los momentos de cambios significativos, que no eran tan sólo nacer y morir, casarse y cambiar de profesión. Pero sólo fue a través de ella que contemplé el mismo patrón en todas las minúsculas renuncias diarias de nuestras expectativas y esperanzas y en todos los pequeños comienzos de algunas de las formas renovadas de las cosas. Me ayudó a observar el patrón en todas las pequeñas zonas neutrales, cuando estamos suspendidos un momento entre un pasado que se ha marchado y un futuro que todavía no podemos percibir. Las transiciones son como esos fractales de los diagramas del caos, cifras que se replican a sí mismas en todos los niveles de aumento de modo que las partes adoptan la misma forma que el todo, y el todo está presente en cada parte.

En esos días, la vida de Mondi era una absoluta transición. Nos habían explicado que el cáncer probablemente no sería muy agresivo, pero no dejaba de expandirse. Nos habían comentado que no estaba muy evolucionado, pero no dejaba de avanzar. Nos habían contado que la tumorrectomía lo había eliminado y que la radiación había destruido todas las células que pudieran quedar, pero volvió a aparecer. Tuvo tres ciclos de quimioterapia, pero ninguna sustancia química lo apartaba más que un momento. Esperanza y decepción. Esperanza y decepción. Se le cayó todo el cabello un par de veces. El cáncer se propagó por el pulmón y sufrió dos dolorosas operaciones para drenar fluidos que habían empezado a acumularse allí. Tuvo que abandonar su trabajo como analista y despedirse definitivamente de sus pacientes. Tuvo que dejar casi todo lo que le encantaba hacer, a medida que el cáncer la envolvía como una niebla espesa.

Las Navidades de 1996 se acercaban y ella estaba en el hospital debilitándose cada día más, con los pulmones seriamente dañados, en un estado de dolor constante. Había sido una mujer extraordinariamente atractiva, vivaz y atlética; pero, cada semana, estaba más delgada y floja. Había ocasiones en las que hacía esfuerzos para respirar, y cada vez eran más frecuentes. Le pusieron oxígeno. Respirar le dolía tanto que necesitaba morfina, y cuando respirar se hizo muy difícil tuvo ataques de pánico que la dejaban gimiendo y suplicando ayuda. Hasta con el oxígeno y la morfina, no podía recorrer más de veinte pasos sin parar a descansar.

Exteriormente nuestras vidas se estaban separando, pero internamente esa empezó a ser una época extraordinariamente intensa. Sus días en el hospital no nos proporcionaron más que tiempo para hablar. Pasaba las noches en un triste y miserable colchón apoyado encima de una triste y miserable cama. Yo, que había tardado mucho más en admitir que se estaba muriendo, ya no podía pensar en otra cosa. Al final del día me acostaba a su lado en la cama del hospital, la cogía de la mano y hablábamos, la abrazaba y lloraba. Empezamos a esperar con ganas que llegara la noche, después de que se tomara sus medicamentos, cuando era más probable que se sintiera cómoda y el hospital estaba más tranquilo, excepto por el hombre de la habitación contigua que gritaba incoherencias. Siempre servía para recordarnos que podría haber sido peor.

No puedo recordar cuándo Mondi y yo empezamos a despedirnos, pero fue bastante antes de esos días en el hospital. Cuando fue internada y estaba tan enferma, todas sus fuerzas se dirigían a la supervivencia y dejamos de decirnos adiós. Pero, luego, inesperadamente, empezó a fortalecerse de nuevo. Al principio, parecía demasiado bonito para ser realidad, pero al final nos anunciaron que podía volver a casa, con el oxígeno, por supuesto. Lo necesitaría el resto de su vida, señalaron. De modo que regresamos a casa e improvisamos una habitación en el estudio de la planta baja de nuestra casa. Y comenzamos a despedirnos de nuevo.

Recuerdo que me pregunté qué estábamos haciendo y si estaba bien que lo hiciéramos. Algunos de los libros que leímos recomendaban mantener un «sistema de pensamiento positivo» e insinuaban que las expectativas negativas se cumplían. Despedirse, sobre todo cuando estaba obviamente mejor de lo que había estado, parecía bastante alejado de un sistema de pensamiento positivo, de modo que dejamos de hacerlo con tanta frecuencia. Pero cada pocos días, uno de nosotros se veía superado por la tristeza que sentíamos cuando pensábamos que su indulto podía tratarse tan sólo de algo temporal, y volvíamos a retomar nuestras charlas nocturnas. Siempre terminaban con ella describiendo algo que nunca más podría volver a hacer o a contemplar. Nunca llevaría a nuestros últimos tres nietos a Disneyland en su quinto cumpleaños. Le había encantado esa pequeña tradición que había podido poner en práctica dos veces, y la idea de perderla la entristecía muchísimo.

Tuvimos algunos momentos buenos aquella primavera, e incluso hubo un período en el que pensamos que, de hecho, la evolución del cáncer se había invertido. A medida que recuperó fuerzas, empezamos a intentar introducir tantos buenos ratos como pudimos. Programamos un viaje a Disneyland con Tristan, de cinco años, y llegamos a conseguir hacer un viaje de una semana a Great Barrier Reef, en Australia. Pero en ese paraíso terrenal, por la noche cuando nos tendíamos juntos y nos cogíamos de la mano, seguíamos despidiéndonos.

Mientras estábamos allí, su respiración comenzó a hacerse difícil de nuevo. Leí en uno de sus libros una práctica tibetana en la que uno se concentra durante su propia inspiración en asimilar el dolor de una persona que sufre y, durante la expiración, en envolver a la persona que sufre en amor. Lo hice durante una hora. Antes de terminar nuestro viaje, tuvo que ingresar en un pequeño hospital en Cairns, Australia. Los médicos estaban confundidos; quizá había contraído neumonía o, tal vez, se trataba tan sólo del deterioro de sus pulmones.

«Este rollo del pensamiento positivo es una mierda —me comentó una noche mientras estaba recostada en su cama del hospital—. Pero también lo es el pensamiento negativo. Ambos encubren la realidad, que es que *no llegamos a saber qué va a ocurrir*. Esa es la realidad con la que tenemos que vivir. Pero es sencillo entender por qué las personas se refugian en el optimismo o el pesimismo. Ambos dan una respuesta. Pero la verdad es que *no llegamos a saberla*. ¡Esa sí que es una verdad dura!»

De nuevo yo pasaba noches en el hospital, en esa ocasión en la cama más inconsistente y frágil del mundo. Finalmente, cargada de antibióticos para la neumonía que podía (o no) haber contraído y aterrada por si la altitud del vuelo de regreso a casa imposibilitaba que respirara a pesar de las botellas de oxígeno que llevaba consigo, tuvo que regresar del viaje a Australia sola, mientras yo terminaba el trabajo que había pagado nuestra estancia allí. Algunos amigos se encargaron de cuidar de ella durante una semana hasta que regresé. Me sentí como un delincuente por no estar a su lado esa semana, pero cuando volví celebramos una gran reunión.

Era obvio que estaba más débil, pero después de haber vuelto del zaguán de la muerte una vez, tenía un aire invencible a su alrededor. Y ella siempre podía estar a la altura de las circunstancias. Nuestra sala de estar y la cocina estaban siendo remodeladas —¿Qué momento más inoportuno, verdad?—, de modo que recibió a los invitados en el patio, el domingo por la tarde anterior a su muerte. Bebimos y comimos un poco, ella se sentía muy feliz. Pero hizo muchos sobreesfuerzos y esa noche tuvo otro ataque de jadeos y gemidos largo y terrorífico. Al final, las dosis de morfina que tomaba regularmente a esas alturas hizo su efecto y su cuerpo rígido se relajó en la cama.

—Ha sido uno *malo* —susurró medio en sueños.
—Me ha asustado —comenté.
—Me encuentro mejor. Sólo quiero que te quedes a mi lado.

—Dios mío. ¿Crees que voy a marcharme ahora?

Nos reímos.

—¡No quiero volver a ese maldito hospital!

—Lo que tú decidas.

—He elegido. —Después, divertida por cómo sonaba, repitió en una voz más profunda—: ¡HE ELEGIDO!

Dos noches después estábamos tumbados en la cama. A primera hora de la mañana había tenido una de esas pequeñas mejoras que nos animaban y confundían, pero por la tarde la enfermera tuvo que volver. Su respiración era débil y delicada, y un crujido y un estremecimiento acompañaban a cada respiración. La enfermera incrementó la dosis de morfina de Mondi y comenzó a darle Ativan para calmar el pánico que se instauraba cada vez que empezaba a hacer esfuerzos para respirar. La enfermera se marchó y pasó varias horas tranquila.

Luego tuvo un ataque de falta de aliento terrible. Llamé a la enfermera y me indicó que triplicara su dosis de morfina y duplicara la de Ativan. La medicación tardó un tiempo agonizante en causar efecto y no podía hacer más que cogerla de la mano y hablarle. Pero, al final, sí que le hizo efecto, se volvió a calmar su respiración y se quedó dormida. Hice una llamada rápida a la enfermera para preguntarle si creía que tenía que llamar a nuestras tres hijas y avisarlas para que fueran a casa. Me respondió que ella lo haría si estuviera en mi lugar. A pesar de lo obvios que eran los indicios, me sorprendí y me asusté por sus consejos. Nuestras hijas, sin embargo, no se sorprendieron por las llamadas y me sentí más sereno al tranquilizarlas.

Los narcóticos la atontaron y se adormeció un poco. A la hora de la cena se sentía bastante bien como para hablar por teléfono un ratito con una amiga. Desde la habitación contigua podía oírlas reír por alguna historia divertida. Más tarde, cuando estaba listo para irme a la cama le administré otra dosis de su medicación, y mientras lo hacía me preguntaba cómo organizaban esas cosas las personas antes de que existieran las residencias. Podría haber estado en el hospital, por supuesto, y sentirse triste.

La noche fue en muchos sentidos como otras de esa primavera. Volvíamos a despedirnos. Recordé esas largas semanas en que había sido incapaz de aceptar la gravedad de su enfermedad y me pregunté cómo podría haber estado tan ciego y tan confuso. Le confesé: «¡Te echaré tanto de menos!», y empecé a sollozar. Después de unos minutos durante los que estuvimos tumbados cogiéndonos de la mano y llorando, ambos nos tranquilizamos. Su respiración había sido suavizada por los medicamentos, aunque sus pulmones seguían haciendo un ruido que me asustaba.

—¿Podrás dormir? —le pregunté.
—Creo que sí —respondió.

Nos besamos. Coloqué el brazo debajo de su nuca. Su cuello había quedado muy delgado y arrugado. Se giró hacia mí y se acurrucó. Se quedó dormida de repente, como solía hacer esos días con los narcóticos. Liberé mi brazo de debajo de su cabeza y me levanté. Me paseé durante unos minutos un poco impaciente y luego llamé por teléfono al médico de la familia, sintiéndome culpable por molestarle. No era ni el que la trataba del cáncer, pero me había prometido ayudarme tanto como pudiera.

—Su respiración ha empeorado —le conté y empecé a llorar de nuevo. Mi llanto iba y venía como si tuviera vida propia.
—Espera un segundo —me comentó—, tengo que cambiar de teléfono. —Oí una serie de la televisión que me llenó el oído con unas risas flojas. En la habitación de al lado, Mondi respiraba como una máquina que hiciera vibrar sus piezas. Al teléfono, la voz de Bob pedía a otra persona que colgara el otro aparato. Las risas distantes desaparecieron.

Conversamos poco rato. Le expliqué cómo estaba la situación, pero hasta por teléfono pudo oírla. Me dijo que le parecía que no duraría más de un día o dos más y que, probablemente, dormiría durante la mayor parte del tiempo. Le pregunté si había algo más que pudiéramos hacer para que se sintiera cómoda. Me preguntó las dosis de su medicación, y cuando se las revelé me aseguró que creía que estábamos haciendo lo que necesitaba en ese momento. Le di las gracias y colgué el auricular.

Volví a la cama y me senté en el borde. Quería hablar con ella. Como echaba de menos nuestras charlas nocturnas, empecé un solo. Le confesé que creía que el final estaba cerca. A esas alturas no dejaba de llorar, y los sollozos parecían una parte de mis latidos. Le expliqué que Anne y Sarah no tardarían en llegar y que esperaba que pudiera aguantar hasta que llegaran. Margaret ya había regresado desde Virginia cuatro días antes para poder suplir a Mondi en la anhelada excursión a Disneyland de Tristan. Cuando la había llamado a primera hora de la noche, me había contestado que ella y Tristan iban a coger el primer avión disponible de regreso a casa. Como si fuera una señal, oí un coche que se detenía en la calle y me di cuenta de que acababa de llegar en un taxi.

Margaret y Tristan se abalanzaron por las escaleras de la habitación y se abrió la puerta. La voz de Margaret era tensa:

—¿Cómo está, papá?
—Lo está pasando muy mal, Mag.

Tristan la empujó en la puerta y se quedó allí de pie, silencioso y con los ojos bien abiertos y asustados.

—Puedes entrar, Tris —le indiqué. Lo hizo, pero ni siquiera percibió mi presencia. Tenía los ojos clavados en Mondi.

Ella se movió en la cama a mi lado, como si la mera presencia de ellos hubiera alcanzado las capas de su estupor. Abrió los ojos y miró a su alrededor confundida.

—Margaret y Tris han venido a verte, cariño —musité.

A su lado, Tris le susurró:
—Hola, abuela.

Con un esfuerzo grandioso, recuperó toda su atención dispersa y se incorporó un poco sobre las almohadas.

—Ay, hola, Tris. —Había largas pausas entre sus frases—. ¿Cuál ha sido la mejor atracción?
—Las tazas giratorias, creo —farfulló un poco ronco.
Se giró hacia mí:
—¿Podré tomar más morfina pronto?
—Te la daré ahora. —Tomé un cuentagotas e introduje el líquido amargo en su boca. Cambió la expresión de su cara y se recostó más en las almohadas. Luego, como si fuera una idea tardía, me envió un beso.

No volvió a despertarse jamás. Anne y Sarah, junto con el resto de nietos, llegaron media hora más tarde. Se sentaron a su lado, la cogieron de la mano y le hablaron, pero ella estaba demasiado lejos como para notar su presencia. Después se marcharon a la otra habitación, donde habían acomodado a los adormecidos niños. Era medianoche.

No puedo recordar qué le dije a Mondi durante los minutos siguientes, pero recuerdo que de repente me acordé de que solía preguntarme medio en broma: «¿Por qué nunca me cantas?» Su tono de enfado fingido siempre sugería que la mayoría de maridos les cantaban a sus mujeres con bastante regularidad. Recordé sus canciones favoritas, pero nada me parecía bastante adecuado.

Pero al final se me ocurrió. Una de nuestras primeras citas había sido en Nueva York, cuando fuimos a ver el musical *The Music Man*. De modo que empecé a cantar suavemente la canción de amor de ese espectáculo:

Goodnight, my someone, goodnight, my love.
Sleep tight, my someone, sleep tight, my love.[2]
[Buenas noches, cariño, buenas noches, mi amor.
Duerme tranquila, cariño, duerme tranquila, mi amor.]

Su respiración chirriaba y crujía, como si alguna criatura interior, que clamara libertad, agitara sus cadenas. Estaba recostada, lúgubre y pálida a la luz de la luna que entraba por la ventana. Si la miraba de reojo parecía casi más joven que la delgadita de diecinueve años de la que me había enamorado hacía muchos años. Pero la mano que sostenía era completamente anciana. Los huesos de su pecho subían y bajaban como si le fuera muy difícil respirar.

Sarah entró en la habitación. Anne y Margaret estaban hablando con nuestros nietos. Dejé a Mondi con Sarah y salí al exterior sólo durante unos minutos. Esa noche de primavera era tan tranquila y tan preciosa que era difícil recordar qué sucedía en el interior. Treinta y cinco años juntos y ¡sólo uno o dos días más!

Volví a entrar en la habituación en la que Sarah seguía tomando de la mano a su madre. Me comentó que iba a ver cómo estaban los niños, pero que regresaría más tarde y se sentaría un rato. Cuando se marchó, me deslicé en la cama al lado de Mondi. Coloqué el brazo bajo su cabeza. Estaba caliente y pensé que quizá su muerte no estaba tan próxima como estábamos imaginando. Al mismo tiempo, ya no importaba mucho. Me noté enormemente cansado y extrañamente vacío.

Sin ninguna intención concreta comencé a hablarle. Le conté lo valiente que creía que había sido a lo largo de ese calvario de dos años. Le expliqué que sentía mucho haber tardado tanto tiempo en aceptar la realidad de su cáncer y en ayudarla en su lucha. Le agradecí que me hubiera dado una lección maravillosa sobre cómo morir y le indiqué que cuando llegara mi momento, intentaría recordar cómo lo había afrontado ella.

Le comenté que creía que nuestras tres niñas —mujeres adultas, pero que seguían siendo «nuestras niñas»— estaban en buenas condiciones y que no tenía que preocuparse por ellas. Le aseguré que yo también iba a estar bien y que había llegado el momento de que ella se cuidara a sí misma, porque ese siguiente paso inmenso de su viaje de la vida, fuera como fuese, requeriría toda su energía y atención. La besé y le acaricié la cara, y luego me acurruqué contra su cuerpecito. En unos minutos, medio oí que Sarah entraba en la habitación, pero no oí que se marchara.

Cuando me desperté tres horas más tarde seguía siendo oscuro, pero el trino de los pájaros anterior al amanecer había comenzado. Puse la mano sobre su pecho. Tenía el cuerpo caliente, de modo que no podía llevar mucho tiempo fallecida. Pero se había marchado. A otro lugar, hacia un asunto importante.

• • •

Observe constantemente que todo ocurre mediante cambios,
y acostúmbrese a creer que la naturaleza del universo
no ama a nada tanto como a cambiar cómo son las cosas.

MARCO AURELIO

Una vez más estaban allí; esas malditas tres fases de la transición. Tuvo lugar la partida contra la que ella había luchado mucho tiempo y yo luché aún más. Pero cuando abandonamos la lucha apasionada e irreflexiva, nos encontramos en un lugar extraño que ninguno de los dos sabía que existía. Era como esos sueños en los que inesperadamente uno descubre una habitación de su casa que no había sabido que existía. Ese lugar era la zona neutral, sin duda. Ese período intermedio fue muy especial.

Al principio, a ella le daba miedo, pero, poco a poco, lo exploró y descubrió que no era un lugar tan malo en el que quedarse. Así es cómo lo describió en una de sus últimas actualizaciones:

> Muchos días después de mis intervenciones había alcanzado una zona intermedia. Podía ver la vida y podía ver la muerte. Me sentía arrastrada hacia ambas, pero estaba muy contenta de estar donde estaba. La zona intermedia no es un lugar doloroso. Me recuerda una casa de juegos a la que solía ir en la playa. Tenían un disco enorme en el suelo que giraba. Cuando paraba, todas nuestras hijas corrían y se sentaban encima de él. Cuando empezara a girar seríamos expulsados del disco. Sólo la persona del centro permanecería hasta que el operador detuviera las vueltas.
>
> Durante varias semanas me sentí como si estuviera en el centro del disco. Habría sido sencillo salir en cualquier dirección. Lo doloroso era cuando no podía aceptar la posibilidad de mi muerte. Me martirizaba y me atormentaba al negarme a aceptar que podría ser que no viera más a mis nietos. O quizá, que mi esposo no me abrazara nunca más. Que no podría volver a trabajar con mis pacientes. Que no podría perseguir a mi perra, Emma, alrededor de la casa en busca de un abrazo. Que nunca más podría contemplar los árboles que se veían desde mis ventanas o pasear de nuevo por la playa. Que nunca más podría escuchar a Anne, Sarah o Margaret decirme: «¡Hola, mamá!»
>
> Me he esforzado mucho para tener la familia y el estilo de vida que poseo. Me parecen tan especiales… Y es tan fácil sentirse atraída por lo especial que es mi vida. Y luego, justo cuando empiezo a sentirme tan orgullosa de mí misma, recuerdo que existen otros millones de personas «especiales» en el mundo, con sus vidas «especiales». Tengo que reírme de mí misma. La mía no es muy distinta de la del resto, salvo por el hecho de que es mía. Hoy, en una calle de San Francisco he visto a una mujer afroamericana que cogía de la mano a su hijo de ocho años. Estaban sonriéndose y tonteando. ¡Qué especiales! Pero, enton-

ces, todo es especial. Estoy contemplando un pino del exterior mientras escribo. Tiene millones de hojas, cada una tan especial como el resto. Descubro un placer extraño al darme cuenta de que yo soy tan sólo una de las hojas de la humanidad; nada especial. Me ayuda a aceptar el paso de la vida y el movimiento hacia la muerte.

Cuando estoy atrapada en este mundo me parece aborrecible pensar en dejar a mis seres queridos. Desde el mundo intermedio, donde estuve tanto tiempo, no parecía tan malo. Me da miedo ofender a alguien al expresarlo, pero también espero ofrecer algún tipo de alivio. Para mí fue muy tranquilizante observar la muerte a un lado y la vida al otro, y ser capaz de sonreírles a ambas. Fue gratificante saber que podía despedirme de mi marido, mis amistades, mis analistas, mis familiares, mi perro, mi casa. (Casi digo «mis» montañas y «mi» cielo.) Ellos estarán bien y yo estaré bien. Nunca imaginé que existiera ese espacio psicológico. Fue muy consolador.

La resistencia al terrible dolor y la proximidad a mi propia muerte me empujaron hacia el mundo intermedio. Hay tantos puntos a los que agarrarse en este mundo, tal como sabía. Es tan seductor. Es imposible creer que existe algo más. Estoy muy agradecida de haber podido llegar a aceptar cualquier cosa que venga a continuación, de haberme relajado y haberme sentido en paz. Me gustaba limitarme a mirar por la ventana y contemplar la lluvia durante horas en algunos momentos. Fuera lo que fuese lo que ocurriera, me parecía bien.

Lo que Mondi definía como «mundo intermedio» tenía dos caras. Contemplado desde una de ellas era confuso, incomprensible, hasta terrorífico. Contemplado desde el otro, era el centro del disco giratorio de la casa de juegos, un lugar donde se podía estar y mirar, un estado en el que se podía descubrir otra realidad. Esa etapa en el mundo intermedio le aportó perspectivas que nunca antes había contemplado y le facilitó las palabras para escribir y hablar como nunca antes lo había hecho. Pero también la aterrorizó. El mundo intermedio nos cedía más intimidad y alegría que las que habíamos sentido nunca antes. Pero el reloj se encontraba a un minuto de la medianoche, y ambos lo sabíamos.

3

Por qué experimentamos transiciones

Todos queremos ser *alguien; nadie quiere crecer.*

GOETHE

En su función más básica, la transición ayuda a aceptar el cambio. Le reorienta de forma que pueda movilizar su energía para afrontar eficazmente su nueva situación —que sea una «buena» o una «mala», no importa—, en vez de verse trabado por actitudes y conductas que fueron adquiridas y eran más adecuadas para su antigua situación.

En 1974, cuando dejé la docencia y me trasladé al campo, estaba afrontando ese aspecto de la transición, y es la clase de situación que he estado ayudando a afrontar a las empresas durante los últimos veinte años, al mostrar a los directivos cómo ayudar a las personas a reorientarse a sí mismas después de una fusión o reorganización. Es el tipo de transición que las personas deben superar cuando se trasladan a un nuevo país, a una ciudad extraña o, incluso, a un barrio distinto. Implica renunciar a los hábitos y expectativas pasados y adquirir unos nuevos que encajen con la nueva situación.

Cuando comencé mi nueva carrera de dirigir seminarios sobre la transición, concentré la mayor parte de mis fuerzas en crear los seminarios y confiaba en los anuncios de periódicos al respecto para buscar a la clientela. De acuerdo con mi corazón seguía siendo un profesor, y me veía a mí mismo como un creador y distribuidor de ideas. No me imaginaba como alguien cuya labor fuera convencer a personas a que asistieran a la clase. (En la universidad, ese trabajo pertenecía al director de admisiones, al decano, a los asesores y a los secretarios.) ¡No es sorprendente que mis primeros seminarios independientes tuvieran una asistencia muy escasa! Tuve que modificar mi propia imagen, mi conducta y toda mi perspectiva para tener éxito en mi nuevo trabajo. Y esa transición duró más que los cambios que primero llevé a cabo para poner en marcha los seminarios.

No fue de gran ayuda que proviniera de una larga familia de profesores y que hubiera sido criado para contemplar los negocios como algo ligeramente por encima de la prostitución en la escala ética. La realidad fue que durante los años siguientes tuve que crear un negocio para impartir esos seminarios, y lograrlo me exigía abandonar todo mi ranking pseudoético de actividades humanas que me situaba como profesor en un nivel especial, cerca del máximo. Tuve que abandonar mis viejos hábitos, tuve que dejar de esperar que mis ideas interesantes atrajeran a otras personas y tuve que empezar a establecer el mercado para mis programas.

Además, tuve que implantar una nueva forma de dirigir los seminarios. Como profesor, siempre había disfrutado al organizar de nuevo mis cursos cada otoño, pero cuando intenté hacer lo mismo con mis seminarios de fin de semana, descubrí que establecer un nuevo programa cada semana me agotaba. ¡Cambiar el cuaderno y los ejercicios de clase una y otra vez era demasiado!

Puedo recordar, como si fuera ayer, el día que decidí por primera vez crear un cuaderno de ejercicios estandarizado, formalmente impreso, ¡que permaneciera igual durante *todo el año*! La idea parecía inevitable, pero materializarla aparecía como venderse. Nunca supe qué cantidad de orgullo e imagen propia estaban ligados a ser un profesor que siempre estaba mejorando sus materiales docentes. Si me deshacía de la manera de hacer las cosas, me sentía como si estuviera optando por el camino más fácil y timando a mis clientes. (Entienda, ¡los negocios *eran* una forma de prostitución!)

Pero era incluso peor que eso, pues, de hecho, terminé pagando a una persona para que elaborara una presentación informatizada de mis materiales, de modo que no pareciera como si hubieran sido creados para un proyecto de clase de séptimo curso. («Es el contenido intelectual lo que cuenta», aseguraba mi antiguo yo profesor desdeñosamente. «El aspecto de las cosas es tan sólo superficial.» Entonces ese supervisor interno añadía: «¿Verdad que no vas a intentar arreglártelas con aspectos pulcros?») Me rendí con un recelo afligido y preocupante.

La *reorientación* es la función esencial de la transición, hasta en cuestiones de vida y muerte. Mondi tuvo que reorientarse a sí misma continuamente a medida que enfermaba con mayor gravedad, y su muerte exigió la reorientación más importante que he realizado en mi vida; una que todavía, tres años más tarde, continúa.

• • •

Lo importante es: ser capaz en cualquier momento de sacrificar lo que somos por lo que podríamos ser.

CHARLES DUBOS

Tan crucial como es la *reorientación* para su comprensión sobre el mundo y su compromiso práctico con él, centrarse por completo en ella hace que experimentar una transición sea un proceso más superficial de lo que realmente es. La situación cambia y, *luego*, usted reacciona, lo que convierte la transición en un juego de pilla-pilla. En ese caso, sería como mi perrita, Emma, que adora corretear por la playa conmigo y quedarse cada vez más rezagada tentada por olores maravillosos, hasta que, de repente, se da cuenta de que me estoy marchando y viene corriendo detrás de mí. En esta rutina de quedarse-atrás-y-luego-lanzarse-a-pillarme, la transición es tan sólo el movimiento acelerado que compensa nuestro movimiento más lento en otros momentos. Tan útil y necesario como es eso, si fuera todo lo que lograra la transición no estaría escribiendo y usted no estaría leyendo un libro sobre el tema.

Una cosa que la función de reorientación no explica es que al reorientarnos a nosotros mismos también tenemos la oportunidad —a pesar de que es opcional que la aprovechemos o no— de dar un paso hacia adelante en nuestro propio crecimiento, abandonando una realidad-menos-que-adecuada y una imagen propia anticuada. Por tanto, la segunda función de la transición es el *crecimiento personal.*

La Biblia expone que cuando éramos niños, entendíamos como niños y pensábamos como niños y veíamos como niños, pero que cuando crecimos «guardamos nuestras costumbres infantiles». Olvide por un momento que las personas no hacen automáticamente eso; en realidad, muchas personas guardan algunos de sus patrones de pensamiento y sentimiento infantiles mucho después de haber crecido. Lo importante es que *podemos* abandonarlos y, además, que la transición es una invitación a que lo hagamos.

Podría llegar a plantearse por qué necesitamos la transición para reorientarnos y permitirnos crecer. ¿Por qué no seguimos llevando a cabo pequeños cambios día a día, minuto a minuto? Todos hemos oído que el cambio es una constante en la actualidad; entonces, ¿por qué no estamos cambiando constantemente? La respuesta es que de forma física lo estamos haciendo, pero que no seguimos el ritmo —y no podemos seguirlo— de esos cambios externos y modificar nuestra propia imagen poco a poco, momento a momento. Hacerlo requeriría un proceso de actualización constante que absorbería la mayoría de nuestras fuerzas, ya que nos obligaría a cuestionar constantemente todos los elementos de nuestras vidas.

A pesar de que cada día nuevo es (como dice el cliché) *el primer día del resto de nuestras vidas*, en realidad no es práctico hacer una reinterpretación total, de arriba abajo, de la realidad cada mañana, antes de levantarnos de la cama. No empezamos nuestras vidas desde cero cada hora. Aceptamos las cosas —sobre el mundo y sobre nosotros mismos— como datos conocidos hasta que demuestran ser falsos. Por suerte para nosotros, podemos avanzar bastante antes de que nuestras percepciones pierdan el contacto suficiente con la realidad como para que realmente tengamos que abandonarlas y reemplazarlas.

Es habitual quedarse aferrado a la antigua realidad hasta que algún tipo de cambio aparece y empuja todo el mundo interno fuera de esa vieja alineación. En esos momentos, nos precipitamos hacia la transición. Entonces todo es más profundo porque, en cierto sentido, estamos *preparados* para la experiencia, porque estamos un poco (en algunos casos, *muy*) por detrás de la curva de nuestra propio crecimiento. Mi traslado al campo fue así: un tipo de interrupción «oportuna» de mi vida que hizo posible que igualara, aparentemente, mi vida interior. Como ya he explicado, cada vez encontraba menos sentido a mi antigua carrera y había intentado descubrir un camino hacia una nueva, durante varios años. Tenía, podría ser que pensara, un «déficit de transición», y eso causó que la transición fuera más necesaria, al mismo tiempo que más intensa. Y como iba a descubrir, eso también fue aplicable en el caso de la muerte de Mondi.

La transición puede ir un paso más adelante que el crecimiento personal, aunque la probabilidad de que vaya es incluso menos automática que el crecimiento. Es posible que la transición no sea, simplemente, un paso hacia una perspectiva más adecuada para la fase de la vida en la que nos encontramos. También puede ser un paso hacia una presencia propia más *auténtica* en el mundo. Eso significaría que salimos de una transición conociéndonos mejor y estando más dispuestos a expresar quiénes somos realmente, siempre que decidamos que queremos hacerlo. También significaría que solemos estar más dispuestos a confiar que quién-somos-realmente está bien —es válido— y se trata de una persona capaz de afrontar el mundo.

Un hombre de mediana edad que se inscribió en uno de mis primeros seminarios sobre transición estaba intentando decidir qué hacer después de que una reorganización en su bufete de abogados le ofreciera más poder, pero un trabajo menos interesante del que ejercía antes. Al hablar sobre qué podría hacer, de repente empezó a relatar otro momento decisivo de su vida: cuando tenía diecinueve años y accedió finalmente a las presiones de su padre para entrar en el campo del derecho. Su alternativa, comentó con una mirada abstraída, había sido ser un músico clásico. «Probablemente, no habría sido muy bueno —declaró—, ¡pero seguro que la música me habría hecho feliz!»

Mientras charlábamos pude ver que la persona que ese hombre era cuando era más él mismo no era un abogado. Pese a haber trabajado muy duro en su profesión, nunca le había estimulado ni expresado nada importante. Era afortunado porque había trabajado lo suficiente como para ahorrar el dinero que necesitaría para retirarse del derecho y dar el paso decisivo de seguir un camino que sólo su propia autenticidad justificaba. La última vez que tuve noticias suyas, estaba tocando felizmente en una pequeña orquesta sinfónica regional.

Es improbable que ni el *crecimiento* ni la *autentificación* ocurrieran si no fueran una característica y función más de la transición, que es la que nos da acceso a las raíces de nuestra propia *creatividad*. Cuando el miembro joven de una tribu era expulsado y llevado a una tierra virgen para ayunar, cantar y rezar, se decía que él o ella accedían a los consejos de los dioses y de los espíritus de los antecesores, o a las voces de los animales totémicos de la tribu. Para traducirlo en términos un poco más modernos y culturalmente menos específicos, se podría afirmar que durante una transición —y sobre todo en la fase de la transición de la zona neutral— las personas acceden a sus fuerzas e impulsos creativos más profundos.

Como productos de una sociedad que no envía a personas en búsqueda de visiones, puede ser que creamos que esa idea de acceso a unas «voces» creativas está muy borrada de nuestra propia tradición o del mundo en el que vivimos. Pero tanto en el Antiguo como en el Nuevo Testamento, existen numerosos relatos de personas que están en transición y reciben una visita de un ángel o tienen un sueño en el que Dios les habla. Jacob, en un momento decisivo de su propia vida, se encontró con un ángel nocturno con quien luchó y que le hirió. Y que también le cambió, como los encuentros con nuestros agentes creativos internos suelen hacer.

Recuerde también que la investigación moderna sobre creatividad cree que las soluciones imprevistas a problemas difíciles, y las ideas creativas en general, surgen de un estado turbio cuya finalidad y atención están temporalmente suspendidas; un estado muy parecido a lo que estamos denominando zona neutral. También vale la pena subrayar que muchas de las decisiones que cambian la dirección de nuestras vidas se toman durante épocas intermedias, después de que algo haya terminado o antes de que nuestras vidas adquieran una nueva forma definitiva.

En la zona neutral, una persona entra en un reino en el que todo puede pasar. Sea lo que sea lo que el cambio que provocó la transición quisiera producir, la zona neutral abre un mundo de completas posibilidades. Es por eso que muchas personas creen que encontrarse en ese tipo de estado es tan desconcertante. En cambios en los que el resultado no se puede prever —en los que hay sólo un final y una zona neutral que se extiende más allá del horizonte—, ese estado de posibilidad puede ser bastante aterrador. Pero en esos casos, la función *creativa* de la transición es mucho más trascendental, porque es sólo mediante la exploración de la experiencia con una mente abierta que las personas pueden *crear* un resultado satisfactorio para ese cambio. Cuando lo hayan hecho será el único momento en que tendrán una oportunidad para llevar a cabo el inicio que les conducirá hasta la siguiente etapa de su camino vital y hasta el siguiente capítulo de su crecimiento.

La reorientación, el crecimiento personal, la autentificación y la creatividad: lo que estos cuatro aspectos tienen en común es que todos exigen que deje a un lado la forma en que ha experimentado su trabajo y su propia persona. Cuando lo haya conseguido, vagará un tiempo, abierto a las perspectivas y estímulos de sus propias voces interiores. En esos momentos se suele poder encontrar un sentido en los patrones casuales y los acontecimientos sincrónicos de su alrededor. Muchas de las prácticas tribales durante los rituales de paso son, simplemente, formas de dotar de importancia esas casualidades oportunas y darles más peso.

A través de la reorientación, el crecimiento personal, la autentificación y la creatividad, nuestras vidas se descomponen y se vuelven a componer en torno a un nuevo tema o idea. La *reorientación* se refiere a ese proceso como un giro en cómo experimentamos la vida. El *crecimiento personal* hace referencia al modo en que la reorientación nos introduce en una relación nueva y más adecuada con el mundo que nos rodea. La *autentificación* representa la cara interna del crecimiento, en la que el resultado no sólo es apropiado, sino que además es una manera de ser que es más verdadera para quienes somos realmente que para una persona o una función.

Cada una de estas funciones nace de la oportunidad *creativa* que se nos presenta bajo la forma del «caos», «campo vacío» o «fase improductiva» (hay muchas metáforas) de la zona neutral. Cada una de estas metáforas es, sencillamente, una forma de enmarcar la confusión y la calidad en el ambiente que la mayoría de personas experimentan allí. Cada una es una forma distinta de afirmar que es el vacío que encontramos allí lo que concede a la zona neutral su poder, no *algo* que encontramos en esa fase intermedia.

• • •

> *Sólo la vida vivida con un cierto espíritu vale la pena. Es un hecho remarcable que una vida vivida completamente a partir del ego suele parecerle no sólo a la propia persona, sino también a los observadores, algo monótono.*
>
> C. G. JUNG

Existe también una quinta función que los grupos tribales, con sus paseos y búsquedas de visiones, habrían asegurado que era básica para cualquier experiencia de rito de paso, pero sobre la que muchas personas modernas encuentran dificultades para hablar o incluso para creerla cuando se la encuentran. Esta es la función *espiritual* de la transición. El historiador religioso Mircea Eliade se refería a esta función cuando afirmaba que los grupos tribales creen que los rituales de paso conectaban a sus participantes con un estado eterno del que surgió el mundo, un estado que Eliade denominó «lo sagrado».[1] Es en la zona neutral donde podemos encontrar más fácilmente Lo Sagrado.

En la actualidad, la mayoría de personas imagina que espiritualidad y «lo sagrado» están relacionados con la religión, que es como decir con una unidad de pensamiento organizado y cierta tradición institucional que actúa como el depositario o defensor de esa herencia. Pero el reino sagrado del que Eliade trata y al que me refiero en este punto no pertenece a ninguna unidad religiosa. Es una dimensión natural, aunque a menudo olvidada, de la propia vida. Es una manera de experimentar el mundo (así lo aseguraban las tradiciones antiguas), al que uno puede acceder a través de tres puntos de entrada especiales dentro de la naturaleza, el ciclo del año o el curso de una vida. Estos puntos de acceso son como puertas espirituales a través de las cuales uno podría «cruzar», a veces inconsciente, hacia toda una forma distinta de contemplar y comprender el mundo.

Los grupos tribales solían localizar esas entradas en unos lugares geográficos concretos que consideraban sitios sagrados:

- En las cimas de las montañas, como el monte Sinaí o el monte Olimpo o miles de lugares menos conocidos, en los que el nivel terrenal de experiencia se alza hacia el cielo y facilita un acceso al mundo del espíritu. Casi todos los grupos tribales que viven alrededor de las montañas tienen un punto elevado especial de acceso al mundo espiritual.
- En el páramo del desierto, donde Jesús pasó un período en búsqueda de soledad, introspección y autodescubrimiento. Los denominados «padres del desierto» continuaron esa tradición monásticamente en el cristianismo durante centenares de años, y, en la actualidad, muchas personas sienten instintivamente el «poder» especial del desierto cuando están solos en él. Allí, la ausencia de vida frondosa puede dejarle en un estado en blanco y receptivo, como la página en blanco proverbial de un papel en el que no se ha escrito nada.

- Al lado de un pozo o un salto de agua, un punto de acceso natural hacia los espíritus de la tierra y la sabiduría que poseen. (En caso de que crea que es tan sólo una idea «pagana», recuerde la frecuencia con la que se producen acontecimientos importantes en los pozos en la Biblia y la cantidad de saltos de agua que son sagrados para un santo en particular en Europa.) El lugar en el que el agua portadora de vida emerge de la tierra es una metáfora natural para el lugar en el que lo sagrado penetra la capa de lo profano.
- En un rincón geográfico singular o dentro de un paisaje especial, al que uno va para encontrar lo sagrado. Este tipo de lugar es Uhuru, el enorme monolito que los blancos utilizaban para llamar a Ayers Rock en el interior de Australia. Otras culturas han ubicado su espacio sagrado en tramos frondosos de bosque, una tradición que llega hasta nosotros en los bosques encantados o en aquellos poblados por duendes de los cuentos occidentales.
- Algún rincón hecho sagrado por su asociación con el poder espiritual o la manifestación de santidad en algún momento del pasado: Jerusalén, la Meca o Glastonbury. Podemos percibir los ecos de la sacralidad incluso en lugares no relacionados con la santidad, si están vinculados a un gran sacrificio: el campo de batalla en Gettysburg y el monumento conmemorativo a los veteranos de Vietnam en Washington, DC, me vienen a la cabeza.

En cualquiera de estos lugares, uno podría, con un poco de suerte, encontrar la otra dimensión de la vida que es sagrada y espiritual.

Pero todos esos lugares son simplemente los símbolos físicos —o imágenes que evocan, o mecanismos que provocan— de lo que representa un estado mental natural al que, en circunstancias correctas, todos podemos entrar. Y es ese estado mental el que es muy probable que nos encontremos en la zona neutral. Es probable que usted mismo ya haya pasado por esa experiencia, aunque como carecemos de una tradición de cultivar ese tipo de experiencias y de un lenguaje para definirlas, a menudo las descartamos por ser raras o hasta patológicas. Sin una forma de darle sentido a ese tipo de experiencias, nos solemos proteger aduciendo que son imaginarias.

Además de estas cinco formas mediante las que la transición nos es útil, existe también una sexta función que las integra a todas. La transición nos *renueva*. Es como si la descomposición de nuestra vieja realidad liberara energía que ha sido atrapada en forma de nuestras antiguas vidas y reconvertida al estado original de energía pura e imprecisa.

La recapturación de esa energía es lo que nos permite volver a nacer como nuevos; como en los viejos ritos de paso, a la persona se le somete a una experiencia simbólica de volver a nacer de nuevo. La transición nos remonta al momento inicial de la creación, respecto al que el rabino Zalman Schachter-Shalomi comenta: la parte de «En el principio», del Génesis 1.1, realmente debería traducirse como «En un principio». El principio al comienzo de la Biblia es realmente cualquier principio, cualquier momento de creación. Todos los comienzos provienen de situaciones que «no tienen forma y son vacías».

• • •

Todo principio es una consecuencia;
Todo principio termina algo.

PAUL VALÉRY

Como de muchas otras maneras, las tradiciones antiguas entendieron una verdad que habíamos olvidado durante mucho tiempo. Esa verdad es que la renovación no llega ni si nos tomamos un descanso, ni si cambiamos de escenario, ni si añadimos algo nuevo a nuestras vidas, sino si terminamos lo que sea y, luego, entramos en una fase temporal de caos en la que todo está libre y todo es posible. Después —pero sólo después— podremos salir de lo que realmente es un proceso de muerte-y-renacimiento con una identidad nueva, una finalidad renovada y una reserva de energía vital fresca.

La renovación es mucho más parecida a pasar de otoño a primavera a través del invierno, que a cogerse unas vacaciones del colegio, del trabajo o que nos inviten a algo especial. Por este motivo, nuestro impulso para conseguir algo nuevo (un coche, un amante, una vivienda o una prenda de ropa) suele provocar no una renovación en nuestras vidas, sino otra experiencia de insatisfacción y decepción. La renovación es posible sólo si entramos y experimentamos una transición, y la transición siempre está, como mínimo, tan relacionada con lo que abandonamos como con lo que acabamos ganando en su lugar.

¿Y qué es lo que uno tiene que dejar para beneficiarse de esa transición renovadora? Es algo que no puede describirse en abstracto, ni es probable que se sepa de antemano. Si la finalización está acompañada, como en mi caso, de una pérdida traumática, es obvio que se debe dejar esa relación en concreto. Pero, como descubrí, sólo es al entrar en ese final que la vida coloca delante suyo cuando descubrirá qué más ha llegado el momento de abandonar. Por esta razón, los consejos religiosos de renunciar a esa o aquella cosa concreta no son más que un esquema de manual para ayudarle a reconocer su propia renuncia particular cuando se encuentre con ella.

• • •

Toda la vida de la persona no es nada más que el proceso de darse a luz a sí misma; de hecho, deberíamos haber nacido totalmente cuando morimos, aunque el destino trágico de la mayoría de personas es morir antes de nacer.

Erich Fromm

Estas seis funciones de la transición son más fáciles de reconocer en una situación en la que un cambio nos ha sacudido de nuestra identificación cómoda con las circunstancias que han rodeado nuestras vidas y que provoca lo que hemos denominado una transición reactiva. El cambio en sí mismo nos alerta de la transición. El cambio nos ayuda a «desconectarnos» de nuestras vidas diarias. Pero, en el proceso puramente interior que estamos denominando transición evolutiva, las seis funciones de la transición también tienen lugar. Independientemente de que el tipo de transición sea gradual o repentina, nos encontramos con que nuestra antigua vida deja de tener sentido o cesa en proporcionarnos la satisfacción que solía darnos. En ese descubrimiento, la conexión emocional con nuestra antigua vida se ha roto.

En esos casos, sin embargo, no hay ningún cambio que sirva de señal de que algo trascendental ha ocurrido. Como el reto que afrontamos es meramente subjetivo, no es probable que suscite un plan, del mismo modo que lo hace un cambio externo. De modo que nos falta un mapa a través del cual poder seguir nuestro progreso. No tenemos nada que preparar, ni ningún futuro al que ajustarnos. Sólo disponemos del descubrimiento gradual (o repentino) de que nuestras vidas, a medida que las hemos estado viviendo, han dejado de ser viables o vivibles tal como eran.

En mi propio caso, descubrí que estaba en este tipo de transición cuando, poco a poco, reconocí que la carrera docente a la que había estado tan entregado se había muerto cuando tenía treinta y tantos años. En el caso de otra persona, podría ser un matrimonio lo que se descubriera que ha dejado de ser sostenible, o un círculo de amigos y un estilo de vida que hubieran llegado a parecer vacíos y falsos. Cualesquiera que sean los detalles, una transición evolutiva es invisible para los demás hasta que se refiere a ello o hasta que el impacto sobre usted es tan evidente que decide introducir un cambio externo como consecuencia de él.

Por qué la transición ocurre cuando lo hace es, en cierto sentido, un misterio, pero en otro, no es tan difícil de explicar. A medida que avanzamos por la vida expulsamos el mundo en que vivimos, del mismo modo que un crustáceo crece en su concha; como protección. No estoy diciendo que el mundo no tenga elementos importantes que sean objetivos. Tan sólo que es tan coloreado según cómo lo experimentamos —y que esa experiencia es tan individual—, que es difícil saber la proporción que creamos y la proporción que nos encontramos.

Nuestra realidad y el «mundo» que la acompaña se nos ajustaron la primera vez que los descubrimos, pero a medida que el tiempo pasa el cascarón protector empieza a limitarnos y a cortarnos las alas. Cuando nuestra realidad y nuestra idea de quiénes somos empiezan a crecer de este modo, solemos intentar encontrar formas de fijar las cosas y de devolverles la forma que tenían. Imaginamos que hay algo que podríamos añadir o hacer de un modo distinto. Es posible que hayamos dedicado muchísimo tiempo, fuerzas y dinero en esos intentos, pero al menos tenemos que reconocer que todos los caballos del rey y todos los hombres del rey no podrán poner otra vez a *este* Humpty tronando sobre su alto muro*.

En algunos casos, las personas se cansan de los acuerdos de sus vidas y de los detalles de sus realidades y comienzan la finalización ellas mismas, pero probablemente sea más habitual que algo irrumpa desde el exterior y

* Hace referencia al personaje Humpty Dumpty del libro *Alicia en el País de las Maravillas: a través del espejo*, de Lewis Carroll. (*N. de la T.)*

destroce las condiciones de sus vidas, a pesar de que no tuvieran un deseo consciente de que eso ocurriera. Aunque, en cualquier caso, la transición llega cuando aparece el momento de que las personas retomen la sintonía de cómo son realmente las cosas. Tome nota: no estoy afirmando que *el cambio* suceda para hacerle retomar la sintonía. El cambio llega por sus propias razones, pero cuando provoca una transición significativa, lo hace porque hay alguna reorientación o desarrollo que debe producirse.

Algunas personas luchan intensamente contra la transición y lamentan sus destinos, mientras que otras consiguen reconocer que el abandono no es una derrota; que puede ser, de hecho, el comienzo de toda una nueva fase recompensante de sus vidas. Como la escritora norteamericana Margaret Halsey escribió: «En algunas circunstancias, la negativa a ser derrotado es una negativa a ser educado.» ¿Por qué es así? *Porque sí*, ese es el motivo.

Hasta la muerte, como Ram Dass nos explicó a Mondi y a mí cuando vino a nuestra casa a conversar con ella sobre su cáncer, se parece mucho a descalzarse unos zapatos muy ceñidos. Lo máximo que podemos decir cuando nos enfrentamos al misterio que se encuentra en el centro del proceso de transición es que cuando nos descubrimos a nosotros mismos en una transición, la vida nos está revelando que ha llegado el momento de abandonar aquello a lo que nos estábamos aferrando. Es momento de —lo dice la vida— entrar en la zona neutral y salir de su estado de energía pura, que denominamos «caos», para descubrir o crear una nueva manera de ser y una nueva identidad.

En los últimos veinticinco años ha habido numerosos libros cuya intención era explicar el oportunismo y el resultado de nuestras transiciones vitales. Este tipo de libros han trazado una secuencia de «fases» a través de las cuales se supone que progresan los adultos. Pero a pesar de que muchas personas ven reflejadas sus propias experiencias en estos programas, muchas otras no. Además, el proceso de la transición, como se presenta en estos itinerarios modélicos, era sólo la forma en que uno pasaba de una fase de la vida a la siguiente, un período caótico mientras la vida estaba cambiando el escenario de la etapa de su obra.

Mientras trabajaba con personas durante esos mismos años, llegué a una conclusión distinta. Era la transición lo que era un hecho importante, porque era la transición, y no las fases, lo que nos reorientaba y nos desarrollaba, al mismo tiempo que nos daba acceso a nuestros yos auténticos, nuestra creatividad y a un nivel más profundo de relevancia espiritual en nuestra experiencia. Conseguí comprender que las etapas eran tan sólo los lugares de descanso naturales y temporales entre transiciones y, además, que eran mucho más variadas y exclusivas para cada persona individualmente de lo que los libros estaban exponiendo. Eran las transiciones las que eran parecidas, a través de múltiples contextos diferentes; eran las transiciones las que hacían el trabajo duro del crecimiento y el desarrollo. Las fases eran, simplemente, los momentos necesarios durante los cuales se podían incorporar y consolidar los descubrimientos hechos y el poder liberado en las transiciones.

• • •

La vida no se adapta a usted, le destroza... Cada semilla destroza su contenedor, si no, no se llegaría a ninguna realización.

FLORIDA SCOTT-MAXWELL

Aunque algunas transiciones son resultado de cambios que fueron establecidos con la esperanza de producir algún resultado concreto, suelen transformarnos de formas que no podemos prever. La transición tiene su propia voluntad y salimos de ella de maneras que no podemos saber de antemano. Eso ocurre cuando vamos a la universidad, conseguimos un nuevo empleo o cuando compramos una casa más grande. Cada situación representa un cambio deseable y la emprendemos con algún tipo de resultado positivo en mente.

Pero también es seguro que cada una inicia una transición que nos obligará a deshacernos de cómo han sido nuestras vidas: quizá, durante el proceso seamos alejados de amigos o de un hermano o padre que siente que estamos abandonando a la familia o el vecindario, en vez de pensar que nos limitamos a intentar ser «diferentes» o que estamos luchando por convertirnos en un pez gordo. Las pérdidas son derivados naturales de las transiciones, aunque nadie nos advierte de eso cuando estamos considerando afrontar el cambio.

Las transiciones, por supuesto, también pueden llegar a aportarnos nuevos comienzos muy positivos que eran imprevistos al iniciar el cambio. Es posible que ganemos competencias y conocimiento que nos produzcan un gran placer, amistades que nos cambien por completo la vida e intereses inéditos que formen la base de nuestras carreras inimaginables hasta ese momento. Pero acaben como acaben las cosas, la transición es más que simplemente cómo pasamos de *aquí* a *allí*, porque suele presentarnos un *allí* que no esperábamos; un *allí* que está condicionado por las funciones creativa y evolutiva del propio viaje transicional.

Un ejemplo memorable de transición que tiene una voluntad propia ocurrió durante uno de mis seminarios sobre transición, que fue incorporado en una excursión para hacer una ruta en *rafting*, en el Green River, de Utah. Aparte de los solteros, habría tres parejas en la excursión (Mondi y yo éramos una de ellas). La primera noche, los guías nos pidieron a todas las parejas que nos separáramos y que embarcáramos en botes distintos. De esa forma, nos explicaron, todos viviríamos una fuerte experiencia individual, que no se torcería por cuestiones de pareja que, a lo mejor, estábamos viviendo.

Nosotros y otra de las dos parejas accedimos a embarcar en lanchas separadas. Pero el marido de la tercera pareja se mostró contrario: su mujer era tímida y miedosa, comentó; no estaría cómoda estando sola con personas a las que no conocía; él había ido a esa excursión, en parte, para exponerla a algo nuevo y emocionante, pero había algunos límites. Ella permanecía sentada en silencio, ataviada con una ropa no muy montañera, y le sonreía agradecida.

Después, por la noche, los guías explicaron cómo discurriría la excursión. Después de algunas instrucciones básicas, a la mañana siguiente nos repartiríamos en las embarcaciones. Habría un guía en cada bote, pero esa persona no capitanearía la ruta. En cambio, uno de los participantes capitanearía la excursión durante la mitad del día y, de ese modo, habría al menos un rápido importante en el que tendría que navegar cada uno. El marido volvió a hablar: su mujercita también pasaría de eso, añadió. Daba bastante miedo. La excursión en sí misma ya era un gran reto, y él estaba muy orgulloso de ella [la miró con orgullo] por afrontar todo eso. Pero dirigir en un rápido... No, se saltarían esa parte, gracias de todos modos. El resto observamos discretamente a su esposa para comprobar si se sentía cómoda con ese tipo de protección. Se limitaba a sonreír respetuosamente.

La excursión de cuatro días fue una aventura magnífica, navegamos por un río retador en un cañón asombrosamente precioso. Lo más relevante para la mayoría de nosotros fueron esas pocas horas intensas durante las que cada uno de nosotros estuvo gritando: *¡derecha, izquierda, hacia atrás, hacia delante; con más fuerza!* Y la emoción ansiosa que sentimos cada uno cuando intentamos posicionar nuestra embarcación en la parte superior de un gran rápido, de modo que salváramos la maldita roca situada en el medio, a partir de la cual se oía un horrible sonido de succión. El último día de la salida, en cada bote quedaba una persona que aún no había dado las órdenes, y todos ocupamos nuestros sitios para nuestra última aventura, excepto, por supuesto, la mujercita.

Justo antes de que empezáramos a descender por el último rápido, se inició una discusión en la embarcación de esa pareja, pero como la suya era la última del grupo, en pocos instantes nos quedó fuera del alcance de los oídos y no pudimos escuchar qué ocurría. Mi bote era el que estaba directamente por delante del suyo, de modo que cuando paramos junto con los otros botes en el agua tranquila, me giré y observé una imagen asombrosa. La última embarcación estaba descendiendo, no siempre muy recta y topando con muchas rocas a su paso... pero con la mujercita dando las órdenes con una voz sorprendentemente vigorosa.

Todos nos quedamos mudos. Mientras el bote se acercaba hacia nosotros, permanecimos sentados en silencio mientras ella pedía a su tripulación que *remansaran*. La embarcación fue ralentizando y chocó contra las nuestras. La mujercita respiraba con dificultad, aunque su marido parecía como si hubiera dejado de hacerlo desde hacía rato. «¡Bien! —exclamó con la voz de alguien que acaba de decidirse sobre algo—. Cuando regresemos a los coches, buscaré a alguien que me lleve de regreso a Denver. ¿Alguna oferta?»

Normalmente, lograr algo provocará una transición. En algunas ocasiones, el resultado es el que esperábamos y en otras no; pero, en cualquier caso, el resultado se produce porque conseguir el resultado implica no sólo una alteración de la situación (un cambio), sino una redefinición interior. Al menos, la persona abandona la idea de hacer tal y cual y se convierte en la persona que realmente hizo tal y cual. Y como nos enseñó la excursión por el río, la transición puede ir mucho más allá de cualquier resultado deseado.

• • •

La vida de cada hombre es un camino hacia sí mismo, el ensayo de un camino, el boceto de un sendero. Ningún hombre ha sido entera y totalmente sí mismo. Aunque cada uno lucha por serlo; uno de una forma extraña, el otro de una forma más inteligente: ambos de la mejor forma posible.

HERMANN HESSE

Como la transición es la dinámica de seis funciones que nos mueve hacia adelante por el camino que lleva a convertirnos en nosotros mismos, la historia de las transiciones de una persona es mucho más cercana al patrón esencial de la propia historia de su vida y del camino hacia el desarrollo, de lo que puede serlo cualquier teoría general sobre las fases de la vida. Pero la historia de sus transiciones, en sí misma, no hace referencia a que evolucione y se convierta en más auténtico, no más que las transiciones por ellas mismas aseguren que le dejarán con esos regalos. Es sólo cuando se ha reflexionado y comprendido cada transición que esta desvela que lleva insertada una «tarea evolutiva» personal. Y sólo en ese momento podrá identificar su importancia como momento decisivo en su camino personal.

Como expliqué anteriormente, una de las mejores maneras de plantearse cualquier transición es preguntarse: «¿De qué tendría que deshacerme llegado ese instante de mi vida?» Permítame que me sirva de mi propio cambio profesional en 1974 para ilustrar cómo podría plantearse la pregunta y qué respuesta podría encontrar.

• • •

Sólo en el crecimiento, la reforma y el cambio (paradójicamente suficiente) se puede encontrar la seguridad verdadera.

ANNE MORROW LINDBERGH

Me mudé al campo en 1974 y, de inmediato, empecé a buscar una nueva profesión o, al menos, una nueva forma de ganarme la vida. En unos meses comencé a dirigir mis «Seminarios sobre estar en transición», y aprendí muchísimo impartiéndolos, tanto sobre qué comporta la transición en la vida de las personas, como sobre cómo ayudar a los demás a pensar y afrontar la transición de formas nuevas y más enriquecedoras personalmente. A pesar de que dirigir esos grupos de crecimiento personal era muy valioso para mí, ganaba muy poco dinero y estaba llegando a poca gente.

Mientras daba vueltas sobre qué podía hacer, se despertó el antiguo profesor que llevaba dentro y pensé que debería trabajar para alguna institución que pudiera promocionar mi trabajo. En ese caso podría hacer lo que quería, que era crear y dirigir experiencias de aprendizaje. (Podría llegar a disculparle si cree que mi deseo era volver a tener una *universidad* magnífica que se ocupara de todos los detalles sucios de mi vida laboral; pero yo no lo veía de ese modo, por supuesto.)

En 1979 se presentó una oportunidad. Un centro de crecimiento personal —que organizaba grupos de encuentro, clases de mediación, sesiones de yoga y una docena de actividades distintas habituales en el Movimiento de Potencial Humano de esa época— anunció que precisaba un director. Qué coincidencia, pensé. Yo buscaba un nuevo lugar donde ejercer mi trabajo y el centro buscaba a una persona como yo.

Empecé a soñar: podría convertir ese centro de crecimiento en un centro de transiciones vitales al que las personas acudirían en busca de ayuda en las transiciones cuando cambiaran de profesión, se divorciaran o, simplemente, estuvieran atravesando la crisis de los cuarenta. Incluso podríamos enviar a las personas de excursión o en busca de imágenes. Podríamos ayudarlas, como en los templos de Esculapio ayudaban a los buscadores en el mundo clásico, a encontrar el significado de los sueños y las otras formas mediante las que los dioses nos hablan. Podría…; bueno, no le aburriré con todas las ideas que tenía sobre qué podría hacer en ese puesto. Basta decir que lo único que esperaba era que reconocieran lo *perfecta* que era mi candidatura.

Compartí algunas de mis ideas con el comité que estaba entrevistando a los candidatos para el puesto de director y parecieron interesarse por ellas. (O si no, les agobié y les dejé sin palabras. Después de todo, me pregunto qué opción sería.) Uno de los miembros comentó que el resto de candidatos no habían tenido ideas como esas —otra pista enigmática que tomé como una señal positiva— y decidí que ya estaba hecho. Les conté a mis amigos cuál sería mi nuevo puesto; incluso llegué a cancelar un par de acontecimientos venideros que iban a coincidir con la fecha en la que querían que el nuevo director tomara el control, y me preparé para recibir la llamada que me anunciaría buenas noticias. Pero no llegó. Un par de días después de la fecha anunciada de decisión, llamé al responsable del comité de búsqueda y me comunicaron que habían elegido a otra persona.

El sonido de colgar el teléfono que siguió significó el derrumbamiento de todos mis sueños y esperanzas, por no mencionar mi orgullo; ¿por qué motivo les había hablado a mis amigos de mi nuevo empleo? Fue un final inesperado, embarazoso, tanto para mis planes como para mi autoestima. Me sentía muy deprimido y, más o menos, en una semana no pude hacer casi nada. Pero entonces, un día me desperté y comencé a pensar que si iba a seguir con un calendario tan vacío, quizá podía probar suerte escribiendo un libro basado en los grupos de transición que había estado dirigiendo. Así pues, escribí *Transitions*.

En la actualidad, tras treinta y siente ediciones y 250.000 ejemplares vendidos en varios países, parece haber sido una buena idea, el tipo de idea cuyo mérito uno querría atribuirse. Pero fue algo que hice sólo porque el fracaso de mis planes me concedió tiempo. Nunca lo habría hecho si mis sueños no hubieran chocado con la realidad. Y si no lo hubiera hecho, habría tardado mucho más tiempo en abandonar mi creencia de que necesitaba que me respaldara una institución. Si mis planes se hubieran cumplido no habría continuado luchando contra mi ángel malo respecto a la necesidad de ganarme la vida, de modo que habría acabado con un salario reducido, pero suficiente. Esa lucha demostró ser no sólo una disciplina eficaz por sí misma, sino que logró que siguiera pensando en trabajar-sin-un-empleo hasta 1994, momento en que escribí un libro sobre el tema, llamado *JobShift*.

Podría afirmar, en realidad, que mi gran cambio vital de 1974 me dejó con dos preguntas. La primera fue: «¿Por qué las transiciones son tan difíciles?» Y la segunda: «¿Cómo se gana uno la vida sin un trabajo regular?»

Como viví con esas preguntas durante los años siguientes, casi sin pretenderlo, empecé un largo viaje. De modo que pasé los siguientes veinte años buscando las respuestas viviéndolos.

En el último año de mi carrera como profesor de literatura, me había cruzado con un pasaje de uno de los trabajos de Ralph Waldo Emerson que me estimularon de un modo que no pude comprender por completo en aquel momento. Se convirtió en una especie de *koan* para mí, una frase que (si la hubiera comprendido) tenía la clave de las cosas que la vida me estaba exigiendo que comprendiera. Ahora, los *koans* no están pensados para ser explicados; por tanto, déjeme terminar este capítulo citándolo y pidiéndole que deje que se repita en su interior. También puede preguntarse qué diría sobre su propia transición actual si se la tomara, como hice yo, personalmente.

> La condición de una persona es una solución en jeroglífico a esas preguntas que se haría; la vive como si fuera la vida antes de percibirla como cierta.[2]

Está claro que viví esas dos cuestiones durante mucho tiempo antes de comprender el significado personal que las rodeaba. La experiencia en un jeroglífico difícil de solucionar. Pero es fiel respecto al original: *es* el original, ya que hasta que algo tiene sentido en el contexto de nuestra experiencia, no pasa de habladurías. Por tanto, permítame que le invite a dejar atrás esas ideas y volver conmigo hacia la experiencia original de la que surgen.

4

Abandonar mi vida

Y llegar a un final es llegar a un principio.
El final es nuestro punto de partida.

T. S. Eliot

No se puede narrar casi nada sobre perder a un ser querido que no sea un lugar común que valga la pena expresar. Los días posteriores a la muerte de Mondi estuvieron totalmente vacíos, al mismo tiempo que completamente llenos: vacíos de vida y llenos de actividad. La mayor parte del tiempo andaba dormido entre las cosas que tenía que hacer, tan entumecido que a menudo era del todo inconsciente de lo que estaba sucediendo a mi alrededor. Me sentía como si, al igual que Noé o Pinocho, hubiera sido engullido por una experiencia enorme. En esa oscuridad, me sentía aislado de todo lo que había creído que era «mi vida».

Pero después, un pequeño incidente o algunas palabras me sacarían de la oscuridad y me encontraría solo y confundido, en una tierra extraña, llena de sentimientos y recuerdos. Muchas noches me iba a la cama exhausto y luego permanecía despierto durante horas. Cuando cerraba los ojos veía un vago recuerdo formado por imágenes indistintas, y no era hasta al final que me dormía y empezaba a soñar que toda la coherencia aparecía.

En un sueño, Mondi y yo nos habíamos separado y estábamos divorciándonos. En otro, me despedía de ella con un abrazo y nos separábamos, con lo cual una mujer cercana empezaba a sollozar. La mujer me preguntaba acusadoramente: «¿*Eso* es todo lo que va a hacer?» En el sueño me daba cuenta de que ella sabía que no iba a ser tan sólo una separación temporal, de modo que corría detrás de Mondi para despedirme de verdad. Pero no podía encontrarla y al final del sueño seguía buscándola.

Esos sueños me parecían inquietantes e irritantes. Me hacían sentir como si estuviera afrontando mal mi pérdida. Me preguntaba si me estaban diciendo que, en cierto modo, no estaba *entendiéndolo*. Aunque, en otras ocasiones, eran tan claros y rememorables que me sentía como si mi vida diurna estuviera llena de sueño y mi mundo de los sueños nocturnos fuera mi despertar.

Mis tres hijas y yo resolvíamos todos los detalles del funeral, al mismo tiempo que avisábamos a amistades y familiares, insertábamos esquelas en los periódicos locales y respondíamos las continuas llamadas telefónicas. Las flores llegaban a casa casi cada hora, aunque como el proyecto de remodelación había sumergido la vivienda en un caos, no había un lugar adecuado en el que colocarlas. Terminé con flores rodeando mi estudio y desparramadas por el porche. En ese galimatías, me sentía como si todos fuéramos actores de una obra mal interpretada.

¿Cómo organiza el universo su agenda de citas? ¿Por qué diablos estábamos metidos en la remodelación del comedor y de la cocina cuando Mondi falleció? Era un proyecto que habíamos comenzado varios meses antes, cuando parecía que se estaba recuperando. Pero en ese momento presente, toda esa zona de la casa era una estructura vacía, y yo estaba viviendo donde ella había fallecido: en un estudio bajo el garaje.

Siempre que entraba en lo que había sido nuestra vivienda, veía en las paredes interiores llenas de clavos y tablas, oscurecidas por el tiempo, cómo se había construido la casa a través de una sucesión de adiciones y remodelaciones. Justo en el centro de la pared del comedor había una grieta que había estado escondida tras las placas de yeso, y en el suelo, una línea divisoria entre los tablones más oscuros y toscos de la estructura original y los más claros y mejor colocados de un añadido posterior. En la parte superior de la pared, en otro punto, había señales de un fuego que debía haber quemado un rincón del comedor. Parecía precario vivir en medio de tantas pruebas de la mutabilidad de la vida.

Solía pensar en cómo la vida exterior refleja la interior. En la vida, como en la casa, había perdido toda la estructura. Una cierta apariencia externa de orden acabaría restableciéndose —sabía lo suficiente sobre transiciones como para comprenderlo—, pero en ese instante, mi casa y mi vida estaban completamente desmanteladas. Sin embargo, estaba fascinado por ese estado, de algún modo morboso, y pasaba horas dando vueltas, sin hacer nada, en ese comedor muerto y a oscuras que una vez había estado lleno de muebles y voces. La instalación eléctrica se expandía por las paredes como un sistema nervioso extraño. Funcionaba, pero parecía como si esperara que ocurriera una catástrofe. La casa, al igual que mi vida, era evidente que no estaba lo bastante bien como para codificarla.

Las reformas me complicaron la vida en un sentido práctico. Casi al final del proyecto descubrieron que los escalones frontales que llevaban a la calle se estaban pudriendo y tenían que cambiarse. Por tanto, durante varias semanas, todo el tráfico desde y hacia la casa tenía que bajar y subir por una escalera que se apoyaba en la entrada, por el lado del garaje, dos metros y medio por encima del suelo. Regresaba por la noche a una casa oscura, bajaba por una escalera, pasaba con cuidado por un suelo inacabado apoyado en unas maderas, y entraba en un estudio que en ese momento hacía las veces de habitación y comedor. Había explicado durante años cómo uno tenía que desmontar su vida antes de volverla a montar, pero ¡eso era ridículo! O, quizá, fuera justicia poética.

• • •

Todo tiene su momento, y cada cosa su tiempo bajo el cielo:

... Su tiempo el llorar y su tiempo el reír; su tiempo el lamentarse y su tiempo el danzar.

Eclesiastés 3:1

Pensaba mucho en Mondi en los días posteriores a su muerte, por supuesto, pero no era el tipo de pensamiento que había esperado tener. No estaba desbordado por recuerdos agradables, y no la echaba de menos del mismo modo que la había añorado en el pasado cuando había estado fuera unos días. En ese momento, su ausencia era palpable. Era un hecho tangible que no estaba allí y ese hecho hacía que su presencia emocional fuera intensa. No era tanto que tuviera sentimientos o pensamientos sobre ella como que la percibiera *in-absentia*. Era como si hubiera siempre cerca una forma desprovista de espacio, una silueta vacía de la nada que tenía exactamente la misma forma que ella.

Siempre que pensaba en ella acababa preguntándome dónde estaría en ese instante. Habíamos leído juntos *El libro tibetano de la vida y de la muerte*, e intentaba recordar qué contaba sobre los bardos, esos extraños estados de existencia por los que pasa un alma después de la muerte según los budistas tibetanos. ¿Qué se sentía en los bardos? No dejaba de preocuparme por ella, del mismo modo que podría haberme preocupado si se hubiera marchado a un viaje ordinario, pero difícil y arriesgado. No podía quitarme de la cabeza que quizá tuviera problemas.

Mi preocupación no tenía nada que ver con el más allá convencional en el que podría ser juzgada o castigada, sino que la imaginaba en algún mundo nuevo y desconocido en el que las cosas no tuvieran sentido para ella. Me inquietaba que se sintiera perdida y sola y asustada en algún lugar de este mundo después de la muerte, y que no supiera hacia dónde buscar ayuda. Esas ideas me sumían en un estado de tristeza y lloraba más cuando me impacientaba por dónde y cómo estaba en ese momento que cuando lloré por su muerte, *per se*. Cuando me imaginaba que charlaba con ella no era para rememorar nuestra vida conjunta pasada, sino para ofrecerle apoyo y aliento para cualquier cosa a la que estuviera enfrentándose entonces.

Una mañana temprano, pocos días después de su muerte, salí por la puerta del estudio-dormitorio y subí la escalera hasta la calle para dar un paseo. A lo alto, justo fuera de la puerta principal, encontré una pluma de cuervo negra, larga y perfecta. Esos pájaros vivían ruidosamente en los altos árboles situados detrás de la casa, pero nunca había encontrado una de sus plumas. Permanecía a mis pies, silenciosa y sombría, como una nota oscura que se hubiera dejado allí, sólo para mí. Recordé que ella había estado tumbada en la cama del estudio tan sólo diez días antes y que había observado esos pájaros color ébano en el exterior de la ventana, y cogí la pluma y la froté contra mi mejilla. Después, sin saber qué más hacer, la prendí en la cinta de la parte posterior de la gorra de béisbol que llevaba y salí a pasear.

No había dormido demasiado bien y esa mañana me sentía cansado, de modo que elegí un camino que raras veces cogía, que descendía serpenteando a través de las secuoyas y llegaba a un arroyo cerca de mi casa. Caminaba automáticamente, preocupado por el sueño del que me había despertado una hora antes. En ese sueño, Mondi y yo habíamos aparcado el coche para que ella pudiera acudir a una cita que tenía con alguien. La esperaba, sentado en el asiento del pasajero, durante unos minutos. Como ella no regresaba, pasaba al asiento del conductor y arrancaba el coche. Al llegar casi a casa empezaba a inquietarme por haberla dejado. ¿Había imaginado que la esperaría? Quería haber hecho planes más definidos sobre cómo nos encontraríamos. El sueño terminaba conmigo deambulando por la casa, preguntándome si debía volver al lugar donde habíamos aparcado, pero tenía miedo de perderla si ella ya había reemprendido el camino a casa a pie por otro trayecto.

Perdido en la especulación sobre por qué mis sueños parecían tan prosaicos —después de todo, sabía que algunas personas *hablaban con* sus seres queridos en los sueños—, bajé por una calle bordeada de árboles despistadamente hasta que... Allí, en la calle, delante de mí, ¡había otra pluma de cuervo! De pie, a la sombra de los árboles, empecé a temblar. Coloqué la segunda pluma en la cinta de la gorra, al lado de la primera, y empecé a andar de nuevo, más rápido.

¿Qué ocurría, me preguntaba? Había grandes plumas brillantes, sin el polvo de la calle, tan frescas como si acabaran de caer del ala de un pájaro que pasara. Nunca antes había encontrado plumas como esas en mis paseos. Eran... no, era ridículo. Debía estar muy desesperado por tener noticias de Mondi como para imaginar que ¡me estaba dejando plumas! La cabeza me vagaba por recuerdos de personas que habían empezado a comportarse de un modo extraño bajo la presión de la pérdida de un familiar. Me planteé si estaba demostrando cualquier otro síntoma de estarme derrumbando.

Al acordarme de esos momentos, lo que en la actualidad me impresiona no es mi conducta extraña o el misterio de dónde procedían esas plumas, sino la forma en que mi mente estaba intentando y fracasando, y reintentando una y otra vez, reestablecer una conexión fundamental que se había roto. A un nivel por debajo de la conciencia, estaba intentando recomponerme. Abandonar, comprobé, no es un acto de liberación simple. Es un proceso prolongado que consiste en cerciorarse de si una conexión rota puede, o no, puede reestablecerse. La psique funciona de igual modo que el cuerpo: busca desviar la sangre por otros vasos si los caminos adecuados están cortados o bloqueados. Tuve que intervenir en el sistema de autocontrol de mi propia psique para que siguiera intentando comunicarse cuando la llamada original no pudiera completarse. No abandonamos nada importante hasta que hemos agotado todos los caminos posibles para seguir manteniéndolo.

• • •

Una elige lo que parece una opción sencilla: elige a un hombre, un trabajo o un barrio; y lo que ha escogido no es un hombre, un trabajo o un barrio, sino una vida.

JESSAMYN WEST

A medida que pasaban las semanas, se hizo evidente que lo que se había interrumpido no era tan sólo nuestra relación, sino también todas nuestras esperanzas, miedos, sueños y creencias que habían estado asociados a nuestra relación. Había algunos positivos, como el sueño de ver crecer a nuestros nietos, y otros negativos, como el sentimiento persistente que siempre había tenido de que (con independencia de lo que hiciera) nunca podría demostrar de verdad que me preocupaba mucho por ella. Además, había una opinión que ambos compartíamos de que ella era la persona de los sentimientos y de que yo era, esencialmente, la persona fría.

Siempre había asegurado a mis clientes que si uno se deshace sólo de lo externo (la persona y la relación propiamente dicha), pero no se desprende de las asociaciones internas que llegaron a agruparse a su alrededor, no haría más que encontrar a otra persona o relación y adjuntarle las mismas esperanzas, miedos, sueños y convicciones. De esa forma se experimentaría un cambio, pero no una transición; y podría esperar con terminar justo por detrás de por dónde había empezado.

Durante las siguientes semanas seguí constatando nuevas dimensiones de mi pérdida, o «pérdidas», ya que resultó haber *muchísimas* maneras mediante las que sus necesidades, sentimientos, hábitos, preocupaciones y deseos para el futuro se habían entrelazado con mi vida. Cuando la insensibilidad del *shock* inicial desapareció, seguí encontrando nuevas formas (y todavía otras inéditas) por las que me sentía deshecho y desmontado por su muerte.

Una de mis experiencias de esas primeras semanas —y continué experimentándola en un grado menor a lo largo de los meses siguientes— fue el sentimiento de ser una persona más insignificante, menos importante y más inconsecuente de lo que había sido cuando ella estaba viva. Su pérdida me hacía sentir menos sólido, o más desnudo. Nunca antes me había dado cuenta de hasta qué punto ella me había *desarrollado*, haciéndome reflexionar y haciéndome más creíble para mí mismo. Eso se había ido produciendo de una manera tan gradual a lo largo de nuestra vida conjunta que nunca lo había notado, pero cuando ya no estaba conmigo, de repente, me sentí —es difícil explicarlo con palabras— *menos sólido*.

La segunda cosa que me quitó su muerte derivó del hecho de que fue a lo largo de nuestro matrimonio que crecí más allá de la soledad y del joven aislado que era cuando la conocí. Con su desaparición perdí la forma de encontrar —y durante mucho tiempo, la *única* forma que conocía— la intimidad. Mi confianza en ella para que me proporcionara mis necesidades de intimidad habían sido, en algunas ocasiones, una cuestión desagradable entre nosotros, porque a menudo se quejaba de que yo era —en su argot psicológico—, por naturaleza, un «independiente». Ser mi cordón umbilical con el mundo era una presión para ella, me comentaba. La presión era peor porque no compartía mucho de mí mismo con ella a nivel emocional.

En el momento de su enfermedad acabábamos de entrar en una época en la que ella había hablado misteriosamente sobre tener que conseguir satisfacer su necesidad de intimidad «de otras maneras». Me había sentido amenazado por una charla como esa, ya que imaginaba a otros hombres a quienes podría recurrir para compensar mi insuficiencia. Al mismo tiempo, y a pesar de sentirme amenazado, también creía que al verme como una persona sin relaciones y sin sentimientos, ella no me estaba viendo de forma exacta. Me sentía mal comprendido por ella, pero el hecho de que se refiriera a la enorme dificultad que yo tenía con la intimidad me hizo sentir su muerte como un momento de verdad terrible. Fue la pérdida de la que yo mismo había medio creído que era la única experiencia que podría tener jamás respecto de amar a alguien. De modo que su muerte pareció llevarse no sólo nuestra relación, sino toda mi capacidad de relacionarme profundamente con otra persona. Pareció llevarse no sólo su amor, sino también mi capacidad de amar.

Más de un año después de que falleciera fue cuando pude separar cuáles eran mis problemas y cuáles eran los suyos en relación con mi capacidad (o merecimiento) de amar. Hasta ese momento no había sido capaz de distinguir entre la soledad que estaba viviendo a causa de su pérdida y la soledad más devastadora que estaba sintiendo porque la única persona (casi llegué a creerlo) que podía amarme había muerto. Como ella se definía a sí misma como mi conexión con la humanidad y con mi propio corazón, perderla me pareció, al principio, como la consumación de todas mis fantasías infantiles sobre ser abandonado y dejado para que me las arreglara en un mundo que era inmenso y aterrador. Esas fantasías encajaban con los temores arquetípicos de ser expulsado del contacto humano del pueblo o de la tribu y condenado a merodear como un marginado. Me di cuenta de que durante esos primeros meses después de su muerte pensaba: «Así es un exilio.»

No obstante, el marginado pierde algo más que un mero lugar en una sociedad. La pérdida física es mucho más significativa, ya que pertenecer a la tribu nos ofrece una afirmación constante de cómo vemos y entendemos las cosas manteniéndonos unidos al resto que las ven y las entienden del mismo modo. En la medida que una relación está caracterizada por suposiciones, valores, sueños y opiniones similares, sirve para respaldar cada una de sus partes del mismo modo que lo hace un pueblo o una tribu tradicionales. A pesar de nuestros desacuerdos y de nuestras diferencias considerables, Mondi y yo obtuvimos ese apoyo el uno del otro.

Incluso en las áreas en que éramos muy distintos, la diferencia en sí misma servía para vincularnos, dándonos un tipo de «división de tareas» efectiva: ella se ocupaba de los temas emocionales, mientras que yo me encargaba de los prácticos; ella era entusiasta y excitable, mientras que yo era tranquilo y sensato; ella recordaba los detalles que hacían que la vida fuera sobre ruedas, mientras que yo rememoraba los sueños que enmarcaban las direcciones en las que nos movíamos. Por eso, cuando falleció me sentí como si hubiera perdido mi conexión con los sentimientos, las emociones y una base sólida de la realidad diaria.

También hubo otras pérdidas, aunque algunas pueden parecer triviales. Por ejemplo: Mondi no sólo era mi esposa. Además, a través de ella podía saber si mis calcetines hacían juego, la cremallera de mis pantalones estaba subida, llevaba el pelo peinado y la corbata recta. A un nivel un poco más íntimo, a través de ella sabía si estaba hablando demasiado, podía estar seguro de que la conversación empezaría cuando tuviéramos compañía y recordaba enviar regalos a nuestros nietos. Porque a ella se le daban bien cosas que a mí se me daban mal; realzaba mi vida y me hacía sentir más completo.

Podría continuar recitando estas pérdidas *colaterales* o *prolongadas*, pero una más bastará. En toda relación, la otra persona es el motivo (o al menos la excusa) para no hacer algunas cosas que uno piensa que en otra situación podrían gustarle atender. Las otras relaciones que no busca, las actividades que parecen arriesgadas o viajes que desperdicia, las iniciativas profesionales que no emprende, las cosas maravillosas que podría comprarse para sí, pero no lo hace; todas estas posibilidades no exploradas pueden descartarse porque a su pareja no le gustan o, simplemente, porque su vida en pareja no puede acomodarse a ellas.

Y entonces la persona se va. De repente —aunque el *shock* de la pérdida puede llegar a esconder el hecho durante un tiempo—, su excusa se ha desvanecido. *Podría* viajar a Nepal la primavera que viene; podría salir a cenar con esa persona; podría dejarlo todo e ir al cine; podría... hacer casi todo. Y cuando se da cuenta de eso descubre que la libertad que añoraba es más aterradora de lo que imaginaba. Lo que he perdido es *el motivo que tengo para ser la persona que realmente soy*. Y esa no es una pérdida ínfima, si tiene dudas sobre sí mismo.

• • •

A través de la lealtad al pasado, la mente se niega a darse cuenta de que la alegría del mañana es posible sólo si la de hoy le abre camino; que cada ola ofrece la belleza de su línea, sólo al retirarse la que se desvanece.

André Gide

El año anterior a la muerte de Mondi, yo había reemprendido la psicoterapia. Mi esperanza era, en cierto modo, tener una fuente externa de apoyo durante esa época difícil, pero también quería disponer de una manera de investigar mis reacciones e impresiones. Mondi estaba experimentando momentos en que se sentía molesta por las dificultades que yo estaba encontrando para aceptar la gravedad de su enfermedad; y, a un nivel más profundo, por ser tan diferente a ella.

Ella y yo fuimos a ver *Shine*, la película sobre el pianista cuya vida ha quedado terriblemente deformada por la severidad y crueldad del padre. Cuando salimos comenté lo mucho que me había conmocionado la historia. Mondi también había tenido un padre severo y cruel, y casi no había empezado a hablar sobre el personaje de la película cuando ella se enfadó mucho porque yo podía ser comprensivo con el personaje de una película, pero impasible frente al sufrimiento de su propia vida en manos de un hombre parecido.

Larry, mi psicoterapeuta, era encantador. Me escuchaba y me comprendía y, luego, cuando hablaba sobre Mondi, comprendía el dolor que debía estar sufriendo al ver cómo desaparecía su vida delante de ella. No tenía que pedirle perdón por no sentir lo que me gustaría haber sentido, ni por pensar en mí mismo en algunas ocasiones cuando una *buena persona* habría pensado en ella. Después, cuando falleció escuchó mi desesperación o, simplemente, se sentó a mi lado mientras yo no encontraba palabras que decir.

Un día, seis meses después de que hubiera fallecido, me di cuenta de que le estaba explicando a Larry cómo estaba observando mi situación. Le conté que en *Transitions*, que había escrito durante los años anteriores, había abordado los cuatro aspectos cardinales de la experiencia de pérdida:

1. *Desconexión*, que era la separación de lo que se ha perdido;
2. *Desidentificación*, o cómo la pérdida destroza la antigua identidad que se tenía;
3. *Desencanto*, que se refería a cómo la pérdida anula la antigua realidad que se había aceptado irreflexivamente;
4. *Desorientación*, que era como a consecuencia de perder el objeto de sus sentimientos y la identidad y la realidad que habían compartido, se sentía desorientado y perdido.

Tengo que admitir que estaba mostrando una satisfacción que en la actualidad, más de quince años después, podría afirmar que mi análisis de la pérdida aclaró lo que estaba viviendo. Hasta hice referencia a lo mucho que esperaba, cuando al final logré pasar a la zona neutral, experimentar el quinto *des-*: el *descubrimiento* de una vida nueva, de una identidad y una perspectiva inéditas. Entusiasmado por el tema, le expliqué que los cuatro *des-* negativos eran realmente las precondiciones para el descubrimiento, ya que abrían el camino para que lo nuevo pudiera ser encontrado o creado.

Larry me respondió que todo eso le sonaba bien, pero añadió que sospechaba que posiblemente tendría que enfrentarme a otro *des-* antes de encontrar algún nuevo descubrimiento relevante. «Creo que es posible que se encuentre a sí mismo luchando contra el tema de la *deslealtad*», me comentó. «La propia idea de que algo nuevo e importante puede resultar de la muerte de Mondi es posible que le haga plantearse si eso no implica que le está siendo desleal.» Admití que tendría que pensarlo, pero sabía, a partir del malestar que sentí al dejar su despacho, que tenía razón. Durante los tres meses siguientes busqué las señales del sentimiento de deslealtad como si fueran las huellas del leopardo de las nieves. Descubrí que sí, que me sentía desleal casi todas las veces que probaba algo original e interesante. Me hizo sentir que debía haber sido muy codependiente, y luché con esa idea durante un tiempo. Posteriormente, me sentí desleal porque no había sido hasta que ella se había marchado que había reconocido y abordado mi codependencia. ¿Por qué no había sido capaz de afrontarla cuando ella estaba viva y nuestra relación podría haberse beneficiado de que me lo planteara? Pero luego decidí que *eso* era un pensamiento codependiente y que mi dilema en ese momento era descubrir quién era realmente sin ella, y quién quería ser.

La cuestión era, en cierto modo, abstracta llegado a ese punto. Después de todo, no estaba comenzando una actividad laboral distinta, ni una relación nueva que habría sido posible después de su fallecimiento. Era cierto que iba más a menudo al cine y a conciertos. A ella no le gustaba hacer esas cosas tanto como a mí y, por consiguiente, no las hacíamos juntos con tanta frecuencia como a mí me habría gustado; lo que significaba que la mayor parte de las veces, *en realidad* no las hacíamos. Cuando me paraba a pensarlo tenía que admitir que sentía un ligero arrebato de deslealtad.

Y la deslealtad afloró también de otra forma. Al hablar con amigos —incluso al redactar el pasaje anterior sobre su enfado después de ver

Shine—, podía parecerme tabú decir cualquier cosa que pudiera ser entendida como una crítica hacia ella. Pero, en parte, lo que hace que el luto sea tan duro es que los lazos que uno tenía con la persona perdida están tejidos con hebras oscuras, así como también con algunas claras. Los viejos resentimientos y heridas hacen que el luto por esa persona sea doblemente difícil.

¡La pérdida es una experiencia tan compleja! Una capa tras otra de significado. No es extraño que, en sueños y en recuerdos, el luto le haga volver una y otra vez sobre el mismo terreno. No es extraño que el luto tarde tanto en completarse y en seguir adelante. No es extraño que las personas que afrontan un cambio sin estar de luto por la pérdida del pasado, suelan encontrarse con que se les aparece más adelante, al final del camino. No es extraño que se necesite más de una ceremonia para dejar descansar a alguien.

• • •

... y al polvo tornarás.

Génesis 3:19

Mondi no había querido ser enterrada, lo que significaba que automáticamente no habría un lugar al que sus supervivientes pudieran acudir cuando quisieran recordarla. Podía guardar sus cenizas en alguna parte, por supuesto, pero uno no visita un estante o un cajón como visita una tumba. Hasta que no recogí sus cenizas del tanatorio donde había sido incinerada no había pensado realmente en el problema. Pero cuando lo hice, me di cuenta de que tener un lugar era importante para mí. El lugar tenía que ser en el exterior y había de ser precioso. No había ningún sitio concreto que a ella le gustara especialmente, aunque siempre estaba dibujando el monte Tamalpais, la montaña que se levanta pronunciadamente detrás del pueblo donde vivíamos.

El fin de semana siguiente a que recogiera sus cenizas me acerqué a la montaña. Casi de inmediato me sentí como un tonto. No tenía ni idea de adónde estaba yendo. Había dejado todos mis mapas de la montaña en casa, aunque también me planteé de qué me habrían servido, ya que lo que estaba buscando no era un lugar que se pudiera ubicar en un mapa.

De modo que seguí conduciendo porque creía que, de alguna manera, encontraría el lugar adecuado y que lo sabría cuando lo hallara. Tenía pensado, vagamente, un espacio al que habíamos acudido diez años antes para una fiesta de cumpleaños al aire libre de un amigo, pero no podía recordar qué camino habíamos tomado. Todo lo que recordaba era la vista hacia el oeste, hacia el Pacífico.

Había conducido casi hasta la cima de la montaña cuando encontré una gran explanada de gravilla. Al otro lado, había una pista preciosa encarada hacia el oeste. No era el lugar que recordaba, pero también me atrajo. Detuve el coche y me dirigí hacia un punto en el que dos caminos se extendían a través de la hierba seca y dorada y, en el otro lado de la pista, uno giraba hacia arriba y el otro hacia abajo. Instintivamente, elegí el que descendía y empecé a caminar. La montaña subía a mi derecha y bajaba a mi izquierda, y el camino que había escogido era un pequeño sendero de tierra que serpenteaba por el perfil ondulado de la pendiente. Lo seguí durante quince minutos, descendiendo gradualmente hasta que llegué a una roca que garantizaba una ancha vista de esa parte de la montaña.

Desde esa roca podía ver por encima y por debajo de mí varios encinares y un arroyo seco lleno de laureles. Mientras estudiaba la vista, descubrí que mis ojos se posaban una y otra vez en uno de los encinares. Estaba detrás de un montículo y protegido bajo el borde roto de una piedra. Sin saber el porqué, noté que ese era el lugar que estaba buscando.

Recorrí los últimos metros del camino que conducía, a través de una pronunciada bajada, hacia el montículo y me senté en una de las rocas que sobresalían. Aquí es, me dije. Este es *su lugar*. A ella le habían encantado las encinas, como las que había esparcidas por las colinas de Palo Alto, donde había montado a caballo cuando era pequeña. Había cinco árboles en ese rincón; uno para cada uno de los miembros de su familia, pensé. De modo que me puse a hablar con ella y le conté que le había encontrado un nuevo hogar.

• • •

La muerte [de una persona] es más un asunto de los supervivientes que del propio muerto.

THOMAS MANN

Varias semanas después volví con mis tres hijas y tres de mis nietos para esparcir sus cenizas en la pequeña arboleda de encinas. Era un día soleado. A lo lejos, el mar brillaba como la plata, mientras que a lo alto, los pájaros ascendían por las escaleras del viento que salían del agua. En la distancia, la figura diminuta de excursionistas que se movían lentamente por la ladera. Era el tipo de día —y la clase de gente— que a Mondi le habría encantado.

Cada uno de los adultos esparció unas cuantas cenizas y algunos trocitos de huesos también, ya que las «cenizas» también los contenían, lo que hacía que los restos parecieran mucho más reales. Tristan y Dylan, que tenían cinco y seis años, cazaban lagartijas por las rocas soleadas e intentaban fingir que no sabían qué estaba pasando. Tyler, nuestra nieta de cinco años, estaba sentada bajo una encina y observaba lo que hacíamos. Un poco más tarde, cuando terminamos, noté que levantaba los brazos y movía los dedos. Luego, sonrió y bajó el brazo. Fui hacia ella y me senté a su lado.

—¿Qué estabas haciendo? —le pregunté.

Estaba callada y parecía avergonzada. Finalmente se encogió de hombros como si todo fuera demasiado difícil como para verbalizarlo. Al final, respondió a media voz:

—Saludando a la abuela. ¿Sabes que está allí arriba, por encima de los árboles?

• • •

Le falta tiempo para lamentarse, le falta tiempo para mejorar.

SHAKESPEARE

Durante esas semanas posteriores a su desaparición, tuve una serie de sueños en los que ella se marchaba de casa o se iba de viaje. Era como si estuviera reproduciendo su muerte una y otra vez de distintas formas simbólicas. Mi psique pasaba por la experiencia repetidamente, del mismo modo que uno tendría que explicar una vez tras otra lo que ocurrido a un niño que hubiera sufrido un trauma. Y como un niño que tuviera dificultades para procesar la información, los sueños siempre terminaban planteando preguntas muy elementales: ¿Le había dicho adiós? ¿Iba a regresar? ¿Dónde se encontraba en ese momento? ¿Estaba bien?

Al principio, me inquietó que ese motivo repetido significara que estaba atascado, pero a medida que las semanas avanzaron rápidamente y noté que la insensibilidad empezaba a desaparecer y la vida a volver, comencé a ver que con cada visita en sueño y fantasía al tema de su desaparición de mi vida, desataba otro hilo de nuestra vida conjunta. Esa era la función del luto, pero no era el sufrimiento lloroso que había esperado aguantar. En lugar de eso, era una gestión larga, difícil y mundana. Me iba a la cama cada noche cansado, incluso los días que habían sido más bien ociosos. Y después de una noche con ese tipo de sueños, me levantaba cansado por la mañana. Treinta y cinco años juntos. ¡Un montón de nudos por deshacer!

Siempre había confundido el luto con el sufrimiento,[1] y entendía que ambos hacían referencia a echar de menos terriblemente a la persona fallecida y a llorar al recordar cosas que se habían hecho conjuntamente. Algunos de los amigos de Mondi experimentaban ese tipo de sufrimiento, pero para mí el luto era distinto. Era casi un proceso cognitivo, en el que interiormente y a niveles que sólo en algunas ocasiones podía vislumbrar, estaba desmantelando la estructura de toda una vida y renunciando a la perspectiva que la acompañaba.

Su muerte disipaba toda una forma de ver el mundo. Estar sin ella era como salir una mañana por la puerta delantera de casa y darse cuenta de que el vecindario y el paisaje subyacente se habían desvanecido. Pero *desvanecerse* no es muy correcto, porque siguen estando allí. Pero era como si pudiera ver a través... el otro lado, como si pudiera observar la maraña confusa de hilos detrás de una tapicería elegante. Mi pérdida había destrozado mi imagen y había dejado en su lugar el tejido subyacente a través del cual se había creado la imagen.

Desde que me había despertado aquella mañana al lado de su cuerpo sin vida, había tenido la sensación de revisar lo que solía llamar «realidad». Ese cuerpo cercano a mí se parecía mucho a ella, pero no era *ella*. La pequeña Tyler había venido a la habitación aquella mañana, tan pronto como se hubo enterado de que su abuela había muerto durante la noche. Había subido a la cama donde Mondi permanecía y tocado su hombro. Lo había sacudido violentamente: «¡Abuela! ¡Abuela! —había gritado—. ¡Despierta! Sé que estás bromeando. ¡Despierta!»

Desde aquella mañana y hasta un punto que no dejaba de incrementarse a medida que transcurrían los días, me sentía como un viajero cuya ruta había dejado de corresponder con el mapa que llevaba en la mano. O, peor, un viajero que había tropezado con una de esas áreas blancas, sin trazar, de los mapas antiguos. La soledad que sentía era totalmente distinta de la falta de compañía que lleva el mismo nombre. Era un tipo de soledad que ningún compañerismo podría anular, una soledad a la que la compañía le parecía extraña y entrometida.

• • •

Confusión *es una palabra que hemos inventado para un orden que aún no se ha comprendido.*

HENRY MILLER

Remodelar la casa *era* una buena metáfora de cómo mi vida estaba siendo desmontada, excepto que en el caso de la casa había un diseño y un plan de trabajo. El resultado había sido establecido antes de que empezaran a desmontar la estructura antigua, y a pesar de que el plan podría llegar a modificarse de vez en cuando, podía ver que solíamos avanzar hacia la imagen dibujada sobre el papel. Con el proyecto de la casa podía entrar y contemplar qué era lo que quedaba hacer para conseguir esa imagen final que tenía pensada desde el principio. Iba frustrantemente despacio, por supuesto, pero siempre podía consolarme con la imagen en mi cabeza de cómo me gustaría que se terminara.

En cambio, en el caso de la situación de mi vida, no había ningún diseño hacia el que referenciarse. Había pocas imágenes imaginadas, fantasías de un viaje que emprendería o cambios en mi vida laboral que me ofrecerían más tiempo para hacer lo que quisiera o, incluso, una posible nueva relación con una mujer. Pero esas eran como las pequeñas imágenes de las características de una casa que uno recorta de revistas, imágenes e ideas, no un plan de-cómo-sería-la-casa-cuando-hubiéramos-terminado.

Necesito cambiar mi metáfora: mi situación no se parecía tanto a desmontar una casa con la finalidad de remodelarla, sino a quemarla y luego, con los escombros humeantes, preguntarse si se tiene la energía para reconstruirla. Me acordé de la charla que había dado en una iglesia católica después de que el enorme incendio de Oakland destruyera centenares de viviendas. Doscientas familias de esa parroquia habían perdido sus hogares. Era una charla sobre transiciones, y había tenido sentimientos mezclados sobre si celebrarla o no ya que realmente no sabía qué era perderlo todo.

En realidad, la charla fue bien, ya que las personas se aferraron al modelo de transición para dar sentido a sus experiencias. Lo único en lo que se pusieron de acuerdo fue que era especialmente difícil abandonar cuando no se sabe qué va a ocurrir a continuación. Es como si se dejara ir de un trapecio en el circo y luego descubriera que no se habían tomado medidas para lanzar otro trapecio balanceándose hacia usted.

Pero el proceso de la transición no depende de que exista una realidad reemplazante esperando su oportunidad. Uno se encuentra en transición automáticamente cuando termina alguna parte de su vida. Es evidente que los resultados predeterminados facilitan las cosas, pero nos encontramos en transición con o sin ellos. Si no existen, tenemos que crear los resultados por nosotros mismos. Esta es una de las tareas que hay que realizar en la zona neutral y uno de los motivos por los que la conexión entre la transición y la creatividad son tan importantes. Pero eso es la zona neutral. Yo llegué a tiempo, pero en ese punto de mi propia experiencia de transición se anticipó mucho.

Los clientes solían quejarse de lo difícil que era no saber hacia dónde se encaminaban las cosas y yo siempre había mostrado conmiseración. Pero había llegado mi turno de lidiar con las implicaciones de esa realidad. Podía sentir dentro de mí un fuerte deseo de ver el futuro y me habría contentado con casi cualquier resultado, incluso si no era muy bueno. Al menos, después podría empezar a guiar mi dirección, a pesar de que mi único hito fuera algo que esperara evitar. Lo que era más duro era no guiar; estar rodeado de incertidumbre, lleno de incertidumbre, abrumado por la incertidumbre. Aunque no sabía cómo iba a manejarlo, sabía que afrontar con éxito la transición iba a requerir que aceptara que la incertidumbre era mi nueva realidad.

En una de las actualizaciones, Mondi escribió que Ram Dass le había dicho: «la enfermedad y la muerte no son un error. Son el currículum de una persona». Esa metáfora, añadió ella, hace que limitarse a intentar destruir las células cancerígenas sea un error. En cambio,

> ... lo que yo quiero hacer durante los próximos meses o años de mi vida es aprender de ellas. Tengo curiosidad. Al menos, tengo curiosidad por el sufrimiento físico, pero sé que también es parte del currículum. En este momento, simplemente me da muchísimo miedo. Tengo más curiosidad por saber qué es la muerte. Tengo curiosidad por si seré capaz de mantener los ojos y la cabeza abiertos frente a cualquier cosa que llegue... Antes de despedirme, quiero apuntar una cita que escuché de Elizabeth Howes, una terapeuta junguiana. Estas palabras son esperanzadoras, me consuelan y me perturban:
>
> Dios envía la herida.
> Dios es la herida.
> Dios está herido.
> Dios cura la herida.

A lo largo de esos meses, largos meses, mientras esperábamos los informes que aclararan las zonas oscuras en los rayos X y la ambigüedad crecía en los números de las pruebas, Mondi mantenía los ojos y los oídos abiertos y seguía siendo curiosa. No dejaba de aprender.

Más adelante, encontré un gran consuelo en ese hecho: si ella pudo hacerlo mientras toda su vida se destruía, yo podía hacerlo en medio de mis propias pérdidas que eran mucho más modestas. Comprendí que tenía que resistirme a las salidas fáciles que me ofrecían tanto el pesimismo como el optimismo. El pesimismo entiende que toda la importancia reside en el pasado. Ofrece la escapada reaccionaria de la incertidumbre afirmando: «Nada bueno nos espera más adelante. Todo lo importante existe en la forma en que solían ser las cosas.» El optimismo ubica toda la importancia en el futuro y está basado en la escapada progresiva de la incertidumbre. Asegura: «Estaré bien tan pronto como supere cómo son las cosas ahora y llegue a un destino mejor que no puedo dejar de repetirme (¡Sí! ¡Sí! ¡Sí!) que me espera más adelante.»

Pero tanto el optimismo como el pesimismo son escapadas. No, quizá sea más justo decir que son como unas muletas, útiles cuando uno está malherido, pero no son lo que uno quiera usar durante toda la vida realmente. En cuanto a esa cualidad frecuentemente alabada, la esperanza, estoy de acuerdo con lord Halifax: «La esperanza, por lo general, es una mala guía, aunque es una buena compañía a lo largo del camino.» El problema con la esperanza es que suele implicar no tanto una disponibilidad por creer que algo nuevo reemplazará lo pasado —que *es* importante—, como una afirmación de que será igual o mejor que lo pasado.

• • •

Es magnífico el arte de empezar, pero más lo es el arte de terminar.

HENRY WADSWORTH LONGFELLOW

Ocho meses después de que Mondi falleciera asistí a una reunión de asesores que se juntaban cada año justo después de Año Nuevo, en un *resort* al norte de San Diego. El grupo estaba formado por unas cuantas personas que conocía y otras muchas, a las que había querido conocer. Estaba entusiasmado. La reunión empezó con una especie de calentamiento durante el que cada uno hablaba de sí mismo a otra persona. El hombre que dirigía al grupo anunció: «... y expliquen a la otra persona lo más importante que aprendieron el año pasado».

Podría habérmelo inventado o podría haber explicado que durante el año anterior [1997] había aprendido a no inventar cosas, pero no recurrí a ninguna de las dos opciones. Simplemente, le conté a mi compañero que había sido un año muy difícil, que en ese momento ya me encontraba un poco mejor y que no podía empezar diciendo «lo que había aprendido». Luego, me quedé sentado y murmuré para mí mismo:

«Los norteamericanos siempre queremos dar un tono positivo a las cosas. "Ah, aprendí *tanto* de esa experiencia", afirmamos. Y nos gusta entender nuestras vidas como un proceso educativo en el que mejoramos. Después de haber pasado por el Holocausto y por Hiroshima, es posible que no creamos más en el "progreso" societal; pero nos gusta pensar que, personalmente, estamos progresando. Por este motivo, lo entendemos todo como una —ay, qué frase!— "una experiencia de aprendizaje".»

No expuse casi nada de esa opinión en voz alta, aunque sí que revelé al grupo que pensaba que no había aprendido nada a lo largo de lo que había sido la experiencia más difícil que había vivido nunca. Pero eso no era del todo cierto porque, aunque me sentía molesto de que me hubieran pedido que diera una nota positiva a un año terrible, tenía que admitir que durante ese tiempo había aprendido que la capacidad más importante que poseía era la de despedirme de todo lo que apreciaba. Era la capacidad de llegar a un final; de hacer esas cosas y, luego, continuar, a pesar de que hacerlo me hiciera sentir desleal en algunos momentos.

Los finales son experiencias transformativas. Como Eliot dice en la presentación de este capítulo, suelen ser nuestros puntos de partida, porque la ruptura que representan en nuestras vidas inicia un capítulo nuevo, incluso cuando concluye uno antiguo. Está claro que lo que es difícil es discernir qué ha terminado y qué no.

Eso me hace recordar un congreso en el que participé hace diez años. Una compañía que ayudaba a otras empresas a recolocar a su personal hacia y desde encargos del extranjero, tenía allí un *stand* que publicitaba sus servicios. En el *stand* daban como publicidad paquetes de pegatinas que una persona de paso podía usar para comunicarse con los transportistas. Había cuatro etiquetas en el paquete. Se leían de la forma siguiente:

AIRE
Tiene que utilizarse para cosas importantes que necesitaría en la nueva ubicación de inmediato.

MAR
Es para las cosas que quiera llevarse consigo, pero que no sean tan importantes como para precisar un transporte rápido.

ALMACENAJE
Esta pegatina tiene que emplearse para cosas que no quiera descartar, pero que también sepa que no querrá usarlas realmente en la actualidad.

ESTO SE QUEDA

Esta pegatina tiene que pegarse sobre los objetos que se haya dado cuenta de que ha llegado el momento de deshacerse de ellos y de dejar atrás.

Si hubieran hecho este tipo de pegatinas para personas en transición, seguro que podría haber empleado un paquete en 1997.

5

El camino de la transición

La edad rara vez llega pausada o rápidamente. La mayoría de veces es una sucesión de sacudidas.

JEAN RHYS

Siempre me he sentido fascinado por las biografías. No por los grandes tomos de VIDA y OBRA DE FULANO, sino por esas listillas de datos vitales que resumen una vida en una página, más o menos; las solapas de los libros y las necrológicas son mi especialidad. Siempre voy trazando un esquema a medida que leo: «1945, eso significa que tenía veinticuatro años cuando publicó ese primer libro.» Cuando era joven, lo que me atraía de ese tipo de vidas resumidas era la cuestión de si yo estaba dentro del programa que me conduciría a alguna parte. Recuerdo sentir una gran simpatía por el cómico, el crack, Tom Lehrer: «Cuando Keats tenía mi edad, ¡llevaba muerto cinco años!» Después de un tiempo, evidentemente, no pudo seguir diciéndolo y tuvo que rehacer su cronología, que se convirtió en: «Cuando Mozart tenía mi edad...» Eso funcionó mientras Lehrer rondaba la treintena, pero luego la broma murió.

Hacia el final de mi treintena, mientras aún era profesor de literatura en el Mills College de Oakland, California, impartí un curso sobre autobiografías. No era un experto en el tema. Simplemente, buscaba una temática sobre la cual hasta los estudiantes con menos confianza pudieran redactar algo con cierta autoridad. Mi idea era que la mayoría de dificultades que tienen muchos estudiantes para escribir bien empiezan por el hecho de que no conocen suficientemente el tema como para escribir del modo que deben hacerlo los buenos escritores: desde la mente y el corazón. (¿Recuerda esos trabajos que redactó en el colegió sobre China? Le mandaron que indicara, mediante notas a pie de página, todo lo que obtuviera de una fuente secundaria. Lo que representaba *todo*. Nadie puede escribir bien bajo esas condiciones.)

Por consiguiente, diseñé un seminario de escritura para noveles en el que leíamos varios tipos de autobiografías distintas y algún material sobre el cómo y el porqué de la redacción de autobiografías. Todos los trabajos del curso eran capítulos de las propias autobiografías de los estudiantes. Funcionó bien, que es como decir que incluso los estudiantes que no redactaban muy bien escribían bastante bien al describir cosas sobre las que, indudablemente, eran expertos. Y funcionó bien en el sentido de que los estudiantes descubrieron que escribir sobre una cuestión podía ser una forma de aprender sobre la misma, ya que observaron sus vidas desde un ángulo y desde otro, intentaron describirlas de un modo y, luego de otro, aprendieron mucho más sobre cosas de lo que creían saber al comenzar la tarea.

A pesar de que empecé ese proyecto con el único objetivo de mejorar sus dotes de redacción, rápidamente me di cuenta de que estaba viendo en los capítulos de los estudiantes cómo habían evolucionado durante los años anteriores a la universidad. Algunos de mis alumnos eran lo que denominábamos en esa época estudiantes «viejos», y los patrones de crecimiento, a veces también hacían referencia a la edad adulta. A medida que el tiempo fue avanzando, mi interés secundario en el contenido de lo que estaban escribiendo empezó a robarle protagonismo a lo que se suponía que era el centro de interés: la redacción propiamente dicha.

Los estudiantes creyeron que la simple tarea de dividir sus vidas en capítulos era un ejercicio valioso.

> Veamos: ¿El primer capítulo será del nacimiento a los cinco años, porque esos fueron los años que vivimos en Boston, o elijo del nacimiento a los tres años porque cuando nació Bobby (yo tenía tres años) dejé de ser hijo único? ¿Debo empezar con mi propio nacimiento, o con un capítulo sobre el de mis padres… o abuelos, que inmigraron de Irlanda justo después de la Primera Guerra Mundial? O, quizá, tenga que comenzar por mi edad adulta, cuando encontré esas cartas en el armario de mi abuela hace dos años.

Y la cuestión de cómo organizar los capítulos quitaba el sueño a los alumnos, a pesar de que la cuestión abstracta de cómo evolucionan los humanos apenas les importaba a la mayoría de ellos, salvo cuando aportaba alguna idea sobre su aventura autobiográfica. Recuerdo a un estudiante que dio vueltas durante días a la frase: *el final de la niñez*. Otra alumna escribió un texto muy trabajado sobre cómo el descubrimiento de la realidad existente bajo la apariencia superficial de normalidad de una familia extremadamente infeliz y neurótica fue un enorme paso hacia adelante en su propio crecimiento.

Una y otra vez, los estudiantes describían transiciones significativas como momentos decisivos de sus vidas. No cambios, sino transiciones. Creo que fue entonces cuando entendí por primera vez la diferencia entre ambos. El *cambio* podría haber sido un traslado geográfico o la graduación en el instituto o la separación de los padres. La *transición* era la forma en que la vida de los estudiantes había dado un giro y había sido distinta después de esa circunstancia. Mirando hacia atrás, solían creer que los cambios tan sólo eran el detonante y la señal de sus transiciones.

Empecé a plantearme: ¿Por qué ocurrió la transición cuando lo hizo? ¿Cómo podía un cambio aparentemente insignificante causar una transición tan grande? ¿Por qué algunos estudiantes eran vulnerables a los cambios en la escuela, mientras que otros estaban condicionados por cambios familiares? ¿Por qué las transiciones solían precipitarse como «bolas de nieve» en momentos concretos de una vida, de modo que varias transiciones estaban comprimidas en un espacio breve de tiempo?

En poco tiempo empecé a leer todo lo que podía encontrar sobre crecimiento adolescente y en los primeros años de la madurez. Cuando yo había asistido a la universidad, el crecimiento humano era el crecimiento *infantil*. Incluso en 1970, cuando impartía ese curso, esos diagramas de pasos que ilustraban las fases de desarrollo mostraban la primera infancia, los años escolares, la adolescencia y el principio de la edad adulta como una escalera ascendente hacia la madurez propiamente dicha. Luego abrían la fase del adulto, donde… donde uno se limitaba a «vivir» y dejaba el crecimiento por detrás. Las transiciones no se detenían en la edad adulta; eso podía atestiguarlo yo. Pero, a lo mejor, habían dejado de incluir un componente evolutivo vinculado. Aunque a mí me parecía que sí que lo tenían.

Había publicados algunos artículos sobre algo denominado «desarrollo adulto», una extensión de los peldaños anteriores al período que empezaba a llamarse *media vida*. Gail Sheehy aún no había planteado el tema frente a la opinión pública con su libro, *Pasajes*, pero en ese momento había suficientes cosas publicadas para dejar patente que otras culturas habían concedido a las personas un mapa mucho más extenso de sus vidas que la cultura norteamericana. Confucio, por ejemplo, había escrito:

> A los quince años incliné mi corazón hacia el saber.
> A los treinta, me emancipé.
> A los cuarenta, dejé de tener perplejidades.
> A los cincuenta, conocí el mandato del cielo.
> A los sesenta, me sentía cómodo con lo que había oído.
> A los setenta, podía seguir el deseo de mi corazón sin transgredir los límites de lo correcto.[1]

Envidiaba a las personas que podían trazar su trayectoria a través de un guión tan claro. Como me acercaba a los cuarenta y estaba muy confundido, leí la línea sobre no tener «perplejidades» con mucha envidia.

En los esquemas evolutivos presentados por las imágenes tradicionales y los investigadores modernos, las épocas de transición tendían a desaparecer. Como las escaleras sobre el plano de una casa, simplemente eran la forma de pasar de un nivel al siguiente, no espacios para vivir, propiamente dichos. Pero mis estudiantes pensaban de un modo distinto. Para ellos, las transiciones eran lo real, las épocas importantes. Los períodos de estabilidad relativa antes y después de las transiciones eran etapas en las que podían retomar el aliento y avanzar sin lo que se hubieran colgado detrás. Eran etapas para consolidar lo que hubieran heredado de las últimas transiciones.

Para mis estudiantes era la historia de sus transiciones, no las etapas de vivencia por las que habían pasado, lo que les había revelado cómo habían conseguido ser las personas que eran. Las transiciones eran la fuerza que les hacía avanzar por el camino que estuvieran siguiendo. Eran la dinámica de la vida auténtica.

Es evidente que no todos los cambios de sus vidas creaban transiciones importantes, aunque el hecho en sí mismo fuera desconcertante. Algunos estudiantes vivieron sacudidas enormes en sus situaciones vitales sin que el corazón les diera un vuelco a nivel personal. En cambio, los cambios que la mayoría de personas habrían considerado ínfimos —la muerte del perro de la familia, hacer un nuevo amigo, irse de vacaciones y tener la primera experiencia romántica tonta— eran los detonantes de enormes redirecciones y reordenamientos internos que les hacían ser personas distintas a las que habían sido antes. Esas alteraciones estaban causadas por cambios, pero eran el resultado de alguna fuerza evolutiva interior con una vida propia. En consecuencia, estuve de acuerdo con los estudiantes en que la vida podía ser entendida como un viaje en el que las transiciones eran la parte consistente en viajar y las denominadas etapas eran, simplemente, las paradas para pasar la noche.

Cuando empecé a entender las cosas de este modo me di cuenta de que, todo el tiempo, el desarrollo de la naturaleza es episódico. Ese hecho está grabado en los círculos de la sección transversal del tronco de un árbol. También se pone de manifiesto en la forma en que una criatura humana cambia muy despacio durante un período de meses y, luego, en sólo unos cuantos días, se pone de pie y empieza a dar pasos; en la forma cómo balbucea durante semanas y semanas y, después, en pocos días comienza a pronunciar frases reconocibles. El mismo hecho es obvio en la forma en que el agua se enfría, grado a grado, sin cambiar de forma física hasta que baja hasta 0 °C, momento en el que, de repente, empiezan a formarse cristales; en cuestión de minutos, si la temperatura baja un poco más el líquido se transformará en un trozo sólido de hielo.

• • •

Cuando las cosas llegan a la madurez, se deterioran por sí mismas.

LAO-TZU

Con los seres humanos, las transiciones dejan tras de sí no únicamente personas que son diferentes en cierto modo. Además, las transiciones conllevan que el mundo les parezca considerablemente distinto a esas personas. Abandonar una fantasía sobre solidaridad familiar después de que los padres de una persona se divorcien, o superar la idea de que los demás son asexuales después de que su primera experiencia sexual no le deje indiferente. Eso redefine *realidad*.

En las sociedades tribales había ritos de paso que servían como vehículos para transportar a las personas a través del vacío existente entre una fase de la vida y la siguiente. Esas ceremonias no sólo ofrecían una nueva identidad en la tribu a los jóvenes, sino que también les introducían en una visión del mundo renovada y adulta. Podía ser que a los jóvenes se les permitiera ver «entre bastidores» un rito tribal y comprender, de ese modo, cómo se producía la magia del acto. O, quizá, se les revelaba un conocimiento secreto sobre un lugar sagrado cerca del poblado. Fuera cual fuese esa nueva perspectiva, solía ir precedida de un tipo de desencantamiento ritual a través del cual la antigua realidad, apropiada para los jóvenes, era destruida para que pudieran observar el mundo a través de la mirada de los adultos.[2]

Que no existan desencantamientos oficiales en nuestra sociedad no implica que no haya docenas de desencantos no oficiales durante el viaje de la vida. Tampoco significa que esos períodos de desarrollo acelerado y despertar repentino hacia algo más allá de lo que solíamos comprender no sigan siendo una parte primordial del crecimiento. En realidad, fue mientras leía los relatos de mis estudiantes sobre sus primeros desencantamientos cuando se me ocurrió por primera vez que las transiciones de la vida podían llegarse a entender más significativamente como puntos de *paso* no ritualizados, muy parecidos a los que las tribus celebraban ritualmente.

Detrás de todos los rituales de paso tribales había una idea de que existe realmente una sucesión de mundos, como en el caso de las muñecas de madera rusas en las que cada una tiene otra inscrita en su interior. La desaparición de una versión oficial de la secuencia de la realidad no significa que la realidad deje de «evolucionar» a medida que una persona va creciendo. Todo lo que significa es que no podemos seguir teniendo una forma eficaz de preparar a las personas frente a la posibilidad de que lo que entendimos que era «el mundo» se llegue a desvanecer en un momento de transición. Tampoco disponemos de una buena manera de ayudarles a vivir esa experiencia.

Nos falta un reconocimiento oficial de la verdad de que, en las palabras del dramaturgo inglés Christopher Fry, «siempre habrá otra realidad que convertirá en ficción la verdad a la que creemos haber llegado».[3] Claro que si una transición va satisfactoriamente, termina con un nuevo modelo de significado que surge del caos producido por la destrucción del antiguo.

Pero como nos falta el reconocimiento societal de (y algún tipo de apoyo social durante) la mayor parte de esos desencantamientos, la experiencia degenera con facilidad, simplemente, en una de pérdida personal. En ese caso, se le quita su relevancia. La persona en una transición de este tipo deja de ser alguien que pierde una capa sobrevivida de realidad y, sencillamente, pasa a ser una víctima de una experiencia personal desafortunada (y esencialmente sin sentido).

Sin embargo, el desencantamiento está arraigado al desarrollo humano, del mismo modo que el marchitar y la descomposición están arraigados a la naturaleza. Cada uno de nosotros vive en un mundo, y ese mundo está previsto que se seque en su momento como una flor que se marchita para dejar lugar al crecimiento que le sigue. Al no llegar a comprender el proceso, nos deprimimos y desanimamos cuando se produce. Aseguramos que las cosas no nos van bien. Buscamos salidas para resolver nuestros problemas, arreglar las cosas y lograr que nuestras vidas vuelvan a encarrilarse. Es evidente que «volver a encarrilarse» significa «volver a discurrir por el camino en que estaban antes de que nos encontráramos esa dificultad». Y eso significa «volver a la vida que ha llegado el momento de abandonar».

Ahora bien, no estoy afirmando que nuestras vidas nunca necesiten reparaciones o que cada dificultad sea una señal de que se acerca un desencantamiento evolutivo. Tan sólo estoy apuntando que nuestra cultura mecánica, altamente activa, está muy alerta respecto a la necesidad de *arreglar las cosas* y es muy inconsciente de cómo las situaciones problemáticas de la vida pueden servir como señales que nos alertan de una transición inminente. A la mayoría nos han enseñado a definir el coraje como la fortaleza emocional que nos permite mantenernos sólidos durante momentos difíciles, cuando el coraje que se nos suele exigir es la valentía de abandonar. En nuestra cultura se nos anima a buscar consejos sobre qué deberíamos *hacer*, cuando es posible que *no hacer nada* más que escuchar y observar las señales relacionadas con la transición constituyan las mejores formas de superar nuestras dificultades.

• • •

La vida es el único asesor real.

Edith Wharton

La tentación de buscar formas de protección para la vivencia que ya tenemos es especialmente intensa a media vida, cuando muchísimas cosas parecen depender de la posición y la identidad que hemos sentado mediante las actividades en las que estamos involucrados y funciones que ocupamos. En ese momento somos como la figura mítica de Ulises, quien pasó todo su viaje de regreso tras la toma de Troya recibiendo una señal tras otra de que debía hallar una nueva forma de afrontar la adversidad. Sus dificultades llegan al punto culminante cuando intenta afrontar con su embarcación al monstruo de seis cabezas, Escila, y el remolino Caribdis. La maga Circe le había advertido que sería capaz de pasar por ese angosto espacio entre la roca arquetípica y un lugar difícil únicamente si *no hacía nada* contra la amenaza que representaban. No obstante, cuando al final llegó a los estrechos, echó mano de su antigua realidad y del comportamiento que había sido propio de ella:

> Y entonces olvidé el mandato severo de Circe
> cuando me ordenó que de ningún modo me armara.
> Me puse mi famosa armadura, cogí dos largas lanzas en la mano
> y subí a la cubierta del barco, a proa.[4]

Como la mayoría de personas, a la hora de la verdad recurrió a lo que le había llevado hasta allí. No llegó a ver ni a tratar el problema que la vida le estaba presentando como una señal y un regalo, en lugar de como una dificultad que tenía que superarse, y por eso su barco fue destrozado.

En Occidente asociamos el crecimiento con aprender y añadir lo que ya existe, como percibí en mi reunión de asesores durante el invierno posterior al fallecimiento de Mondi. Pero existe una sabiduría más antigua (y, créame, más profunda) que explica que es mediante el *desaprendizaje* y el desmontaje de lo que ya existe que crecemos.

Nos faltan instituciones que estén basadas en una pedagogía y que ofrezcan un programa de desaprendizaje. Los programas educativos disponibles ponen el énfasis en el aprendizaje y no en el desaprendizaje. Y los centros religiosos y terapéuticos, en los que podrían llegar a darse esas cosas, todos tienen su dogma en el que se espera que el iniciado aprenda. ¿Adónde podemos acudir para desidentificarnos con todo lo que nos ha llevado hasta esa fase de la vida?

Sin embargo, la vida presenta un programa perfecto y el precio es modesto. Si pierde las ofertas de este año, puede recuperarlas el próximo. Una y otra vez, nos ofrece un curso por correspondencia sobre abandonar: abandono introductorio, abandono intermedio, abandono avanzado. La vida hace eso no porque aquello con lo que nos estamos identificando sea malo, sino porque estamos preparados para algo más, algo más lejano, algo, en cierto modo, más profundo.

La alternancia de abandonar un mundo antiguo y empezar uno nuevo es el modelo rítmico subyacente a la propia vida. El corazón no es más que un órgano que hace eso con la sangre. Los pulmones hacen lo mismo con el aire que respiramos. El aire hace lo mismo con la sangre; la deja atrás cuando exhalamos y la vuelve a entrar cuando inhalamos. La tierra permite que la lluvia caída regrese a la atmósfera y luego se reincorpore cuando vuelva a caer. La sabiduría antigua de Eclesiastés, que expone que hay un momento para vivir y para morir, es una afirmación de esta corriente alterna básica del universo que mueve la sangre, la respiración y el tiempo, aunque a veces imaginemos que es un precursor del relativismo moderno.[5]

Oriente y Occidente tradicionalmente han adoptado posturas opuestas en relación con este ciclo. Las religiones orientales desde siempre han aceptado el abandono que caracteriza el aspecto final del ciclo y han creado maneras sofisticadas para ayudar a las personas a liberarse de las identificaciones que han establecido con la realidad concreta que están experimentando. El pensamiento occidental, en cambio, ha intentado conseguir el máximo del otro aspecto del ciclo: las identificaciones, encarnaciones, consecuciones que están asociadas a la fase de la transición de volver a empezar un nuevo ciclo.

Claro que el problema es que ninguna de las dos tradiciones entiende las dos tácticas, simplemente, como los dos componentes mediociertos de un ciclo. En Occidente concebimos «cualquier cosa» como algo con un comienzo, una fase intermedia y un final, en este orden. Occidente cree en el principio y, además, cree que si uno juega bien sus cartas, puede mantenerse a cierta distancia del final durante mucho tiempo. (Shakespeare se mostró muy occidental al escribir: «El cobarde muere muchas veces./ El valiente solo una.») Esta postura convierte el final en una ruptura; incluso, en un fracaso. La «fase intermedia» que ocurre entre el principio y el final es lo que los occidentales quieren continuar mientras sea posible y, por ese motivo, nos sentimos tan consternados cuando empezamos a recibir señales de que se acerca un final.

Para ser justos, Oriente también tiene su propia unilateralidad. Identifica con el abandono un final, y todas las cosas que son producidas por principios son descartadas como ilusiones. El abandono deja de ser un proceso dinámico para pasar a ser un estado de separación que está destinado a continuar mientras sea posible, y luego a ser recuperado si se pierde. Lo que se aferra bien es muy distinto, pero, a su manera, Oriente está tan poco dispuesto a abandonar como Occidente, a superar el abandono.

Tanto Oriente como Occidente creen en una energía universal que podría llamarse CD (corriente directa), ya que se espera que fluya en una única dirección; una dirección distinta en cada caso, pero una única dirección en cualquier caso. En cambio, yo sostengo que los seres humanos son aparatos de CA que operan en una corriente en la que la energía «alterna» entre el final y el principio, y en la que detenerse en alguno de los polos es peligroso.

El modelo de experiencia y naturaleza que alterna finales y principios ocasiona un tipo de movimiento parecido a un *aletazo*, una ondulación entre dejarse ir y volverse a afianzar, en el que ambos estados son afirmados a su tiempo y en el que el movimiento entre ellos, como las sacudidas de la aleta de un pez, es la fuerza que nos hace avanzar en nuestras vidas. La disposición a regresar de nuevo a una transición cuando la antigua realidad se agote es lo que nos proporciona las fuerzas que nos propulsan a lo largo de la vida.

Cuando decimos que «más dura será la caída», le damos un giro moralista, ya que significa que estábamos deprimidos (¡mal, mal!) porque éramos orgullosos. Pero en el contexto de la corriente alterna de crecimiento, tan sólo significa que cuando llegamos a la cumbre de la existencia, donde nuestras vidas están en orden y completamente formadas, empieza la otra mitad del ciclo de la transición. El orgullo no es la causa de nuestra caída, sólo el momento adecuado para ella.

Y cuando nos encontramos en transición creemos que hubiera sido mejor hacer una pequeña planificación. Marcar algunos objetivos. Definir una lista de obligaciones. Pegar en el espejo del baño algunas notas con afirmaciones. Luego, cuando las cosas empiezan a mejorar, señalamos que nuestra técnica *funcionó*. No llegamos a discernir que acabamos de cruzar por una larga zona neutral y llegar (¡por fin!) a un nuevo comienzo. Los griegos pensaban que ese tipo de pensamiento estaba aprovechándose de las acciones de los dioses y lo denominaron «hubris». Si tenemos que aprovecharnos de algo para la recuperación, debería ser de la propia CA intrínseca a la vida.

• • •

Empecé a tener una idea de mi vida, no como la forma lenta de realización que corresponde a mis intenciones preconcebidas, sino como el descubrimiento y crecimiento graduales de una intención que no conocía.

JOANNA FIELD

El proceso de transición termina lo antiguo y empieza lo nuevo. Entre el final y el principio se encuentra la vacuidad de la zona neutral, el caos a partir del cual fluye toda vida nueva. Sin la zona neutral no habría un renacimiento. Está claro que la transición es sólo una mitad del círculo, mientras que el mundo de existencia es la otra mitad. Entre el comienzo que termina una transición y el final que empieza la siguiente se encuentra «la zona intermedia» que es el mundo. La corriente alterna de existencia nos introduce y nos quita de una sucesión de mundos y realidades, una sucesión que se mueve hacia una forma superior.

Es posible que todo esto parezca un poco alejado de nuestro punto de partida, que era cómo el desarrollo humano es el contexto en el que la transición es significativa. Pero es concretamente la corriente alterna generada por la transición lo que nos mantiene transitando por el camino evolutivo para convertirnos en el individuo único que, básicamente, somos cada uno de nosotros.

Después de que una criatura haya crecido, podemos afirmar que era *de esa manera* desde un buen principio. Pero cuando era una criatura, cada persona conjeturaba cómo sería.

El individuo en sí es una entidad que es completamente exclusiva, al mismo tiempo que es profundamente similar a las demás. En esta paradoja de igualdad y diferencia, somos como hojas de un árbol u olas del océano. Este desarrollo continúa hasta (y quizá, incluso más allá) el momento de la muerte, el punto en el que el-tipo-de-vida-de-uno muere, que es lo que el resto de cosas vivas anteriores ha hecho.

El camino del crecimiento es el movimiento parecido a un aletazo que seguimos cuando abandonamos lo que hemos sido y luego descubrimos algo nuevo en lo que convertirnos; sólo para abandonarlo a tiempo y convertirnos en algo nuevo. Esto es el *Camino de la Transición* (¿?), el camino o trayecto de la vida propiamente dicha, la corriente alterna de incorporación y desconexión, de expansión y contracción. La palabra *camino* (¿?) tiene dos significados: el que acabamos de utilizar, que significa un trayecto o una ruta («Cogimos el camino largo para volver a casa»); el otro *camino* se refiere a la técnica o el método («Existe un camino mejor para lograrlo»).

Mientras yo me refiero al camino-como-trayecto, sé que en la actualidad muchas personas están mucho más interesadas en encontrar un nuevo camino en el segundo sentido. Están buscando un nuevo camino para perder peso, para educar a sus hijos o para mejorar sus matrimonios. Y les gustaría, también, un nuevo camino para afrontar las transiciones. Bueno, *existen* algunas técnicas que puede aplicar para afrontar eficazmente las transiciones, y un gran número se describieron en mi libro anterior, *Transitions*. Y al final del capítulo de este libro describo tres técnicas que a muchas personas les han parecido útiles.

Si se toman aisladamente, hasta las mejores técnicas son enfoques vacíos y mecánicos respecto a la cuestión de vivir. El problema con ellas es el que la cocinera francesa Simone [Simca] Beck señaló en una clase en la que un estudiante no dejaba de preguntarle la técnica adecuada para todo; sobre todo, cuestiones triviales sobre el método correcto para medir los ingredientes. Frances Mayers relata que cuando el estudiante «preguntó una vez demasiado, Simca respondió secamente: «No *existe* una técnica, sólo la manera de hacerlo. Ahora, ¿vamos a *medir* o a *cocinar*?».[6]

Esa es la pregunta que debe responderse respecto a los programas elaborados ofrecidos por miles de libros de autoayuda que inundan el mercado: ¿Quiere practicar *técnicas* o quiere *vivir*? Porque la vida no es reducible a un montón de técnicas, y ningún grupo de técnicas jamás sumó —ni ofreció a sus practicantes— una «vida». Para mí, la maravillosa frase «¡Búscate la vida!» no es una solicitud de aprender algo; simplemente, de vivir, de dejar de fijarse en la respuesta correcta, de encontrar su propio trayecto y empezar a tener éxito.

El camino de la vida es un viaje, un viaje a lo largo de un trayecto sinuoso. «Todo ascenso a un lugar magnífico —escribió Francis Bacon—, comporta una escalera sinuosa.»[7] Causa y efecto, entrada y salida, fuerza e impacto; el mundo mecánico está formado por «las distancias más cortas», líneas rectas sobre una superficie plana. Pero la vida aletea su camino a través de un paisaje ondulado. Si quiere *vivir*, tiene que entregarse a sí mismo por el camino de la transición; tiene que dejarse ir cuando la vida le presente una etapa de finalización; abandonarse a la zona neutral cuando allí es donde se encuentre, aprovechar la oportunidad para llevar a cabo un nuevo comienzo cuando se presente ese momento.

• • •

Cuántas preocupaciones elimina una persona cuando decide no ser algo, sino ser alguien.

Coco Chanel

Cuando nos encontramos en transición es cuando estamos más vivos. A menudo he pedido a grupos de personas con las que trabajo que se presenten a sí mismas, unas a otras, haciendo referencia sólo a esas cosas que *no están cambiando* en sus vidas. El resultado es un murmullo de voces ligero que hablan de dónde viven y cuántos hijos tienen y qué tipo de trabajo desempeñan. Después de que cada uno haya dispuesto de unos cuantos minutos para eso, les pido que vuelvan a presentarse unos a otros, y que, en esa ocasión, cuenten cosas *que estén cambiando* en sus vidas. Suele haber un momento de risas nerviosas, seguido de una pequeña pausa y, al final, una sucesión de charlas sobre las ganancias y pérdidas que están experimentando. Antes de que haya transcurrido un minuto, las voces están subiendo y bajando. Las entonaciones están llenas de energía. Hay risas. Las manos se mueven para gesticular.

Sin excepción, la segunda presentación es mucho más viva que la primera, a pesar de que es a través de *lo que no está cambiando en nuestras vidas* que solemos definirnos a nosotros mismos o somos definidos por los teóricos que quieren describirnos en relación a las categorías en las que nos englobamos. Si les preguntara a las personas que han realizado ambas presentaciones, la mayoría reconocerían que están cansadas de cosas que cambian todo el tiempo y que desean que sus vidas se estabilicen. Aunque es al describir todos los cambios cuando se sienten más animados y activos.

En realidad, no es el hecho de encontrarse en transición lo que la mayoría de personas tiene en mente, sino que no pueden ubicar su experiencia de estar en transición dentro de algún contexto más amplio, significativo. Sin ese tipo de contexto, los finales no tienen motivo, los comienzos abren las puertas de la nada y las zonas neutrales se extienden, de cabo a rabo, a través de un paisaje vacío.

Los antiguos modelos preceptivos de las etapas vitales —sean de Confucio o de la psicología moderna— no llegan a concordar con la experiencia de la mayoría de personas modernas. Se necesita algo que sea menos rígido y más próximo a la experiencia individual que las teorías. Tiene que ser algo que una persona pueda observar y afirmar: «Exacto. Así es mi vida.» No creo que haya un modelo que vaya como anillo al dedo. Por consiguiente, permítame sugerir tres. Se trata de modelos no formales de «cuando-cumpla-treinta-y-ocho-se-convertirá-en-X». Son más bien imágenes evocadoras, lentes a través de las cuales podrá ver y comprender su vida de formas ignoradas. Estos son:

1. El ejercicio de los capítulos;
2. El camino que ha recorrido;
3. El río llamado «Usted».

Es posible que quiera detener la lectura del libro en este punto y dedicar un rato a realizar estos tres ejercicios. Pruebe cada una de estas tres metáforas como un contexto posible para las transiciones que haya vivido y la que, posiblemente, estará viviendo en la actualidad. O es posible que desee continuar leyendo —y realizar cada ejercicio mentalmente en los minutos que tarda en leerlos— y, más adelante, volverlos a retomar más detenidamente al final del libro. Cualquiera de las opciones será correcta, pero bien de una forma, o bien de otra, pruébelos.

El ejercicio de los capítulos

Imagínese que está redactando su autobiografía. Lo que, por cierto, no es una tontería. Siempre que las personas llegan a la fase de dejar algo importante, se vuelven reflexivos de forma natural y empiezan a recordar la trayectoria que las llevó hasta ese punto. Este es uno de los motivos por los que los ancianos, que se acercan a la última etapa de abandono, dedican tan a menudo lo que parece una cantidad excesiva de tiempo a hablar sobre el pasado. Es casi como si la perspectiva de abandono hiciera que el pasado les resultara más importante. Mientras estamos en ella, la ruta que seguimos parece retorcida y totalmente indirecta, pero si miramos hacia atrás desde la posición de ventaja a la que nos haya acabado conduciendo, las curvas se vuelven rectas y la dirección general es más evidente.

Podría, como digo, redactar la historia de su vida en este momento y, probablemente, encontraría que es una actividad muy interesante, quizá emocionante y, desde luego, útil. Pero eso es algo que llevará a cabo más adelante. Por el momento, quiero que se limite a crear el índice que aparecerá al principio de la autobiografía que escribirá algún día. Eso significa que tiene que pensar los títulos de los capítulos de la historia de su vida. Si esos capítulos tienen que agruparse en secciones tiene que hacerlo, y darle un nombre a esas secciones. Al escoger los títulos elija las palabras y frases que capturen el espíritu de esa época de su vida. «Esfuerzos para respirar», «El séptimo cielo» o «Mi vida es como un escaparate» son mejores que «Nueva York, 1976-1980».

Al meditar sobre los títulos de los capítulos, tendrá que abordar varias cuestiones más generales. Una es: ¿cuántos capítulos tendrá su vida? La respuesta puede ser que esté relacionada con los años que haya vivido, pero se sorprendería de la cantidad de capítulos que un joven meticuloso de diecinueve años puede sugerir, o cómo puede ceñir una persona de setenta años toda una vida a cuatro o cinco grandes bloques.

No existe un número correcto, por supuesto, pero no debería tener ni demasiados como para perder la noción de las ramas que hay en un grupo de árboles individuales, ni tan pocos como para no poder seguir trazando claramente las vueltas importantes de la trayectoria de su vida. Cualquiera que sea el número correcto que decida y con independencia de que los agrupe o no en Parte I, II, etc., la forma debería hacer justicia a las transiciones vitales esenciales por las que haya pasado, los «mundos» en los que haya vivido, las identidades a las que se haya incorporado y las realidades que haya experimentado. *Si va a realizar el ejercicio de los capítulos en este momento, aquí es donde debe empezar.*

El camino que ha recorrido

Hay cosas que puede comprender sobre su vida cuando está expuesta visualmente en el espacio, que son muy difíciles de percibir cuando se resume en palabras. Por lo tanto, le sugiero que dibuje un gran mapa —quiero decir, de al menos 5 × 7,5 cm (cuatro páginas escritas dentro de un rectángulo de 10 × 15 cm serían incluso mejor)— del camino que ha recorrido a lo largo de su vida hasta el presente. Emplee lápices de colores, tanto para dibujar las líneas más gruesas, como para comunicar algo que quiera expresar. Este mapa puede contener mucha más información que los títulos de los capítulos y puede sugerir cosas visualmente que le costaría expresar por escrito.

- Intersecciones en las que afrontó una gran decisión y tomó una decisión relevante.
- Vías secundarias que fueran atractivas, pero que no se permitió explorar.
- Curvas cerradas en las que cambió de dirección completamente. (¿Estaba evitando un obstáculo? ¿O descubrió repentinamente un nuevo destino?).
- Lugares en los que volvió a encontrarse en el punto de partida o callejones sin salida en los que tuvo que rehacer su ruta.
- Señales enormes.
- Paradas (¿Para descansar, para divertirse o para… qué?).
- Los sitios de experiencias magníficas («puntos de interés», se denominan en la carretera).
- Destinos a los que se dirigiera, antes de decidir esquivarlos y seguir adelante.
- Pantanos y desiertos.
- Socavones, desvíos y controles de carretera.
- Cimas de muy difícil acceso o cuestas descendientes en las que tuvo que recurrir a los frenos para no perder el control.

- Lugares en los que se averió, se salió de la ruta o topó con otra persona.
- Algunos lugares, puntos naturales y comunidades a lo largo de la ruta, con nombres. (Nombre algunos de los lugares de su recorrido.)

Este ejercicio debería ser divertido. La idea no es ser «artístico», o sea, que no se preocupe por el aspecto del mapa. Simplemente, utilice la posibilidad de comunicar visualmente, de descubrir y representar algunas cosas de su vida que no se entendieran en los capítulos que acaba de perfilar en el ejercicio previo.

El río llamado «Usted»

El mapa que acaba de elaborar es una forma de representar el viaje de su vida. Porque usted viaja activamente por un camino (a pie, en coche, en bicicleta, con otras personas en autobús; ¿cómo lo previó?), toma decisiones en intersecciones y elige acelerar o frenar; la imagen de la carretera enfatiza al viajero como agente de su propio viaje.

Pero existe otra manera de analizar su vida. Puede pensar en el curso de su vida como si fuera un río. En este caso, la idea no es que sea un viajero que negocia con el río, sino que *es el río*. Eso evidencia algunas cuestiones interesantes.

- ¿Dónde están sus cabeceras? ¿De dónde proviene? ¿Cuál es su *fuente*?
- Las fuentes son importantes para los ríos —sobre todo, simbólicamente—, pero la mayor parte del agua que llevan proviene de «influencias» (corrientes o afluentes). ¿Cuáles son las corrientes importantes en su vida?
- El río obtiene el agua de «divisiones». ¿En qué terreno desagua su vida? ¿Es montañoso o es un río que atraviesa llanuras? ¿Es populoso o virgen?
- ¿Es amplio, poco profundo, estrecho, hondo, lento, rápido? ¿Está lleno de rápidos o desciende gradualmente? ¿O su curso está interrumpido por cascadas que cortan la respiración?
- ¿Hay comunidades destacadas a lo largo de las orillas? ¿Qué es lo que se produce en los campos y pueblos que limitan con el río? ¿Cuáles son las exportaciones (e importaciones) de la cuenca del río?

- ¿Hay mucho tráfico en su río, y de qué tipo? ¿O es un río de aguas bravas?
- Si la fuente es su origen, el mar es su destino final. ¿En qué punto se encuentra en el viaje hacia el mar?
- ¿Cuál es la topografía de la tierra por la que cruza? Los ríos encuentran montañas y giran; topan con arena en los desiertos y casi se secan; entran en pantanos y se dividen en centenares de canalillos; hasta discurren bajo tierra y reaparecen más adelante. ¿Cómo es su curso condicionado por la geografía por la que cruza?

De nuevo descubrirá lo que quiere describir mientras dibuja, de modo que estas preguntas tan sólo están ideadas para que consiga pensar metafóricamente. Tómese su tiempo y deje que el río se dibuje a sí mismo. Se trata de un proceso de descubrimiento, no de un informe.

• • •

Con independencia de que haya realizado estos tres ejercicios en detalle o no, le habrán ofrecido diferentes formas de plantearse el recorrido de su propia vida. Déjeme complementarlos con un par de cuestiones.

UNO: Elija algún punto de su pasado en el que afrontara una transición relevante. Es posible que aparezca en uno o más de los ejercicios, o simplemente puede ser alguno en el que piensa si le pregunto: *¿En qué momento del pasado estuvo realmente en transición?* Recuerde esa época, con los beneficios de la perspectiva y el crecimiento posterior, y conteste las preguntas siguientes:

1. ¿Si esa parte de la vida hubiera sido un curso en el colegio de la vida al que estuviera asistiendo, cómo podría llamarse? ¿Qué asignaturas estuvo estudiando en y durante esa transición?
2. ¿Qué es lo que tuvo que *desaprender* de ese curso? En otras palabras, ¿de qué había que deshacerse llegado el momento, no una cosa externa, sino una parte de sí mismo (un hábito, opinión, objetivo o valor) o una parte de su realidad?
3. Puesto que abandonó y desaprendió algo, y puesto que fue capaz de vivir a lo largo de la zona neutral posterior, ¿qué nuevo capítulo estaba esperando su oportunidad para hacer una entrada en ese punto de su vida?

Las respuestas a estas preguntas serán interesantes y útiles para usted, pero se las estoy planteando en este momento no tanto por su valor, como para que le ofrezcan un poco de práctica con una situación que ha dejado bastante atrás, para darle un poco de perspectiva. Aunque no abandonara totalmente cosas que entonces la vida le estaba invitando a dejar, debería poder entender en la actualidad cuáles eran. Lo que nos lleva a mi segunda cuestión.

DOS: ¿Qué le está pidiendo la vida que afronte en el presente? Tómese un poco de tiempo antes de continuar, y reflexione sobre su propia transicionalidad actual. Es posible que le haya adjudicado un título real a su situación actual en el ejercicio de los capítulos. Si no lo ha hecho, vuelva al ejercicio y medite unos minutos qué título le daría al capítulo actual de su vida. Después, responda a las siguientes preguntas:

- Si el capítulo *actual* de su vida es un curso al que está asistiendo, ¿cuál sería un título adecuado para él? ¿Qué se supone que está aprendiendo en él?
- ¿Qué es lo que tiene que desaprender de ese curso? ¿Qué es lo que ha llegado el momento que deje? ¿Qué —o incluso qué capítulo de su vida— ha terminado *en este momento*?
- Supongamos que puede renunciar y desaprender algo y puesto que es capaz de vivir la posterior zona neutral con conciencia, ¿qué es lo que cree que está esperando su oportunidad para entrar en su vida *en este momento*? ¿Qué vida invivida está en la sombra *en este momento*? Puede que decida no vivirla —que es otra cuestión distinta—, pero sería una pena no saber que está allí.

Es evidente que estas preguntas merecen un poco de tiempo a continuación. Podrá abordarlas mejor si dedicara un rato a solas para meditar.

• • •

En algún *ámbito de mi vida, creo que* siempre *estoy en transición.*

Un participante de un seminario
sobre «Afrontar la transición»

Hasta el momento hemos estado hablando como si toda la vida entrara en transición en algún instante. Pero sería más cierto afirmar que todas las vidas están formadas de hebras distintas, que empiezan y terminan independientemente unas de otras. Las cosas van sobre ruedas en el trabajo, mientras que, en casa, está intentando salir adelante con la llegada del segundo hijo. Se encuentra en una situación financiera transitoria, ya que la compra de la casa le ha obligado a renunciar al nivel de confort al que se había acostumbrado. Con la nueva medicación que toma se le ha acabado estabilizando la tensión arterial y nota que su salud vuelve a tomar su cauce. Pero psicológicamente... Mientras que algunas transiciones afectan a toda una vida, otras tienen un impacto más limitado. Y podría escribir un libro titulado «La historia de mis transiciones» en una docena de ámbitos de la vida.

El hecho de que muchas transiciones sean limitadas en cuanto a su alcance es una suerte, porque le permite cambiar el punto de vista sin perder la posición. Del mismo modo que un escalador intenta mover sólo una mano (o un pie) cada vez, manteniendo los otros tres puntos de contacto con la roca sólida, la persona que está en una transición acostumbrará a utilizar el resto de su vida como una serie de «asideros», mientras hace una transición en otro punto. Cuando eso no sea posible, no obstante, creerá que «todo está en el aire» y que el caos reina en su vida.

Otra posibilidad que puede considerar es: para muchas personas, hay algún área concreta que parece que no deja de aparecer en la mayoría de momentos transitorios primordiales de sus vidas. Su aparición crea un *tema*. La vida de una persona es, en esencia, la historia de sus relaciones. La de otra es la historia de una carrera, y la de otra es una búsqueda espiritual. ¿Cuál es en su caso? ¿Cuál es el tema de su vida?

6

Mi curso intensivo en amor

Se dirigió el principito nuevamente a las rosas:
«En absoluto os parecéis a mi rosa.
Nadie os ha domesticado y no habéis domesticado a nadie.
Así era mi zorro antes, semejante a cien mil otros.
Al hacerlo mi amigo, ahora es único en el mundo...
Sois bellas, pero aún estáis vacías...
Nadie puede morir por vosotras.
Es probable que una persona común crea que mi rosa se os parece.
Ella siendo sólo una, es sin duda más importante que todas vosotras,
pues es ella la rosa a quien he regado, a quien he puesto bajo un globo;
es la rosa que abrigué con el biombo.
Ella es la rosa cuyas orugas maté...
Ella es a quien escuché quejarse, alabarse y aun algunas veces, callarse.
Ella es mi rosa.»

ANTOINE DE SAINT-EXUPÉRY
El principito

Al centrarme en el último año de nuestra vida conjunta, es posible que haya dado la impresión de que mi matrimonio con Mondi era intenso y gratificante. Pero la intimidad de ese último año creció de una tierra que era rica y profunda no sólo por la felicidad de los años conjuntos, sino también por el deterioro de nuestras incontables esperanzas perdidas. Cada uno de nosotros había tenido expectativas del otro que habían quedado profundamente decepcionadas. En varias ocasiones en el curso de nuestros treinta y siete años juntos, uno u otro había decidido que nuestra vida en pareja había llegado lo más lejos posible. Había muchas veces en que poco más que nuestras inseguridades era lo que nos mantenía unidos. Ese hecho provocó que nuestra despedida fuera más complicada de lo que habría sido si no hubiera habido tantas hebras oscuras en nuestra relación.

A pesar de nuestras dificultades, por buenos motivos y malos estuvimos casados treinta y siete años, y me siento agradecido de que así lo hiciéramos. También estoy agradecido de que Mondi viviera lo suficiente como para que, finalmente, yo abandonara la imagen que tenía de mí mismo de pobre hombre casado con una mujer que no le comprendía o aceptaba. Llegar a verla como una mujer solitaria que se había visto muy perjudicada por una infancia verdaderamente perjudicial, no sólo me ayudó a dejar sin fundamento algunas de mis sospechas sobre ella; sino que también, al final, hizo que le tuviera mucho cariño y me permitió dar los últimos pasos de su viaje a su lado. Pero a pesar de todo eso, tengo que decir que nuestra relación a menudo fue difícil y dolorosa para alguno de los dos.

Fuimos una pareja inverosímil desde el principio. Yo provenía de una familia tradicional de Nueva Inglaterra, donde todo el mundo hablaba de ideas y nadie mencionaba el dinero. Mondi procedía de una familia de California donde se hacía alarde del dinero, excepto cuando su padre se preocupaba por si sus hijos habían adquirido valores equivocados y cancelaba todas las promesas financieras que les había hecho, y luego negaba que las promesas hubieran existido. Las únicas ideas alrededor de las cuales creció fueron las que su padre proclamaba en sus monólogos interminables a la hora de la cena.

En mi caso, prácticamente no había salido con nadie cuando nos conocimos, mientras que Mondi había tenido una retahíla de novios, entre los que se incluían varios que le habían pedido que se casara con ellos. Mi madre, que había enviudado recientemente, vivía en una pequeña ciudad industrial en Maine, en la casa donde ella y varias generaciones anteriores habían nacido. El padre de Mondi, a pesar de que había crecido en una habitación en el hotelito para trabajadores de la industria del petróleo de su familia en Bakersfield, California, había sido un arquitecto de fama mundial. Justo antes de que yo entrara en escena, había comprado un castillo en el Tirol y estaba en el proceso de reconvertirse en un «aristócrata» australiano-americano.

Yo era estirado y racionalista, introvertido y tímido, un intelectual; pero una persona que nunca había estudiado una idea muy polémica. Ella era una joven extrovertida, activa y carismática, con un corazón lleno de dolor y secretos. Yo era formal y todo el mundo sabía que «llegaría a algún sitio». Cuando se especulaba sobre adónde llegaría, solían etiquetarme como el futuro decano de alguna facultad. Cuando la gente pensaba en dónde terminaría Mondi, imaginaban que se casaría con algún hombre poderoso. No éramos lo que se entiende como «almas gemelas».

• • •

El matrimonio es nuestra última y mejor oportunidad para madurar.

JOSEPH BARTH

El matrimonio es un tipo de institución inverosímil. El otro día estaba parado en un semáforo, detrás de un coche conducido por una mujer que se estaba tomando esa pausa concreta del viaje como una oportunidad para arreglarse el pelo. Era un proceso complicado. Llevaba uno de esos peinados raros e imponentes y retorcía los brazos sobre la cabeza como si estuviera realizando algún tipo de movimiento-terapia kinestésica, casi olvidando la cabeza de su marido que estaba sentado en el asiento del pasajero a su lado. Él estaba absorto mirando hacia delante, aparentemente inconsciente de la posibilidad de que sus sienes pudieran ser golpeadas en cualquier momento por uno de los codos de su esposa, o que el peine, largo como la cola de una rata, que la mujer sostenía en la mano derecha pudiera ser clavado en su oído o cabeza.

Una imagen perfecta, pensé, de la pareja que ha aprendido a hacer todo lo que tiene que hacer a una proximidad cercana del otro sin infligir daños innecesarios. Y también una buena imagen de la pareja que experimenta movimientos, pero que no tiene un contacto real. Al comienzo de nuestro matrimonio, después del frenesí de actividad de una pareja recién casada, Mondi y yo nos instalamos en un estado no muy distinto al de la pareja del semáforo.

Tuvimos tres hijas, pero representaron cambios que no nos introdujeron en transiciones. Éramos una especie de Hansel y Gretel que habían sido capturados por el espíritu de la vida doméstica. Yo, en especial, estaba atrapado —después de todo, fue Hansel el que fue encerrado en el horno— y seguiría estándolo si no hubiera sido por mi ingeniosa Gretel. No es que ella supiera lo que estaba haciendo. Simplemente, estaba aburrida y decidió asistir a un curso para adultos sobre civilización norteamericana en una universidad cercana, el ámbito en el que yo me había doctorado.

Más adelante, me confesó que había asistido al curso con la esperanza *naïf* de captar el tipo de ideas sobre las que yo reflexionaba todo el día y que eso nos permitiera charlar de cosas interesantes por la noche. Sin embargo, acabamos conversando de algo un poco distinto, aunque a ella le pareció muy interesante: por qué no hablábamos más. El curso que hizo creo recordar que era sobre las relaciones en Norteamérica. El profesor era el yerno de Carl Rogers, el reconocido psicoterapeuta, y asignó a la clase el libro de su suegro, *El proceso de convertirse en persona*, como libro de texto. En cuestión de horas, Mondi me comentó que tenía un libro que quería que yo leyese.

Le pedí que me hiciera un resumen de un minuto del libro y, luego, (diez minutos después, cuando conseguí que se detuviera unos instantes) le comenté que el libro no sonaba como si fuera a interesarme. ¡Estupendo! ¡Eso era exactamente lo que ella imaginaba que diría! ¡Y eso demostraba que no sabía nada sobre... relaciones! Empezando ese día con el tema de por qué no dialogábamos más, comenzamos a hablar más.

Sin contar los arreglos iniciales que habíamos hecho para casarnos, esa barrera comunicativa representó la primera de las enormes transiciones que pasamos como pareja. Me resistí todo lo que pude y bastante más de lo que debería haber hecho. Considerablemente después de que la situación sugiriera que tendría que renunciar a mis objeciones severas y racionalistas (por no decir convencionales y triviales) para entrar en la transición a la que me estaba invitando, acabé dejándome ir y, de inmediato, me encontré vagando por una zona neutral desierta y terrorífica. Yo, que nunca antes había perdido una discusión desde que nos habíamos casado, en ese momento podía perder, sin dificultad, tres antes del desayuno. Me sentía totalmente confundido. Ella, en cambio, parecía haber vuelto a sus orígenes. A pesar de que al comienzo de nuestro matrimonio había emigrado, por poco tiempo, a mi mundo de límites y atenuaciones, volvía a encontrarse en su territorio: sentimientos, conflictos, pasión, intuición.

Y yo tuve que dejar mi tierra nativa, como suele pasarle a una persona durante las grandes transiciones de principios de la edad adulta, cuando explora diferentes formas de vivir la vida. Leí nuevos libros, la acompañé a la orientación matrimonial y asistí a mi primera reunión de grupo. También empecé a acudir a charlas de reformadores sociales, intelectuales y políticos. Pero, esencialmente, hablaba con ella. Yo, que había sido educado para vivir sobre el principio del juego paralelo, me encontré frente a frente con la persona con la que me había casado. Y los cambios irradiaron desde nuestra relación a todas las áreas de mi vida. Empecé a experimentar nuevas formas de enseñar y empecé a madurar ideas que mi familia de Nueva Inglaterra esperaba que pronto olvidara.

En cierto modo, nuestro matrimonio permaneció bastante estable durante todo ese caos externo, pero, por otro lado, empezó a perder la forma. Y a pesar de que gané muchísimo, ya que derrumbé las barreras en relación a ideas y experiencias nuevas, también me sentí como si estuviera viviendo en arenas movedizas. Durante los diez años siguientes, ella se ocupó concienzudamente de cómo viviríamos y cómo funcionaría nuestro matrimonio. En nuestros días buenos, era emocionante unirme a ella en su camino; en los malos, parecía como si intentara convertirme en alguien que no era. En nuestros días buenos, tenía un gran carisma; en los malos, era una apisonadora emocional.

No obstante, ella nunca se vio a sí misma como una persona poderosa. Como consecuencia de una familia verdaderamente abusiva, había crecido siendo discriminada, y eso había condicionado la imagen que tenía de sí misma en aspectos que apenas se cuestionó hasta el momento de su muerte. La «víctima del cáncer» acabó superando la victimización. Por desgracia, no tuvo tiempo suficiente para disfrutar de la victoria que tanto le había costado ganar. Durante la mayor parte de sus cincuenta y siete años se sintió como una persona que siempre había sido herida: primero por un padre despótico; después por los hombres en general, y finalmente por todos los que no veían lo vulnerable que era bajo la superficie.

La gente siempre la veía y la trataba como si fuera fuerte, porque esa era la imagen que daba, por supuesto. Pero ella siempre se había visto como una persona frágil, porque así era cómo se sentía. Y, por eso, ese malentendido era una fuente de dolor y desconcierto constantes para ella.

—¿Por qué no se dan cuenta de que estoy dolida? —se lamentaba en la intimidad de nuestra habitación.

—Porque no te comportas de ese modo —le respondía.

—¡Sólo quieres que sea fuerte para que no puedas permitirte verme tal como soy de verdad! —gritaba y, luego, comenzaba a llorar.

Esas peleas se intensificaban y me preocupaba que nuestro gritos asustaran a nuestras hijas, que en esa época eran pequeñas. Cuando intentaba que bajara la voz, explotaba. «¡Deja de hacerme callar! ¡No voy a dejar de expresar lo que pienso y siento, sólo porque no quieras oírme! Se supone que las mujeres son calladas y sumisas, ¿no es cierto? Pero ya no estamos en Sanford, Maine, en una casa donde se reprime la cultura!» Era complicado no estar de acuerdo con ella, sin que eso se convirtiera en otro ejemplo de cómo la habían tratado siempre.

• • •

El matrimonio no resultó, pero la separación es genial.

La periodista de prensa rosa, Liz Smith,
sobre una pareja de California

No todos los retos que afrontamos en esa época fueron personales en su origen. Si tuviera que citar un momento y un lugar que pusieran trabas al matrimonio, sería California a finales de la década de 1960 y principios de la de 1970. Estábamos rodeados de reivindicaciones sobre que las relaciones debían ofrecer placer, o hasta alegría, y que cada parte tenía que hacer *sus propias cosas*. Si funcionaba, según un lema de esa época, ¡genial! Si no, «no tenía solución». Los matrimonios abiertos —la libertad para tener otras relaciones sexuales mientras se mantenía el matrimonio— eran promovidos tanto por sensatos, como por liberadores. Nosotros estuvimos de acuerdo en que una pareja ya era bastante reto, y nos mantuvimos monógamos, a pesar de que nos sentimos como una pareja que está bailando fox-trot en una sala donde sólo se baila rock-and-roll.

Si miro hacia atrás me pregunto por qué no reconocimos antes la calidad casi surrealista de esa época. Uno de nuestros amigos se pasó una noche, en 1970, explicándonos apasionadamente —y de manera tentadora, en mi opinión— la nueva libertad sexual que él y su esposa habían descubierto al «abrir» su matrimonio. Nos contó que estaba solo, esa misma noche, porque resultaba que su mujer estaba con su nuevo amante. Comentó lo libre que se sentía. Y, luego, inexplicablemente, rompió a llorar. Se disculpó y admitió, tímidamente, que seguía teniendo complejos.

Nos quedamos sorprendidos al descubrir un día que ambos, independientemente uno del otro, habíamos adquirido un hábito extraño: siempre que hablábamos de nuestras vidas decíamos no que «estábamos casados», sino que *«seguíamos estando casados»*. ¡Hablemos sobre una sociedad en transición! El mundo en que vivíamos había pasado casi de la noche a la mañana de uno en el que los solteros eran patitos feos y corazones solitarios a otro en el que eran unos liberales. Eran años en los que todo el mundo, eso parecía en algunas ocasiones, se divorciaba. En el aeropuerto coincidimos con un conocido que había escrito un libro en el que exponía lo gratificante que era su matrimonio y, allí estaba, de camino a Hawai con una «amiga».

En el libro *El shock del futuro*, Alvin Toffler había escrito sobre los «matrimonios en serie» como el modelo lógico para el futuro, ya que sostenía que a medida que se hicieran más habituales, «empezaríamos a caracterizar a las personas no según su estado civil actual, sino según su carrera o trayectoria matrimonial». Continuaba sugiriendo algunos de los puntos en los que la trayectoria podía llegar a cambiar: empezar un matrimonio de prueba, terminarlo y decidir si continuar o cambiar, decidir si tener una familia, decidir qué hacer después de que los hijos se marcharan de casa, decidir qué hacer después de la jubilación. «Está claro —añadía de improvisto— que habrá algunos que, gracias a la suerte, a dotes interpersonales y mucha inteligencia, encontrarán que es posible lograr que los matrimonios monógamos y duraderos funcionen.»[1] Como no nos sentíamos ni dotados ni inteligentes para ese tipo de cuestiones, esperamos ser afortunados.

En nuestro vigésimo aniversario quisimos celebrar una gran fiesta que incluyera a más gente que a nuestro reducido círculo de buenos amigos, de modo que invitamos a personas que habíamos conocido en distintos períodos de nuestras vidas. La invitación de una pareja fue devuelta; se habían separado y ninguno de los dos vivía en la dirección que habían compartido; otra mujer respondió que su marido se acababa de marchar de casa y que ella no tenía muchas ganas de socializar; y otra pareja no pudo unirse a nosotros porque iban a estar de viaje ese fin de semana a un retiro de parejas, para intentar arreglar las cosas.

Irónicamente, la década de 1980 fue relativamente feliz para nosotros. La carrera de Mondi como terapeuta se había consolidado y empezaba a prosperar, y yo acababa de escribir *Transitions*. A nuestras hijas adolescentes les iba bastante bien en el instituto y la vida en la comunidad rural en la que estábamos viviendo era interesante. Incluso llegamos a dar una charla sobre matrimonios prolongados en un centro de la iglesia local. (Quizá nos habíamos enamorado de nuestro propio título: *Parejas en transición, o cómo cambiarse de sitio en una canoa sobrecargada, con una lección de natación de repaso, por si acaso.*)

Nos empezaron a preguntar: «¿Cómo seguís casados?». Al principio, la pregunta me complació; me sorprendió gratamente descubrir que, a pesar de lo que Mondi solía denominar mi «falta de conectividad», estábamos logrando algo que muchos otros no podían. Pero, al mismo tiempo, estaba confundido. ¿Era éxito nuestro porque habíamos elegido bien, porque (bajo los conflictos superficiales) estábamos completamente comprometidos, o porque éramos masoquistas? ¿O era que teníamos una imaginación limitada y unos bajos niveles de actividad hormonal?

En nuestras conversaciones sobre seguir estando casados, Mondi y yo empezamos a especular sobre los ingredientes de la longevidad matrimonial. Sus pacientes de terapia hacían referencias constantes a sus dificultades matrimoniales, y antes de que lo supiéramos, habíamos escrito nuestras ideas en un borrador para un libro sobre el tema. A pesar de algún éxito modesto en discursos y escritos sobre transiciones, yo seguía buscando algo respecto a lo que pudiera ser un experto. Y *habíamos* estado casados más tiempo que nuestros amigos. Cuando el editor nos envió un contrato y un pequeño adelanto, lo tomamos como una señal del cielo.

Más o menos un año más tarde teníamos un manuscrito, aunque no un libro, porque la editorial que acordó publicarlo había sido adquirida por un grupo que seleccionó las listas de títulos y, durante el proceso, canceló nuestro libro. Al recordarlo, tengo que reconocer que estuvo bien que el libro fuera retirado porque no era tan bueno como nos habría gustado. Pero, en ese momento, fue un contratiempo enorme para nuestra meta de convertirnos en expertos sobre relaciones duraderas.

Aunque mirando hacia atrás no considero que el libro fuera bueno, la *experiencia* de escribirlo no tuvo precio. Consiguió que me diera cuenta del hecho de que teníamos una lucha de poderes considerable dentro de nuestro matrimonio. La lucha salió a la superficie cuando reescribí en secreto cosas que Mondi había redactado. Hasta tuve la osadía de afirmar que lo estaba haciendo para que ella no se sintiera avergonzada cuando el libro se publicara. La verdad era que era totalmente incapaz de colaborar en algo que me importaba. No ayudó que yo tuviera una opinión demasiado positiva sobre mis propias habilidades de redacción para cederle la tarea a ella, y demasiado miedo de su emocionalidad para hablar honestamente con ella sobre el problema.

En esa época (a principios de la década de 1980), estábamos convirtiéndonos en una pareja cada vez más inestable, ya que por aquel entonces estábamos inmersos en la segunda gran transición de poder de nuestros años de casados. La primera tuvo lugar cuando, animada por la lectura de Carl Rogers, ella se había quejado sobre nuestra falta de comunicación y había anunciado que necesitaba más de mí y de nuestra relación. La segunda aún estaba formándose, pero había sido motivada por nuestra unión a la comunidad. Aunque la decisión de hacerlo había sido mutua, Mondi fue infeliz en algunos aspectos de nuestra nueva vida desde el principio. A menudo, murmuraba que por qué se «había vendido» y, de vez en cuando, estaba tan harta que anunciaba que quería dejar la comunidad.

Al regresar de nuestras reuniones de todos los lunes —éramos muy *involucrados* en esa época—, Mondi estallaba por la frustración que sentía porque se intentaban esconder los problemas y por cómo se ejercía, aunque negaba, el poder, sin olvidar las declaraciones y acciones sexistas que se toleraban. Y que se quebrantaran las reglas que habíamos fijado la ponía furiosa. Pero lo que la hacía infeliz era que (en su opinión) yo no pudiera hacer nada mal, mientras que ella era criticada por otros miembros de la comunidad por casi todo lo que hacía. «Eres una especie de príncipe heredero —se quejaba amargamente—. No sé cómo lo consigues, pero simplemente *desvías* las críticas. Te autositúas *más allá* de las críticas.»

Uno no puede vivir con cinco psicoterapeutas y otros tantos amateurs formados profesionalmente sin aprender algunas ideas sobre cómo trabajan las personas; por consiguiente, yo era bastante moderno psicológicamente como para entender (y bastante duro como para señalarlo) que su experiencia sobre mi papel en la comunidad era muy parecida a su experiencia con su hermano dentro de su núcleo familiar infantil. No hace falta decir que yo estaba encantado con esa percepción de mí mismo. Y no hace falta decir que ella (de nuevo) se sentía profundamente herida.

La dificultad era que, aunque quería a la mayoría de miembros de la comunidad individualmente, tenía sentimientos encontrados sobre vivir en el grupo que formaban. En cambio, yo nunca había estado en un grupo que me pareciera tan natural y cómodo. Me había pasado la vida preocupándome de por qué no encajaba en ninguna parte, pero, finalmente, en la comunidad había encontrado un *hogar*.

Mientras mis primeras ideas sobre transiciones y la vida tomaban forma, el grupo me animaba a desarrollarlas y comunicarlas. En el primer año, la comunidad incluso llegó a subvencionarme, por valor de 1.000 euros al mes, mientras empezaba mis nuevos seminarios sobre «Estar en transición». Mondi, que estaba asustada ante la idea de que fuera a convertir ese desvío profesional en una zona de ingresos libres permanente, buscó, en vano, aliados entre esas mismas personas. Simpatizaban con sus sentimientos señoriales —todos simpatizaban con los sentimientos de *los demás* en nuestra comunidad—, pero se negaban a enfadarse conmigo o a presionarme.

Mondi tenía una opinión. La comunidad era, para la mayoría de nosotros, un padre permisivo que nos trataba como a hijos adultos y maravillosos. Todos teníamos que hacer frente a la realidad al final, pero durante el momento difícil de la transición, cuando estábamos abandonando una vida anterior y encontrando una nueva, simplemente disfrutábamos del tipo de apoyo que las personas en transición desearían. Sin embargo, era el tipo de apoyo que Mondi nunca había tenido, y creía que, en mi caso, alentaba la parte irrealista y egocéntrica de mi personalidad. Bajo la superficie de nuestro desacuerdo, había un giro sutil pero importante de poder, por lo cual recuperé parte de la confianza en mí mismo y convicción que había perdido cuando nuestro proyecto comunicativo había trasladado el poder a sus manos.

En medio de esta segunda transición que vivimos como pareja, le costaba no ver a la comunidad como su rival a mi favor. Le preocupaba que si su rival ganaba, me dejara llevar cada vez más por ese vacío autoexploratorio y no apoyara a mi familia. Si su rival ganaba, ella perdía; y por eso empezaba a quererse marchar. Eso me asustó, ya que yo estaba empezando a encontrar la nueva dirección que había ido a buscar. A la desesperada, le dije que no podía impedir que se marchara, pero que esa era la vida que había estado buscando y que yo me quedaba. No conseguía imaginar cómo presentar mi posición de una forma menos amenazadora, pero como un dispositivo no tripulado, la discusión no dejaba de volver sobre un punto: estaba escogiendo a la comunidad frente a ella.

Mientras escribo todo esto me pregunto si exagero nuestro conflicto. Pero entonces, me remonto a alguno de los diarios que escribí en esas fechas. «Estoy muy desanimado», empieza una página; de hecho, esas palabras aparecen en muchas otras. Las páginas del diario siguen para catalogar mi experiencia:

- Me siento agobiado por su intensidad.
- Discuto y niego mis sentimientos reales cuando hablo con ella.
- Entonces, ella alega que hablo con palabras ambiguas, que no puede confiar en lo que digo porque cambia y se contradice con cómo me comporto.
- Aseguro que creo que *no estoy siendo hostil.* Lo expreso, tengo que admitirlo, en un tono de voz hostil.
- Hablo con cualquiera de los terapeutas con los que me relaciono en este momento, y ella aduce que sí que parezco un poco hostil, pero eso quizá indique que tengo algún motivo para ser de esa forma.
- Después comparto la segunda parte con ella, pero excluyo el aspecto sobre la valoración del terapeuta en relación con mi hostilidad. Lo anuncio como una validación de mis sentimientos.
- Pero la validación simplemente le demuestra que le estoy dando al terapeuta gato por liebre. «Eliges terapeutas que no te cuestionarán, Bill.»

Y seguíamos dándole vueltas, estimulados por el dolor de una transición que ninguno de los dos comprendía y sobre la que a ambos nos daba recelo hablar.

Aunque esos intercambios eran muy reales, no eran las únicas conversaciones que teníamos. También había momentos cariñosos y afectuosos, así como también momentos de mucha diversión y humor. Una parte de ella era sensible y muy inteligente y esa era la faceta que sobresalía en su trabajo con los pacientes. Era una psicoterapeuta extraordinaria, capaz de utilizar su propio conocimiento sobre el dolor para hablar con sus pacientes a un nivel más profundo. Las cartas que recibí de algunos de ellos después de su fallecimiento eran muy emotivas, y sabía exactamente a qué se referían porque yo también había conocido ese lado de su persona.

A menudo, creía que sus pacientes se quedaban con la mejor parte de ella, pero tenía que admitir que ella fue la primera persona —y durante mucho tiempo, la única— que podía lograr que me desinhibiera y que aportó diversión a mi vida. Hasta nos divertimos redactando el libro sobre relaciones duraderas, cuando nos reíamos recordando las experiencias por las que habíamos pasado como pareja. Mi desencanto gradual con la vida en comunidad —esas reuniones realmente *eran* demasiado, sobre todo cuando giraban alrededor de que el perro de una familia hacía caca en el césped de otra— me llevó, definitivamente, a ver las cosas mucho más desde su perspectiva. Al final, decidimos abandonar la comunidad y trasladarnos más cerca de San Francisco, en parte, para facilitar mis viajes cada vez más frecuentes.

Nuestros acuerdos financieros dentro de la comunidad eran muy complicados y salir era un poco como lograr traspasar un alambre de púas. Nos costó varios años conseguirlo, pero, en 1985, finalmente dejamos la comunidad y nos trasladamos a Mill Valley. Ese cambio nos volvió a adentrar en una transición, pero, en esa ocasión, ambos ganamos tanto con el cambio que la transición fue menos difícil. Además, coincidió con el éxito creciente de mi negocio y su deseo de inscribirse en un programa del Instituto Jung de San Francisco. El traslado reforzó, al mismo tiempo que reflejó, la tercera gran transición de nuestra vida matrimonial; nuestro retorno a un estilo de vida ordinario y a un compromiso profesional renovado después de once años de vivir en el campo, en la comunidad.

• • •

Una ventaja del matrimonio, así me lo parece, es que cuando una persona se desenamora [de su pareja]... les mantiene unidos hasta que, posiblemente, vuelvan a enamorase.

Judith Viorst

Poco después de que termináramos nuestro manuscrito, Mondi empezó una nueva serie de visitas de análisis con un psiquiatra. Había visto a muchos psicoterapeutas de un tipo o de otro, pero desde el principio intuyó que su trabajo con George iba a ser distinto. Era un hombre de mi edad que se ponía mucho en la piel de los demás, un hombre que había soportado muchas experiencias difíciles en la vida y que parecía comprenderla. Además, era el primer terapeuta varón con el que trabajaba y eso era importante. Siempre le había dado miedo permitirse ser emocionalmente dependiente de un hombre.

Muy al principio de su trabajo, ella le explicó que sabía que su miedo a los hombres procedía, en parte, de su preocupación por si al permitirse acercarse mucho a ellos o mostrar su atracción hacia ellos de algún modo, el resultado sería que las cosas cogerían un matiz sexual. Pero estaba cansada de cargar con ese miedo y quería superarlo. Buscaba a alguien que fuera bastante sensible como para comprenderla, así como también bastante fuerte como para levantarla. George parecía encajar, en ambos sentidos. «Realmente me comprende», declaraba Mondi.

Su terapia con él devino enormemente importante para ella, ya que pensaba que él le ofrecía el tipo de apoyo emocional total que nunca antes había recibido de otra persona. Él realmente, la comprendía, aseguraba. Ya desde fuera, era evidente que él le estaba proporcionando algo que no había recibido antes. Su trabajo con él era lo más trascendental en su vida.

La terapia continuó varios años, durante los cuales fue aceptada como candidata en el Instituto C. G. Jung de San Francisco, donde George era analista desde hacía tiempo. El instituto exigía que los candidatos trabajaran tanto con un analista varón como con una analista femenina en el curso de su formación, y Mondi llegó a casa un día explicando que ella y George habían decidido de mutuo acuerdo que sería positivo que trabajara con una mujer que había sido supervisada por George durante su formación. Así pues, dejó de ver a George para el análisis.

No mucho tiempo después, Mondi y yo salimos a cenar con dos psicólogos amigos nuestros. Durante la cena, el hombre de la pareja empezó a adoptar una postura parecida a la del abogado del diablo respecto a la cuestión de las relaciones sexuales entre un analista y un paciente. *¿Siem-*

pre eran un error?, preguntó. ¿No había situaciones en las que podían llegar a ser correctas, o incluso útiles? ¿Qué ocurría si las relaciones sexuales no empezaban realmente hasta que concluyera el trabajo terapéutico? ¿Seguían siendo un error? Recuerdo que me pregunté si estaría teniendo un *affaire* con una clienta. Tampoco me quedaba claro si verdaderamente creía lo que estaba diciendo o si tan sólo estaba intentando ser provocador, pero se hizo evidente que Mondi se molestó por la postura que él estaba adoptando. No llego a recordar qué dijo, pero como alguien que había experimentado algún tipo de abuso sexual de niño, este tipo de conversación era muy dolorosa para ella.

Cuando abandonamos el restaurante, no habíamos recorrido ni tres manzanas cuando ella soltó:

—Tengo que confesarte que George y yo nos acostamos. Ya se ha terminado. Pero durante un tiempo, estuvimos manteniendo relaciones sexuales.

Me sentí como si el coche acabara de chocar contra la pared. Me dejó pasmado. Un escalofrío helado me recorrió el cuerpo.

—Relaciones sexuales. ¿Tuvisteis relaciones sexuales?

—Sí.

—¿Cuántas veces? —parecía una pregunta estúpida, pero, de algún modo, tenía que preguntarlo.

—Unas cuantas. Una vez por semana. Durante varios meses.

No consigo acordarme del resto de camino de vuelta a casa, y las semanas siguientes son un recuerdo confuso. Hablamos sobre lo que había ocurrido varias veces. Tenía que hablar de ello, pero nunca me hizo sentir mejor. En algunas ocasiones, nuestra conversación se derrumbaba bajo el peso de mis sentimientos de dolor y traición. Me sentía frustrado y había momentos en los que desconfiaba de todas las palabras que pronunciaba. Me sentía dolido de formas que previamente no podía haber imaginado, una especie de dolor corporal que me hacía querer arrastrarme hasta la cama y taparme la cabeza. A veces, me sumía en un estado de duda personal y empezaba a culparme por lo sucedido.

Ella dejó claro que deseaba no haberlo hecho, que se sentía violada por ese hombre que prometió ayudarla con sus miedos respecto a los hombres. Él había presentado sus relaciones sexuales como una parte importante de su curación de sus primeras experiencias. Era algo especial y muy íntimo entre ellos: «Nadie tiene que saberlo. No lo entenderían», le había advertido.

En algunos momentos me sentía capaz de simpatizar con el terrible dolor y vergüenza que ella sentía respecto a esa violación de su confianza. En otros, era capaz de comprender lo vulnerable que había sido para una figura de autoridad «amorosa» como esa. Pero, había muchos otros en los que la odiaba por lo que había hecho.

Pero también estaba asustado por ella. Cayó en una depresión tan profunda que me planteé si iba a suicidarse. Cuando se lo pregunté, me tranquilizó, pero de una forma que no fue muy tranquilizadora. Era cierto que se sentía muy deprimida. Y también era cierto que había pensado que sería casi más sencillo «simplemente desaparecer», tal como ella lo expuso. Pero no era cierto que hubiera considerado hacer nada específico. No iba a suicidarse, me aseguró. Aunque no sonaba muy convincente.

• • •

El dolor tiene un elemento en blanco;
No puede recordar
cuándo empezó, o si hubo
un momento en el que no existió

EMILY DICKINSON

A pesar de que mi miedo impidió que la presionara sobre el tema durante mucho tiempo, me fui enfadando cada vez más porque no observaba ningún signo de que ella comprendiera y reconociera lo que esa experiencia había significado para mí. Parecía totalmente inconsciente de lo mucho que mi confianza había sido violada. Cuando intentaba hablar con ella sobre el impacto que me había causado lo que había hecho, sobre lo desilusionado que me sentía con ella, se limitaba a responderme que no podía afrontarlo en ese momento. Yo mismo estaba asistiendo a terapia, me señalaba, y tenía que tratar con mi terapeuta esos sentimientos.

La petición de que *teníamos* que hablar era una cosa que ella no podía reconocer. No fue hasta casi diez años más tarde que encontramos una forma de abordarlo. Incluso en ese momento, me di cuenta de que mi necesidad de ser visto como una persona que también había salido herida del incidente, ella lo había entendido como una señal de que, a la hora de la verdad, yo sólo pensaba en mí mismo y que no fui capaz de ofrecerle el apoyo que necesitaba en una crisis terrible.

—Supongo que no pudiste hacerlo —comentó.
—Supongo que no —contesté—. No, entonces.

• • •

La vida nunca nos obsequia con nada que no pueda ser concebido como un punto de partida nuevo, nada menos que como una terminación.

ANDRÉ GIDE

En un sentido, nuestras vidas comenzaron a avanzar de nuevo. Denunció a George en el Instituto Jung, del que ambos eran miembros, y en el organismo estatal que autorizaba a los terapeutas. Después de reflexionarlo mucho, decidió demandarle para recuperar el dinero que le había pagado por la «terapia», que había resultado ser poco más que mantener relaciones sexuales con ella. Cuando empezó esas acciones, así como también a presentarse en reuniones de los miembros del instituto para explicar a todo el mundo lo ocurrido y lo que estaba haciendo, empezó a recuperar parte de su fortaleza. Habló pública y valientemente, y aunque algunos de los hombres de más edad salieron en defensa de George, la mayoría de miembros del instituto se quedaron horrorizados por una violación tan flagrante de la ética terapéutica.

Cuando después resultó que Mondi era la quinta paciente con la que había mantenido relaciones sexuales, la balanza de opiniones se inclinó claramente en su favor. Ella, en cierto modo, se sentía justificada, aunque siempre que intuía que alguien ponía en duda su inocencia absoluta se enfadaba mucho. Pero, por lo general, creía que había resuelto una situación mala, muy mala, tan bien como había podido. Hasta se planteaba si no podría haber salvado a otras pacientes de su experiencia. Empezó a tomar notas para un libro autobiográfico que planeaba escribir sobre lo destructivas que son las violaciones sexuales de confianza.

Había empezado a elaborar un esquema del libro cuando le diagnosticaron cáncer.

• • •

Su belleza no esconde sus imperfecciones, sus imperfecciones no esconden sus bellezas.

CONFUCIO,
a propósito del jade

He intentado pensar cómo podía contar la historia de mis transiciones sin compartir este aspecto de la historia de mi vida, ya que sigue siendo muy doloroso de recordar. Pero como sucedió cinco años antes de que falleciera y tuvo un efecto enorme en nuestra relación, el recuerdo que guardo no deja de surgir frente a mí una y otra vez mientras escribo, sea cual sea la dirección que tome. Como origen de la cuarta de nuestras grandes transiciones matrimoniales, simplemente no podía evitarla. Representó un final para los dos: yo perdí la confianza instintiva que había tenido antes en ella, y ella perdió la opinión que había tenido de sí misma como una persona que se conocía demasiado bien como para «llegar a mezclarse en algo como eso».

Los hechos que rodearon al acto de hacer pública la relación ilícita con su terapeuta fueron los detonantes de transiciones posteriores. Hasta las personas que la apoyaban en el instituto creían que tenía que poner en espera su candidatura mientras ella (y el instituto) aclaraban lo ocurrido. En consecuencia perdió la oportunidad de convertirse en una analista en el mismo programa que sus colegas y en el momento que había esperado. Además, se convirtió, para algunos analistas, en un símbolo del nuevo candidato, que era más problemático de lo que habían sido los antiguos alumnos, y se encontró interpretando un papel no intencionado en los debates sobre cómo esa institución tendría que habilitar a sus miembros y protegerse de abusos futuros de poder terapéutico. George fue expulsado del instituto y el estado le quitó su licencia, pero eso no concluyó los debates.

A medida que más personas se enteraban de lo sucedido, me hice visible frente a un círculo más extenso como el hombre cuya mujer se había acostado con su terapeuta. Durante meses me sentí extremadamente incómodo cerca de alguien que supiera nuestro secreto, y la culpé por exponerme a una vergüenza de ese tipo. Pero, poco a poco, mi enfado y la vergüenza en la que se basaba desaparecieron. Volvimos a empezar a hablar con más facilidad y el tiempo hizo su trabajo de curación. (Al final, el tiempo es lo único que lo cura todo. Todo lo que se puede hacer conscientemente para ayudar sólo puede abrir el camino para que el tiempo haga su trabajo.)

En el proceso, descubrí que el perdón, en su forma más importante, no implica dejar de estar enfadado con alguien que te ha herido. Comporta dejar de estar enfadado con la *vida* por ese dolor. La condición que el perdón aborda no es tanto el distanciamiento interpersonal, como el desapego de las personas de sus propias vidas y de las lecciones sobre crecimiento que ofrecen esas vidas. El aspecto interpersonal del perdón es el resultado de la recuperación de una relación vital para la propia vida. Cuando una persona ha aceptado uno de los regalos dolorosos de la vida, culpar a la persona que lo ha entregado no es tanto un fallo moral como un poco de autoindulgencia.

Sin embargo, incluso con el perdón, esa fue una transición enorme para nuestro matrimonio. Como cualquier otra transición, nos dejó como una pareja diferente de la que había encontrado. Nos sentíamos más frágiles; más próximos en algunas cosas, pero también con preguntas no contestadas y recelos tácitos que nunca conseguimos resolver. Casi ni lo intentamos, ya que nuestra última transición —causada por su cáncer— llegó muy pronto.

Cuando volvimos a conversar con más facilidad, me di cuenta de que a pesar de estaba afrontando una crisis práctica, en ese momento estaba enfrentándose a una más profunda que no mostraba ningún signo de disminución. Su experiencia de haber sido violada había dejado al desnudo el rechazo de sí misma y su desesperación fundamentales. Esos eran aspectos de su carácter a los que en algunas ocasiones se había referido, normalmente cuando preguntaba por qué los demás no comprendían lo vulnerable que era y lo dolida que estaba. Pero nunca antes me había permitido observar directamente esos lugares oscuros que había escondido durante tanto tiempo y tan bien.

Bajaba a nuestro dormitorio cuando pensaba que estaba echándose una siestecita y me la encontraba tumbada en la cama, llorando. Charlaba con ella, pero estaba casi muda en esas ocasiones y podía hacer poco más que cogerme de la mano. Otras veces se rascaba los dedos, casi de una forma despistada, hasta que sangraban. Se dibujaba a sí misma como una criatura menuda, desnuda, bajo un cielo invernal. Escribía y escribía en su cuaderno, y a pesar de que acordamos que esas notas estaban fuera de mis límites —y que, después, las quemaría (como hice) cuando falleciera—, me leyó un par de pasajes que eran tan sumamente deprimentes que apenas podía imaginarme qué era sentirse de ese modo respecto a uno mismo.

• • •

Para un ser humano amar a otro: esta es, quizá, la más difícil de todas nuestras tareas, la máxima, el último examen y prueba, el trabajo para el que el resto de nuestro trabajo no es más que una preparación.

RAINER MARIA RILKE

Esa era la mujer que llegué a conocer tan profundamente en esos meses previos a su muerte. Antes de eso, no podía concebir lo cerca del límite del abismo que siempre había vivido. Después de eso, recorrí los conflictos y malentendidos que habíamos tenido y comprendí algunos de ellos mucho mejor. Superé la desilusión que había sentido la primera vez que me contó lo que ella y George habían hecho y encontré una experiencia más profunda: desencantamiento.

Me desperté del encantamiento, del hechizo bajo el que había estado. Observé realmente a la mujer con la que había estado viviendo durante todos esos años por primera vez, la contemplé en todo su dolor y autorrechazo y nostalgia. Al hacerlo llegué a quererla de un modo que nunca antes la había querido. El amor, después de todo, está más relacionado con ver a alguien claramente y aceptarlo completamente por lo que es en realidad, que con sentirse atraído por él.

Esa es la mujer que pereció en la cama a mi lado, la mujer que bromeaba sobre sus alucinaciones con la morfina, incluso dos horas antes de su muerte. Es la mujer cuyo fallecimiento dejó un vacío enorme en mi vida, cuya muerte me devolvió a una época de mi vida anterior a haberla conocido y haber descubierto que podía enamorarme y preocuparme por alguien. Esa es la mujer de la que me despedía una y otra vez en los meses previos a su muerte, la mujer cuyas cenizas esparcimos mis hijas y yo bajo un encinar en la zona oeste del monte Tamalpais.

Fue el recuerdo de esa mujer complicada y apenada el que se volvió a despertar al ver esas plumas negras en mi paseo de aquella mañana; si hubieran sido blancas, grises o azules, habría sabido que no eran suyas. Esa es la mujer que, cuando estaba muriéndose, leyó esos libros sobre las distintas topografías espirituales a través de las cuales se supone que pasa el alma antes de, finalmente, descansar en paz. Como ya he comentado, Mondi estaba fascinada por esos relatos, y un poco asustada por ellos también. «Pero he ido a lugares muy oscuros —me reveló con una ligera sonrisa justo una semana antes de que falleciera—, de modo que estoy segura de que estaré bien.» Le contesté que yo también sabía que lo estaría.

7

El arquetipo del viaje

Los arquetipos se parecen a los lechos de los ríos: se secan porque el agua los ha abandonado, aunque es posible que vuelva algún día. Un arquetipo es algo como un antiguo cauce a través del que el agua de la vida circuló durante un tiempo, abriendo un canal profundo por sí mismo. Cuanto más tiempo circuló, más profundo es el canal, y más probable es que tarde o temprano regrese el agua.

C. G. JUNG

Me he referido a mi matrimonio como un «viaje», aunque sé que para algunas personas esa metáfora sonará como un discurso propio de California. Pero no uso el término al tuntún. Sostengo que el viaje es un símbolo profundo, un arquetipo que se ha autograbado en la conciencia humana por dos motivos.[1] En primer lugar, porque los seres humanos han realizado tantos viajes literales durante la vida en la tierra que la imagen se ha abierto un camino penetrante en nuestras psiques; y, en segundo lugar, porque en su imagen de moverse de un sitio a otro, al mismo tiempo que profundiza en sí mismo, el viaje capta una realidad convincente sobre la transición (sobre todo, hoy en día), que necesitamos ser capaces de expresar. Los viajes forman el núcleo temático de muchas de las obras literarias de mayor peso. Piense en *Ulises*, de Homero; en la *Divina Comedia*, de Dante; en el libro del Éxodo, del Antiguo Testamento. Piense en *Las uvas de la ira*, de Steinbeck; en la *Eneida*, de Virgilio y en *Canto a mí mismo*, de Whitman. Piense en *En el camino*, de Kerouac; en *La vuelta al mundo en ochenta días,* de Verne y en *Un pasaje a la India*, de Forster. Piense en Jasón en la historia del vellón dorado, en Teseo entrando en el Laberinto para matar al Minotauro, en la búsqueda legendaria de El

Dorado. Piense en *Star Trek*, en los *Cuentos de Canterbury* y en *Alicia en el país de las maravillas*.

El motivo del viaje también ofrece un poder imaginativo añadido a muchos acontecimientos históricos. Piense cómo captaron nuestras imaginaciones estos hechos: el viaje de Colón al Nuevo Mundo, la búsqueda de los peregrinos de un nuevo hogar, el viaje de los astronautas a la Luna y el vuelo de Lindbergh para cruzar el Atlántico. Piense en Marco Polo, Lewis y Clark, y la búsqueda del doctor Livingston de Stanley. Piense en la maravillosa Ruta de la Seda, el camino de Oregón y el Camino de las lágrimas. En cualquier sitio que aparece, el viaje se presenta como algo conmovedor y profundo en nuestro interior.

Las historias de los viajes suelen empezar con una situación en la que la vida —la vida de algunas personas, al menos— se ha parado, se ha muerto o ha fracasado. Es decir, empiezan como las transiciones que imitan, con un final. Melville describió esa situación al inicio de *Moby Dick*, una de las mejores novelas de viajes, con estas palabras:

> Siempre que siento que empiezo a hacer mohínes y a enfurruñarme, y noto las húmedas brumas de noviembre en mi espíritu; siempre que me sorprendo parándome ante las funerarias, o incorporándome al cortejo de cuantos funerales encuentro…, entonces es cuando comprendo que ha llegado el tiempo de volver al mar con urgencia. Este es el sustituto que uso para el suicidio. Catón se arroja sobre su espada con elegancia filosófica; yo, pacíficamente, me embarco.

Los viajes terminan cuando la ballena blanca acaba siendo encontrada o cuando Ulises regresa a Ítaca; es decir, concluyen cuando el objetivo se ha logrado. Y además, siempre resulta que el objetivo era sólo una representación externa de algún lugar interno, algún estado que la persona viajera necesitaba alcanzar. En el lenguaje de *ir a alguna parte*, los viajes nos revelan que la *nada* innombrable no es un lugar, sino una forma de ser.

Como es tan dominante, no es sorprendente que la transición dé forma a las historias de viajes que he citado. La transición es, de hecho, el elemento dinámico que hace que estas historias sean algo más que narraciones sobre viajes y las convierte, en realidad, en mitos. Uno de nuestros malentendidos modernos sobre el mito es la noción de que la imaginación mítica ha dejado de funcionar en el mundo. Los griegos tenían mitos, al igual que los judíos del Antiguo Testamento. Los romanos, también; los celtas, los asiáticos de las primeras épocas históricas, los indígenas americanos, lo mismo que los indígenas africanos y australianos. A pesar de que no solemos asociar los mitos con el pensamiento moderno, de hecho también tenemos los nuestros. Considere la convincente historia mítica escrita a principios del siglo XX por L. Frank Baum. Fue presentada en una de las películas más memorables de Hollywood a finales de la década de 1930. Ya conoce la historia. Y como ya la sabe, le contaré este mito sobre las transiciones de un modo un poco inusual.

Se suele afirmar que los mitos contienen algunas de las características de los sueños, porque ambos obtienen su fuerza de las capas de la psique donde habitan los arquetipos. Algunos estudiantes del mundo de los sueños sostienen que, en realidad, todo en un sueño representa algún aspecto del soñador. Una mujer que sueña en un hombre, por ejemplo, también está soñando en la parte masculina de su persona, lo que Carl Jung denominaba su «animus». El hombre que sueña con un perrito también está soñando en esa parte de él que es como un perrito: juguetona, instintiva, no siempre obediente, pero que también quiere complacer; esa es la parte perruna.

Por consiguiente, voy a explicar el mito en cuestión como si fuera un sueño que usted tuviera. Haré algunos comentarios interpretativos por mi parte, pero los escribiré en cursiva para no confundirle. Empecemos.

• • •

La excursión se convierte en «un viaje» después de que haya perdido su equipaje.

Anónimo

Es una niña pequeña que vive en una tierra llana y seca. Las lluvias han cesado y la tierra se está agrietando bajo el sol cálido. Toda la vida verde que solía cubrir la tierra está muriendo y todo es polvoriento y grisáceo. *La imagen de la tierra seca, gastada, es una muy antigua en la literatura. La historia de Edipo empieza con ella y vuelve a aparecer en el valle de los huesos bíblico. T. S. Eliot escribió un poema famoso sobre eso titulado «The was-*

te land» [Tierra baldía]. *Representa una visión metafórica de un mundo que ha muerto, una vida que no aguanta más. Con independencia de que uno esté dispuesto a admitirlo o no, ha llegado el momento de renunciar, de dejar detrás, sea lo que sea, a lo que uno se está atenazando.*

Está jugando con un perrito, Toto, y percibe que una nube oscura en forma de embudo se acerca cruzando los campos. Su tía y su tío, con los que vive, le han dicho montones de veces: «Si alguna vez se acerca un ciclón, ¡baja al sótano de la casa tan rápido como puedas!» De modo que coge a Toto y empieza a correr hacia la casa. *Naturalmente, cuando surgen problemas intenta salvarse a sí mismo y a todo lo que más le importa. Aunque las cosas puedan ir muy mal en su vida, las voces paternales de su cabeza (y la parte de su persona que las escucha) se inclinarían por dejar las cosas tal como están, antes de permitir que su vida tome una dirección totalmente desconocida. Después de todo, los consejos que estaba siguiendo se los daban —¿cuántas veces se lo dijeron?— por «su propio bien».*

Casi ha entrado en el sótano. *Y si lo hiciera, la lluvia se habría calmado y no habría existido ninguna historia. (Está claro que seguiría en el Waste Land, preguntándose qué hacer con su vida.) Cuando ocurre una desgracia, uno suele imaginar que se ha saltado el camino «correcto» que debería haber tomado y que se ha quedado con la alternativa «desafortunada». Después, sin embargo, a veces llega a entender que su «desgracia», en realidad era su salvación.*

Justo cuando está a punto de sumergirse en el escondite seguro, Toto salta de sus brazos y corre hacia la casa, que en ese momento está —descubre consternadamente— temblando y sacudiéndose y a punto de derrumbarse sobre sus cimientos por el viento. Tiene una décima de segundo para tomar una decisión —no puede sopesar los riesgos ni tiene las alternativas creativas de una lluvia de ideas—, y elige intentar rescatar a Toto. Sin embargo, justo cuando corre tras él hacia el interior de la casa, un enorme torbellino de viento la levanta hacia el aire. Le da vueltas en espiral hacia arriba, con usted y Toto dentro, a través de las nubes, totalmente fuera del universo de Kansas. *A menudo, pretende quedarse con la vida que está viviendo, pero luego algo catastrófico la interrumpe y hace que se tambalee. Pierde su vida tal como la había conocido y se encuentra frente a un futuro que no puede ni imaginar. Pensaba que con la sequía y las malas cosechas ya tenía bastante mala suerte; pero, entonces, ¡llega el ciclón! ¡Qué momento tan inoportuno! Pero resulta que era una desgracia oportuna. E incluso dentro de ese evento, se produce un accidente oportuno menor: Toto se escapa. Pero continuemos con nuestra historia.*

La casa da vueltas violentamente en el cielo, alejándose cada vez más del mundo que conocía. Pero después de mucho tiempo, empieza a descender y al final se detiene bruscamente en el lugar más extraño que nunca haya visto: flores preciosas y raras; pocas personas y extrañas, y una «bruja» hermosa y extraña llamada Glinda. Mira por la ventana y (una de las mejores afirmaciones de la *zona neutral* de todos los tiempos) le dice a su perrito, compañero de viaje: «Creo que ya no estamos en Kansas, Toto.» *Después del final, de la pérdida, de la renuncia, siempre se encuentra en un lugar extraño. La zona neutral nunca es un lugar en un mapa. Está dentro del espejo o bajo la cocina o, simplemente, detrás del ropero. Está a años luz y no está más lejos que su pulgar. No es un lugar geográfico, sino, más bien, toda una nueva experiencia que experimentar.*

Su casa ha aterrizado sobre una «bruja mala», y la ha matado, y los habitantes de Oz están encantados. Pregunta cómo regresar a Kansas, que es lo único que le importa. (Arreglar las cosas. ¡Hacer que vuelvan a ser como eran!) Glinda le responde que no sabe cómo hacerlo, pero que el gran Mago de Oz probablemente lo sabrá, porque lo sabe todo. Le entrega los zapatos plateados de la bruja muerta para que tenga buena suerte y le manda en busca de averiguar cómo regresar a Kansas. No puede perder el camino hacia la Ciudad Esmeralda del Mago, le explica. Es un camino de ladrillos de color amarillo intenso. *Bueno, al menos, alguien sabe cómo regresar y, como mínimo, ahora sabe cómo encontrar al experto que lo sabe. Tan sólo es una cuestión de consejos (el camino como método) y encontrará al experto que conoce esos consejos.*

Por tanto, se pone en ruta. En poco tiempo se encuentra con tres extraños compañeros de viaje: un espantapájaros, con una bolsa rellena de paja en lugar de cerebro; un leñador de hojalata, cuyo cuerpo metálico está entero, excepto que no tiene corazón, y un león cobarde, que parece salvaje, pero que en realidad es un gato asustado. *En otras palabras, lleva consigo en todos sus viajes la parte de su persona que no es lo bastante inteligente como para afrontar la tarea que la vida le presenta; la parte que no sabe lo que siente sobre cualquier cosa que le ocurra, y la parte que finge porque es muy insegura y tiene dudas sobre sí misma. (Algunas personas tenemos más de una parte o más de otra; en nuestra cultura, los hombres, tradicionalmente, han sido vistos como deficientes en sentimientos, y las mujeres han sido tratadas como atolondradas. Y todos están intentando lograr seguir la postura correcta.) No obstante, sean cuales sean sus deficiencias, un experto sabrá cómo arreglarlo. El Mago tiene una técnica.*

El viaje a Oz *(que, por cierto, «O-Z» era la etiqueta del archivador que Baum vio cuando estaba elaborando originariamente esta historia para sus hijos en su oficina)* era difícil, como lo son todas las búsquedas. Había zanjas y ríos que cruzar. Había mostruos, un bosque de árboles con brazos como ramas que te asían mientras pasabas. Había un campo de amapolas (¡amapolas de opio!) que casi hicieron fracasar el viaje porque provocaron que el león se tumbara a dormir. *(En muchas búsquedas, se tarda tanto en llegar al destino que uno se va quedando dormido en el camino y olvida por qué emprendió el viaje al principio.)* Pero, finalmente, llegará a la Ciudad Esmeralda de Oz, donde vive el Mago. ¡Al fin, averiguará cómo regresar a Kansas! *Las búsquedas son difíciles. Pero la sabiduría es valiosa y vale la pena luchar por ella. Si no, ¿verdad que todo el mundo la poseería y ya no sería tan valiosa?*

No obstante, la visita al Mago no va tan bien. El color verde resplandeciente que hay por todas partes hace que sea difícil ver las cosas con claridad. El Mago habla de nubes de humo y sus palabras son desconcertantes. Asimismo, no deja ninguna duda de que su búsqueda aún no ha terminado. Parece que debe entrar en una tierra oscura en la que «no existe ningún camino». Peor todavía, los retos del viaje previo fueron de segunda categoría en comparación con los que encontrará en el segundo viaje: monos alados que bajan de los árboles y se llevan a Toto, una bruja que esparce el relleno del espantapájaros, que abolla y hace crujir el metal del leñador de hojalata y que descubre la impostura del león y lo encierra en una jaula. Y usted, una niña, es convertida en una criada. Y eso es todo; ¡el juego ha terminado! *Estas historias sobre búsquedas suelen tener una primera fase en la que el buscador fracasa, como si significara que en ese momento el viaje todavía no ha tenido un efecto sobre usted. No está preparado para el gran momento porque su transformación no está completa. Pero en vez de recibir esta noticia en un mensaje del Decanato de la Vida, que le explica que tiene que repetir el «curso» que estaba haciendo, se lo toma como un coste muy desalentador, un desastre. (¡Otra pérdida!) Tiene que «tocar fondo», como proponen los programas de doce pasos, antes de que esté preparado para aprender.*

Pero... un día cuando está fregando la cocina de la bruja, le saca un poco más de quicio. Al recordarlo ni siquiera sabe qué provocó que lo hiciera, pero lo cierto es que coge el cubo de agua y se lo echa por la cabeza. Y provoca que se derrita hasta convertirse en nada. *¿Cómo supo hacer eso? En realidad, no puede explicarlo. Simplemente, se le ocurrió. Ese descubrimiento no estaba planificado. Simplemente, «surgió». Podría haber leído todos los libros de autoayuda de la tienda y no haber descubierto los consejos para ese caso particular. Simplemente, sucedió. Pero en lugar de romperse la cabeza con el giro extraño de los acontecimientos, no puede esperar a retomar su viaje. Ese viejo Mago creía que no podría triunfar. Bueno, se lo ha demostrado. ¡Es un espléndido buscador!*

Se marcha corriendo y recupera a sus compañeros, rellenando al espantapájaros y alisando las abolladuras del leñador de hojalata. Tranquiliza al león cobarde asegurándole de que realmente es un chico valiente. Rescata a Toto y le hace prometer que se mantendrá al margen de los problemas a partir de ese momento (¡qué perro tan desobediente!), y todos se ponen a caminar de vuelta a la Ciudad Esmeralda como caballeros que regresan de una cruzada triunfante. ¡Está claro que el Mago tendrá que revelarle el secreto sobre cómo regresar a Kansas! *Sigue viendo toda la experiencia como recibir-la-respuesta-del-Mago, y entiende el episodio desagradable con la bruja malvada tan sólo como un desvío temporal. Por tanto, se dirige decididamente hacia el palacio esmeralda esperando que le digan lo inteligente que es. Pero cuando llega...*

... el Mago resulta que está poco menos que emocionado de verle. Habla de forma equívoca. Infla una nube tras otra de ese maldito humo verde. Vacila... hasta que Toto vuelca una pantalla y descubre al hombrecito delgado que se encuentra detrás agrandando y haciendo resonar su voz hablando en un megáfono. *¡Es un mago, en efecto! Tan sólo es un perdedor de tres al cuarto que se parece mucho al vendedor de serpientes que hacía juegos de manos en el carnaval, en Kansas, justo antes de que se produjera el ciclón. Le cuenta que es, básicamente —si quiere decirlo en una sola palabra— un farsante. ¿El verde? Estaba en las gafas que le hizo ponerse. El sonido incorpóreo: es un ventrílocuo. Los efectos visuales: literalmente, humo y espejos. Las brujas, bastante interesante, son aparentemente reales. Tienen poder. Pero el mago... él se limita a hacer trucos.*

Desencantador como es el descubrimiento, apenas se detiene a pensar en él en ese instante, porque en la siguiente bocanada el Mago le explica que en tan sólo cinco minutos va a despegar en un globo de aire caliente («aire caliente», ¿se da cuenta?) hacia Kansas. ¡Qué suerte! Sólo hay tiempo para una rápida ceremonia de premios, en la que el no-mago concede un diploma al espantapájaros (que resultó ser todo lo que le faltaba para ser una persona con cerebro); le entrega un despertador que hace tictac al leñador de hojalata para ponerlo dentro de su gran pecho metálico (el sonido mostraría que, después de todo, había un corazón en su interior), y al león (que lo único que necesitaba realmente era una afirmación pública de su coraje para convertirse oficialmente en «valiente») le ofreció una medalla. *Ahí lo tiene. Una solución para cada problema. Los pedazos han vuelto a formar un todo, como se supone que deben estar al final de una búsqueda. Todas esas partes heridas de su persona reciben lo que fueron a buscar. Y usted, ¡finalmente obtiene un viaje de vuelta a Kansas!*

Se dirige a la rampa de lanzamiento. Tiran de las cuerdas de amarre del globo. Se despide de sus compañeros de viaje. Un viaje como ese crea lazos y va a echarles de menos. El Mago sube al globo, como un precursor de Richard Branson. Usted y Toto saltan al interior; estarán en Kansas antes de que pueda decir... «¡Eh! ¿Adónde va Toto? ¡Deténganlo! ¡Espere! ¡No deje que el globo se marche sin mí! Toto. Mago. Toto. Mago. ¡Oh, no! ¡Qué desastre! Otra vez.» Su última oportunidad para regresar a casa ha desaparecido. Y de nuevo, ¡por culpa de Toto! Y, por cierto, ¿qué se propone hacerle ese maldito perro? *Existe una figura en los sueños que algunos analistas denominan «el animal útil», una criaturilla que, en los momentos críticos, hace algo que le da una nueva dirección a todo el sueño. Ese tipo de figura es una representación de la parte menos racional (o, mejor, cualquier cosa excepto racional) del soñador que, de alguna forma, sabe lo que tiene que suceder para que el sueño-cuento termine como debería, y para que el viaje sea un éxito, de una forma que es posible que el peregrino no llegue a entender en ese momento y que seguro que es incapaz de hacer que ocurra. Toto es un «animal útil», en ese sentido, ya que asegura que Dorothy vaya a Oz cuando tiene que emprender ese viaje y, al mismo tiempo, que regrese a casa correctamente cuando sea el momento oportuno para volver. Y el factor temporal es la base de la historia, ya que el viaje hacia la zona neutral sucedió cuando la situación de Waste Land demostró que las fuerzas de la vida se habían evaporado y que era la hora de un final, de modo que el viaje no podía finalizar hasta que hubiera hecho su trabajo. Para evitar que terminara prematuramente, Toto volvió a escaparse. Perfecto, pero, entonces, ¿cómo va a regresar?*

Observa con pena cómo se desvanece su esperanza y oye una voz detrás suyo. Es Glinda, la bruja buena. «No necesitas el globo —le asegura—. Tienes esas zapatillas plateadas, las de la bruja malvada que aplastaste cuando aterrizaste. Lo único que tienes que hacer es golpear tres veces los talones y desear volver a Kansas. Inténtalo.» Toc, toc, toc. Y fiu… *Después de toda esa búsqueda, descubre que el poder estaba en su interior. Creía que lo tenía el Mago. Pero lo tenía usted. Creía que tenía que realizar trabajos externos. La respuesta estaba en sus propios pies. ¡Pero espere! ¿Significa eso que todo el viaje era innecesario? ¿Que podría haber salido de la casa movida por la tormenta y hacer toc-toc-toc y haber regresado así? Bueno, sí y no. Sí, técnicamente. Pero la historia no se lo habría permitido. (Las historias tienen una vida y una sabiduría propias.) En ese momento aún no estaba preparado. La experiencia que estamos denominando «experiencia transicional» todavía no le había influenciado. Si hubiera regresado a casa justo al aterrizar, habría encontrado las cosas tan muertas como las había dejado. Pero al haber completado su viaje, regresa a Kansas y descubre que…*

… que los campos vuelven a ser verdes. La vieja casa gris ha sido restaurada y repintada de un blanco brillante. Su tía y su tío han dejado de ser personas grises, devastadas. La lluvia ha caído sobre *Waste Land* y ha sido renovada. Una nueva fuerza vital se ha abierto paso entre todo ser viviente. Un nuevo comienzo ha tenido lugar.

• • •

El paso del héroe mitológico puede que sea [de un punto geográfico a otro, pero] fundamentalmente interno: hacia las profundidades donde las resistencias oscuras son vencidas, perdidas desde hace mucho tiempo, los poderes olvidados resurgen, para que estén disponibles para la transfiguración del mundo.

JOSEPH CAMPBELL

Tanto en libro como en película, *El Mago de Oz* es un mito memorable del viaje transicional que renueva la vida haciéndola pasar por un ciclo a través de un final, luego, un período en «otra tierra» que es la zona neutral, y de vuelta —con una vida y una fuerza renovadas— a un inicio de un nuevo capítulo de existencia. Afirmar que *El Mago de Oz* sigue el mismo camino que una persona en transición, simplemente es afirmar que el crecimiento y el desarrollo siempre empiezan con la destrucción de la antigua situación o de la antigua etapa de desarrollo. El mundo de Dorothy se precipita hacia una transición cuando ha agotado sus recursos de desarrollo naturales. Vuelve a obtener ese tipo de recursos sólo cuando se aleja del camino que ha estado siguiendo. Se sumerge, sin intención y contra su voluntad, en el vacío de la zona neutral, donde descubre (como es habitual, aparentemente por accidente) lo que necesita saber para dar los pasos siguientes en su progreso.

La sabiduría del mundo de cada día siempre apela al viajante a que se mantenga por el camino recto y persevere hacia el destino deseado. Pero el Camino de la Transición conduce hacia otro destino. Otro viajero mítico fue Dante, que fue exiliado tanto de su hogar como de sus amigos por encontrarse en el bando equivocado de una lucha política en Florencia, a finales del siglo XIII. En las primeras líneas de *La divina comedia* se imagina como una persona que ha perdido el camino recto y se pierde en medio de un bosque oscuro. Su guía, Virgilio, le conduce al infierno *(hay que descender antes de poder volver a subir... y terminar antes de poder volver a empezar)* a través de una puerta sobre la que está escrito el lema: *«Al traspasar esta puerta perderás toda esperanza.»*

Lo esencial no es que no haya esperanza en el recorrido, ya que, de hecho, la versión de Dante termina en el Paraíso. Simplemente es que lo que se entiende por «esperanza» al empezar una transición es probable que no sea más que la fantasía de que, de algún modo, regresará a su antigua vida en Florencia, o dondequiera que esté su Kansas. Lo que se concibe como esperanza es la fantasía de que hay una manera de pasar ese momento de presión difícil entre una fase de la vida y la siguiente con todo el equipaje. Lo que se entiende por esperanza es que sea capaz de sacarse las castañas del fuego y que no necesite un Toto.

• • •

Las superficies fronterizas son en todas partes los lugares donde los procesos formativos de la vida pueden encontrar un asidero; sea en las membranas celulares, superficies de contacto entre células, donde las fuerzas de la vida están misteriosamente presentes; sean las grandes superficies fronterizas entre los sistemas de corrientes de los océanos, donde varios flujos de corrientes se cruzan en direcciones diferentes (se sabe que éstas son especial-

mente ricas en peces); o sean superficies infinitamente amplias de los sistemas de filtro naturales y artificiales de la tierra, donde el agua que se filtra es purificada y devuelta a sus cualidades vitales.

THEODORE SCHWENCK

La transformación es el destino real de la transición, independientemente de que ocurra en un mito o en la vida diaria de una persona. Cómo lo consigue una transición es un misterio; pero, en cierto modo, comporta estar en un estado fronterizo, en el que se pasa un tiempo cerca de una frontera entre un estado y otro, o entre una etapa de la vida y la siguiente. Las fronteras de Oz están en todas partes, aunque el precio del pasaje hacia el otro lado suele ser ni más ni menos que su vida, al menos su vida tal como la conoce. Y el camino de ladrillos amarillos que le señalan, es poco más que una excusa para conseguir que camine y un estímulo para esos momentos en los que anochece y empieza a hacer frío y no tiene a la vista ninguna torre esmeralda. Y el Mago es lo que se denomina una «ficción útil», ya que nadie más puede indicarle realmente el camino que debe seguir.

A pesar de que todos seguimos un camino (en el sentido de *trayecto*), no hay caminos (en el sentido de *método*) que nos guíen en nuestro viaje. Usted y yo nos dirigimos hacia el mismo lugar porque ambos estamos en el camino de la transformación y la renovación de la vida. Y, con todo, cada uno de nosotros está en un trayecto único e irrepetible. Y la Ciudad Esmeralda —o nirvana, o autorrealización, o cualquiera que sea el nombre que recibe este año— era tan sólo el reclamo que nos convenció para partir. El resultado que justifica el viaje está en casa, en Kansas.

• • •

Prigogine acuñó el término de «estructuras disipativas» para centrar la atención en la contradicción inherente de los dos descriptores... Disipación describe una pérdida, un proceso mediante el cual la energía poco a poco decae. Pero Prigogine descubrió que ese tipo de actividad disipativa podía desempeñar una función constructiva en la creación de nuevas estructuras. La disipación no causaba la desaparición de un sistema. Era parte del proceso mediante el cual el sistema se desprendía de su forma actual, de modo que pudiera resurgir en una forma más conveniente para las demandas del entorno actual.

MARGARET WHEATLEY

El modelo del viaje está insertado tanto en la estructura de la naturaleza como en los procesos de la historia. Como Prigogine expone en el epígrafe citado anteriormente, algunas categorías de la materia revelan sus trabajos. Otro científico explicó que cualquier sistema tiene un «parámetro crítico», y ese parámetro es lo que controla si el sistema hará o no hará lo que, en palabras humanas, podría denominarse *un viaje*. Ese parámetro es, expone, «el límite [que] marca el punto en el que la menor fluctuación puede causar que el sistema deje su estado inmóvil uniforme. Cuando eso sucede, una fluctuación es amplificada y lleva al sistema a un nuevo estado.»[2] La evolución natural propiamente dicha funciona de una forma análoga.

Lo mismo, según el gran historiador Arnold J. Toynbee, ocurre con el crecimiento de las grandes civilizaciones, ya que ese tipo de florecimientos suceden como respuestas a algún desafío profundo de su entorno natural o social. Define ese proceso como el Reto y la Respuesta, y lo ilustra con el caso del Valle del Nilo, en Egipto, donde una civilización culta surgió después de que una sociedad de cazadores anterior fuera devastada por cambios climáticos que convirtieron unos pastos temperados llenos de posibilidades de caza y plantas comestibles en un desierto árido. Cuando eso sucedió, escribió Toynbee, «esos pioneros heroicos... se precipitaron hacia la selva pantanosa del fondo del valle que nunca antes había sido penetrado por hombres».

> En cuanto a sus vecinos, que tomaron el recorrido alternativo [el de dejar totalmente el Valle del Nilo y convertirse en nómadas], su aventura debe haber parecido una esperanza triste; ya que en la época que se dejaba atrás, en la que el área había empezado a convertirse en la estepa, había sido un paraíso terrenal, el Nilo... la selva pantanosa había sido un paraje prohibido y aparentemente impenetrable. Resultó ser que... la irracionalidad de la naturaleza fue reprimida por los trabajos del hombre; la amorfa selva dio lugar a un modelo de zanjas y diques y campos; las tierras de Egipto... fueron reclamadas por la selva, y los egipcios... la sociedad empezó su gran aventura.[3]

Este ejemplo societal destaca varios aspectos del modelo desafío-respuesta que las historias del viaje dramatizan. Uno es que esa nueva fase evolutiva requiere que la sociedad o el individuo acepten una elección que ni parecía *existir* bajo las condiciones antiguas. Otro aspecto del modelo desafío y respuesta que lleva a un viaje es que las personas que optan por el curso de las acciones más sencillo —a menudo, porque requiere una imaginación más modesta y un rechazo aplastante de la perspectiva anterior— contemplan la respuesta más difícil, creativa, como totalmente temeraria.

En ese tipo de casos, la respuesta creativa sobre la cual fue construido el futuro fue una que podría no haberse considerado nunca realmente, hasta que la situación cambió por encima del reconocimiento. No fue tan sólo un cambio externo, sino más bien un giro de perspectiva interno y una redefinición de posibilidades que se combinaron con los cambios exteriores para crear una nueva «realidad». Por tanto, es el mundo confuso y doloroso que se deja atrás después de una terminación —sea a través de un cambio climático, como en el Antiguo Egipto; a través de un destierro, como en el caso de Dante; o a través de la muerte, en mi propio caso— lo que ofrece condiciones que hacen posibles los adelantos. Al menos, yo *esperé* que mi vida encajara con el modelo y que mi viaje me aportara renovaciones.

Pero tuve que admitir que entender que los viajes llegan a provocar eso fue molesto, porque no importa lo mucho que comprendiera su dinámica; en cierto modo, quería creer que existe un *allá* que alcanzar y en el cual instalarse y disfrutar. Esa noción es lo que mantiene viva la fantasía sobre que existe un camino (un tipo de técnica) para lograr los resultados que quiere conseguir y un camino para replicar ese camino que en algún momento fue descubierto por otra persona.

Voy a mostrarle un ejemplo empresarial de ese vivo deseo de una técnica. Hace algunos años, en la oficina central europea de una gran empresa de alta tecnología, los empleados se habían vuelto improductivos y estaban muy desanimados. Se quejaban de cómo estaba organizado el edificio, de su funcionamiento y de cómo era trabajar en él. Así pues, el responsable de operaciones europeo les reunió y les expuso que estaba demasiado ocupado como para responsabilizarse de la remodelación de su espacio laboral, pero que estaba dispuesto a que ellos lo hicieran, si así lo deseaban.

Al principio se mostraron dudosos: no sabían bastante de arquitectura o de interiorismo; no tenían la autoridad para gastarse la cantidad de dinero que eso suponía, y no sabían cómo trabajar con diseñadores. Para su baja moral y poca energía era demasiado. Pero, poco a poco, llegaron a aceptar la idea de que encargarse ellos mismos del proyecto era el único camino para conseguir lo que querían y, al final, lo hicieron.

El proceso de entender cómo organizarlo todo por su propia cuenta fue, por supuesto, su mayor aprendizaje. Por ese motivo, el resultado de sus esfuerzos fue no sólo un edificio que era tanto eficiente como bonito, sino también lograr una nueva confianza en sí mismos y una sensación de poder. Como su moral subió, también aumentó su productividad. Y durante el proceso aprendieron que la moral y la confianza en uno mismo no están causadas por los espacios rediseñados, sino por la experiencia de emprender un viaje, en el que se deja atrás un mundo antiguo, se pasa por una experiencia extraña y nueva y se vuelve a regresar al antiguo (pero que ha sido renovado) mundo.

Las noticias de su proyecto y sus resultados se propagaron por todas las sedes internacionales de la empresa, y en la siguiente reunión de directores generales de toda la compañía (que fue celebrada, no por casualidad, en las oficinas europeas), los empleados hicieron una presentación para explicar lo que habían hecho. Al presentar a los empleados, su superior recalcó que el «invisible» producto de su esfuerzo —su energía renovada, la moral subida y una productividad superior— era, en su opinión, su resultado más valioso. Al final, abrió el turno de preguntas del público. La primera pregunta fue: «El edificio es genial. ¿Dónde podemos obtener una copia de estos magníficos planos?» El público no había captado lo fundamental. Para ellos, el proceso era sólo un camino para obtener un resultado. No querían pasar por el proceso... sólo lograr el resultado.

Si hay una cosa que el camino de la transición y el trayecto del viaje de la vida enseñan es que, cuando descuidamos el proceso y, en lugar de eso, intentamos copiar el resultado, fracasamos completamente a la hora de conseguir lo que buscamos. Copiar siempre crea algo que está muerto, porque simplifica el original y no surge de la creatividad real que siempre está presente cuando las personas auténticas están en una zona neutral real.

Aunque las tres fases de la transición parezcan tan simples como si estuvieran desprovistas de sutileza y vida, nos conducen directamente a lo que es más exclusivo de nuestra persona y provocan esos resultados que expresan la propia personalidad que no podrían producirse de otro modo. No podemos *planear* nuestro camino para lograr esos resultados, sólo *vivirlo* aceptando los desafíos que la vida nos presenta. Como Dorothy cuando fregaba el suelo de la cocina de la bruja, logramos nuestros avances no exponiendo que queremos avanzar, sino haciendo el trabajo que tenemos justo frente a nosotros.

Resulta que atravesamos las barreras y percibimos nuestras mejores posibilidades no a través de una excursión deseada por un nuevo territorio psicológico, sino a través de la disposición para entender nuestras propias crisis personales como oportunidades cruciales para deshacernos de quiénes hemos sido, y para partir de viaje hacia convertirnos en algo más. Si nos remontamos a la década de 1970, muchas personas intentamos varias experiencias de «crecimiento», pero a pesar de que solían ser interesantes, apenas nos cambiaron de forma significativa porque en nuestro entusiasmo perdimos la dirección fundamental. Visitamos Oz tras Oz, pero nunca comprendimos que la renovación de una vida desgastada no viene de contemplar lugares nuevos, sino de aceptar sinceramente la experiencia natural de la transición.

Sus viajes generados por transiciones, siempre tendrán destinos y, como consecuencia, esos destinos pueden resultar ser lo bastante interesantes como para que otras personas quieran volver sobre sus pasos. Pero no pueden hacerlo porque esos pasos fueron iniciados en el punto en el que usted se encontraba en ese momento, y eso es lo que les dio su vitalidad. (Sus imitadores podrían capitalizar sus propias transiciones del mismo modo que usted, evidentemente, pero cuando empezaran a hacerlo, descubrirían que tienen por delante un final difícil. En ese momento sería cuando decidirían tomar el atajo de la imitación y evitarse el dolor.) Se proponen llegar adondequiera que usted terminara llegando, a un lugar que tienen como objetivo y, luego, planean desde el día 1 llegar allí. Pero el viaje es lo único importante. Y, además, era *su viaje* y no el de ellos.

El modelo que observamos, mirándolo desde la conclusión del viaje, es visible sólo desde ese punto de vista. Es como esos colores iridiscentes de un tejido que sólo pueden percibirse desde un ángulo concreto. Un *viaje planificado* es un oxímoron. La semilla de una manzana no tiene ningún «plan» cuando crece como árbol; no existe ningún «plan» respecto a los cambios que experimenta como respuesta al paso de las estaciones. Es simplemente *el crecimiento de la manzana.* La codificación genética que le permite convertirse en lo que puede convertirse no es un plan. Tan sólo es información incorporada que ayuda a *manzanear.*

Como las manzanas llegan a ser lo que se supone que tienen que ser de una forma mucho más natural que los humanos, necesitamos un modelo metafórico, como el del viaje, que nos explique adónde vamos. Es como esas transmisiones que los aviones utilizan para aterrizar, señales que no presentan toda la realidad como un gran mapa, sino que se limitan a decir «un poco a la izquierda; un poco más a la izquierda; perfecto, ahora mantén esa posición; levanta un poco el morro...». No ofrecen una imagen general que le permita retroceder y afirmar: «aquí estoy yo». Pero consiguen llevarle sin riesgos a través de una tormenta y guiarle cuando es tan oscuro que no puede ver el suelo.

Además, es evidente que los viajes también tienen la calidad de las buenas imágenes. Pero eso es una vez terminado, cuando estamos en casa, al lado de la chimenea, mirando las fotos: «Aquí era cuando estábamos en la Toscana... y esta la hicimos en Gales.» Cuando estamos en el camino, la calidad de las buenas imágenes sirve para ayudarnos a tomarnos a nosotros mismos un poco más en serio: «Voy rumbo a... París... o el castillo del Grial... o la Ciudad Esmeralda.» Nos ayudan a definir qué estamos colocando detrás nuestro: una antigua vida, el servicio militar en el ejército del Zar o las plagas de Egipto. Es posible que seamos dirigidos hacia casa en nuestra Ítaca o Kansas, a pesar de que *no podamos regresar a casa de nuevo.*

• • •

Parece como si la deidad vistiera cada alma que envía a la naturaleza con unas virtudes y poderes concretos, no comunicables a otros hombres, y que al enviarla a realizar otra vuelta más a través del círculo de almas, escribiera «No transferible» *y* «Buena sólo para este viaje» *en sus vestidos.*

RALPH WALDO EMERSON

Por tanto, no existen claras direcciones que seguir. Sin embargo, ha habido tres ideas sobre el viaje que me han servido muy bien hasta el momento, y voy a revelárselas, de viajante a viajante.

- *Primera*, cada viaje es un viaje de ida y vuelta que no termina cuando se llega al destino imaginado, sino únicamente después del viaje de vuelta, cuando evoque todo lo que haya logrado y, con su ayuda, transforma el aquí en lo que ha estado buscando.
- *Segunda*, la experiencia del viaje existe en todos los niveles: desde el de toda la vida hasta el que se hace en todas las transiciones que realizamos. Incluso puede llegar a ocurrir que ese «toda la vida» sea tan sólo una de esas pequeñas transiciones dentro de algún ciclo de existencia superior.
- Y *tercera*, es el hecho de encontrarse en ruta —el camino— lo que tiene un efecto sobre nosotros, no los pasos que tomamos para llegar al destino de la ruta.

No es extraño que la planificación sea un concepto tan engañoso. Le aparta la vista del lugar donde se encuentra y de cómo es su vida en el presente, que son los datos esenciales de la existencia. No consigue llegar adonde había *planificado*, no porque no visualizara el lugar, sino porque no vio que el camino en el que se encontraba era el lugar, aunque lo observara desde el ángulo correcto que revelaba su iridiscencia.

8

Descubrir mi vocación

La obligación predominante es averiguar el trabajo de uno y hacerlo.

CHARLOTTE PERKINS GILMAN

Si usted tuviera que aconsejar a jóvenes sobre qué carreras podrían seguir les sugeriría varias opciones lógicas. Podría comentarles que averiguaran lo que se les daba bien. Probablemente, les preguntaría qué querían obtener de su trabajo y qué era lo que más valoraban. Intentaría ayudarles a descubrir qué áreas iban a crecer más en los años siguientes. Podría sugerirles que visitaran y hasta que se entrevistaran con personas que realizaran el tipo de actividades que estaban planteándose como opciones profesionales. Seguro que les haría entrevistarse con un asesor en sus institutos para averiguar cuál sería la mejor universidad para su futura carrera. Y, después, temeroso de que todas esas opciones fueran insuficientes, no podría evitar pasarles algunos artículos con títulos parecidos a «Diez pasos hacia una carrera brillante».

Haría todo eso, aunque usted no lo puso en práctica. Lo haría, a pesar de que de entre todas las personas que conoce que están trabajando en la actualidad y se sienten triunfadoras y felices en sus áreas vocacionales, *muy pocas eligieron su trabajo mediante un método lógico y sistemático de ese tipo.* Incluso los asesores profesionales que sugieren que se sigan esos pasos, *¡no hicieron lo que aconsejan!*

Mi objetivo, en este punto, no está relacionado con la hipocresía. Se refiere al hecho de que creemos que la vida tendría que ser vivida lógicamente, mientras que, en realidad, acaba siendo vivida según unos principios bastante distintos. Y los principios distintos no son malos hábitos que tendríamos que quitarnos; son opciones que no sólo funcionan realmente, sino que, además, corresponden a exactitudes fundamentales sobre la vida. Funcionarían aún mejor si se explicitaran y se pusieran en práctica conscientemente.

Empecemos admitiendo que la mayoría de nosotros tomamos una ruta confusa, no marcada, a campo traviesa, que nos llevó adondequiera que hayamos terminado. Pero nos preocupa que si nuestros hijos u otros jóvenes que nos importan lo hicieran (elija una posibilidad):

A. Se perdieran y no terminaran en ninguna parte.
B. Desperdiciaran sus talentos y terminaran en ninguna parte.
C. No lograran encontrar un trabajo bien remunerado y terminaran en ninguna parte.
D. Se frustraran, se engancharan a las drogas y terminaran en ninguna parte.

En resumidas cuentas, no tendrían tanta suerte como tuvimos nosotros, porque Dios sabe que *nosotros no sabíamos qué estábamos haciendo, de modo que debió ser que tuvimos mucha suerte.*

En este contexto, tendré que evitar referirme a la cuestión fundamental de la educación de dejar que los jóvenes cometan (y aprendan a partir de esa experiencia) sus propios errores. Lo que quiero abordar es una extensión de mi idea previa sobre que existen dos *caminos*: el método y la trayectoria. Solemos pensar que buscamos el camino entendido como método, pero la mayor parte de lo que acabamos logrando y de lo que nos beneficiamos en nuestras vidas proviene de vivir y seguir —a veces irreflexivamente, y hasta contra nuestra voluntad— las vueltas de la ruta del camino entendido como trayectoria.

Imaginamos que deberíamos hacer con nuestras vidas lo que hacemos con las plantas que cultivamos. Como sabemos que el material descompuesto de las plantas y los desechos animales producen el mejor fertilizante, analizamos la composición química de esos materiales, hacemos una lista de los resultados y, luego, artificialmente, elaboramos una sustancia sintética que combine los elementos de ese análisis. A pesar de que le faltan los materiales orgánicos que reconstruyen el suelo, atraen las lombrices e insectos beneficiosos y añaden oligoelementos que fueron muy difíciles de incluir en el fertilizante químico, esparcimos las bolitas resultantes y creemos que hemos cuidado de nuestras plantas. Pero las vidas, como las plantas, crecen a partir de un abono rico en sueños decadentes y esfuerzos malogrados, cuyo efecto en el crecimiento futuro no se duplica a través de los métodos 1-2-3 que promocionamos en los consejos que ofrecemos a los demás.

Cuando repaso mi propia carrera, lo primero que me sorprende es la cantidad de confusión y esfuerzos derrochados que abundan, la cantidad de direcciones erróneas que tomé y cuánta suerte tuve. Lo segundo que me impresiona es que mi propia experiencia es lo que me esperaba: elegí mi carrera universitaria, filología inglesa, básicamente porque había sido la especialidad de mi padre y, después, su profesión. Si eligiera unos estudios hoy en día, probablemente me decantaría por arqueología, económicas o música. Pero esas materias habrían sido unas salidas radicales de mi programa y, en aquel momento, habría pensado que no estaba tomando una decisión correcta. Además, habría asegurado que no me interesaban esas carreras.

Cuando me licencié de la universidad decidí seguir estudiando. Si me hubiera preguntado el porqué, le habría contado la importancia de unos estudios de posgrado. Pero, mirando hacia atrás, tengo que admitir que me parece menos un valor que un miedo: el miedo a lanzarme y a seguir un camino no marcado. El trabajo académico tenía todos esos signos y marcas (llamados «requisitos de nivel») y aunque solía quejarme de ellos, me brindaron la sensación de que estaba haciendo algo bueno y que estaba en camino de una profesión como... como... profesor. ¿Por qué? Le habría respondido (por aquel entonces) que la docencia me interesaba. Pero, en la actualidad, tendría que admitir que con un padre, una madre, una abuela y dos tías que eran profesores, simplemente seguí en el negocio familiar.

Me pareció que tomaba una decisión del todo independiente cuando decidí dejar el campo de la literatura inglesa y norteamericana e inscribirme en un posgrado de historia inglesa en la Universidad de Columbia. Es posible que no parezca el más radical de los cambios; sobre todo, porque mi tía favorita era profesora de historia inglesa en la Universidad Rutgers y me presentó a sus amistades (que fueron mis futuros profesores) de Columbia. Pero en esa época pensé que me encaminaba hacia una dirección completamente nueva.

Nunca llegué a sentirme totalmente cómodo en Columbia o en historia inglesa, aunque, en la actualidad, creo que el problema real era que simplemente estaba cansado de seguir estudiando después de diecisiete años. Podría haber dejado la universidad y emprender alguna profesión, pero no sabía cuál sería «la adecuada para mí». Por consiguiente, después de realizar y aprobar las oposiciones del Ministerio de Asuntos Exteriores (me imaginaba a mí mismo negociado tratados y resolviendo disputas internacionales), me limité a relajarme y permití que me llamaran a filas, el reclutamiento aún existía en esa época.

Con el piloto automático puesto me inscribí en un programa de formación para encargados de suministros y salí de él totalmente cualificado para inventariar chanclos, distribuir ranchos y supervisar la recogida de ropa sucia de la compañía de tanques a la que fui asignado. Hice ese trabajo durante un año y medio, primero en Kentucky y después en Alemania.

A medida que la fecha de finalización se acercaba me enfrenté a la misma decisión que había estado evitando anteriormente. Recordé las cosas que la gente me había dicho que se me daban bien, y me acordé de que varias personas habían insinuado la administración académica —¿he mencionado que mi padre fue el presidente de un seminario teológico?—, y escribí a tres personas que sabía que eran administradores escolares. Dos me respondieron con buenos consejos (regresar a la escuela de posgrados, etcétera) y la otra me contestó que acababan de nombrarle presidente de un pequeño centro educativo y que buscaba a un director de admisiones. ¡Qué suerte!

Siempre que leo consejos sobre la función fundamental que tienen las redes de contactos en el desarrollo profesional, pienso en esa oferta de trabajo. Me llegó, como explican los asesores que lo hacen las ofertas, a través de un contacto personal. Pero no era un contacto de mi lista de contactos. Me llegó a través de un hombre cuyo hijo había estado en mi cabaña cuando fui asesor en un campamento de chicos un verano. Había mantenido el contacto con la familia porque me gustaban y porque vivían a medio camino entre la casa de mi familia en Maine y la Universidad en Massachusetts. Solía detenerme en su casa y usar su baño en mis viajes de fin de semana a casa. ¿Significa eso hacer contactos? Si así es, es la variedad de abono natural, no el tipo de fertilizante maravilloso 10-10-10 que «fortalece los contactos».

La mayoría de carreras exitosas que he estudiado adquieren forma a través de acciones y esfuerzos que son los derivados naturales de una vida ordinaria, no cosas especiales que uno hace para el «desarrollo profesional». Construir una carrera es, como es debido, sólo un aspecto de vivir una vida, no un campo con una vida propia. Eso no quiere decir que no deba intentar buscar oportunidades o para promocionarse o para aumentar sus capacidades. Tan sólo que aprovechando las oportunidades que se le presenten y haciendo caso a sus voces interiores que le proponen intentar *eso* o ir *allí*, encontrará la trayectoria que identificará, cuando mire hacia atrás, como «mi carrera».

Considere mi ejemplo. Fui a la Universidad Brown para hacer un doctorado porque fui rechazado en Harvard. Y allí me rechazaron porque pensaban que no podría aprobar los exámenes en lenguas extranjeras que tenía que superar para obtener un doctorado en mi especialidad. La Universidad de Brown resultó ser un lugar maravilloso, pero nunca habría terminado allí si la vida no me hubiera obligado. Después del posgrado, mis amistades profesionales me animaron a ir a una universidad más prestigiosa, pero regresé al Pine Manor College, donde había empezado como director de admisiones. Estuve allí cuatro años, durante los cuales impartí más cursos diferentes que los que habría enseñado en una universidad más grande. Tuve la oportunidad de experimentar con textos académicos que no eran tan especializados como para ser triviales, y leí una cantidad enormemente rica y variada de libros sin la presión de concentrarme en un campo de estudio más limitado.

Cuando estuve preparado para dejar Pine Manor, tenía tres ofertas para sopesar y elegí Mills porque Mondi era de California del Norte. (De nuevo, no era *el mejor lugar*, ni tampoco *la mejor forma de tomar una decisión*. Pero los resultados fueron estupendos.) Mills era parecido a Pine Manor: muchos estímulos y libertades para probar cosas nuevas. Me di cuenta de que adquiría conocimientos completamente nuevos, algunos (como la psicología y la antropología) fuera de mi área profesional.

¿Fue gracias a ese crecimiento de nuevos intereses o a pesar de ello, que descubrí que me sentía disgustado por las limitaciones de ser profesor de literatura? Al principio, intenté trabajar dentro de la libertad que tenía. Así es como terminé impartiendo un curso sobre autobiografías que me enseñó tanto.

Aquellos años, entre finales de la década de 1960 y principios de la de 1970, fueron unos tiempos emocionantes, aunque difíciles, en la educación superior: sentadas, huelgas de estudiantes y todo tipo de experimentos educativos. Me convertí en un «experimentado». Intenté que los estudiantes evaluaran sus propios trabajos y ofrecí alternativas no convencionales a los exámenes. En una de mis clases sobre poesía moderna norteamericana, dos mujeres danzaron en *topless* mientras una tercera leía poesías que las tres habían escrito. El jefe del departamento me llamó al día siguiente para tener una charla amigable sobre si «realmente me sentía satisfecho como profesor de literatura».

• • •

Las personas no eligen sus carreras; son hundidas por ellas.

JOHN DOS PASSOS

Describo estas etapas de mi trayectoria profesional no para agobiarle con más de lo que quiere saber sobre el confuso camino vocacional que seguí, sino para ofrecerle un ejemplo de cómo una carrera que la mayoría de personas opinaba que era exitosa —en esa época, después de todo, me había convertido en el profesor de literatura de la cátedra Aurelia Henry Reinhardt en una universidad privada prestigiosa—, en realidad, era un viaje sin itinerario. Eso no quiere decir que avanzara sin planes o intenciones, sino, únicamente, que no lo hice de la forma que aconsejamos a los jóvenes que lo hagan. En lugar de seguir el camino entendido como método del progreso profesional, dejé que el propio camino, entendido como trayecto, me ofreciera los ejemplos que necesitaba.

Para que se haga una idea más estructurada de lo que quiero decir por «ejemplos» del propio camino, tendría que llegar un poco más lejos del detalle incompleto que le he ofrecido. Podría contarle, por ejemplo, que me introduje en el terreno de la psicoterapia y que descubrí que ese proceso me estaba cambiando mucho más profundamente que lo que cambiaba a mis alumnos lo que hacía en la clase. Ese descubrimiento me hizo reflexionar sobre cómo podía encontrar un tipo de función distinta —una que fuera más personal y profunda que la docencia de asignaturas convencionales, pero menos esotérica y restringida por las ideas sobre enfermedades de la psicoterapia— mediante la que pudiera trabajar con personas a un nivel más profundo.

Podría relatarle mi intento de encontrar a otros profesores que compartieran mis frustraciones y sueños sobre algo mejor. En 1969 visité la Universidad de Stanford y la Universidad de California —Berkeley, Esalen Institute y otros centros contraculturales—, e intenté hablar con ellos para desarrollar un programa de verano para profesores universitarios que quisieran aprender a cómo ayudar a sus estudiantes a «crecer», no sólo a ser instruidos. En esa época, el esfuerzo se llamaba educación humanística y era bastante habitual en la enseñanza primaria y secundaria, pero no en la superior.

Bueno, todo el mundo pensó que era una Idea Muy Interesante (podía llegar a oír cómo les resonaban las mayúsculas en la boca), pero todos estaban muy ocupados con otros asuntos. Una noche le estaba contando a Mondi lo tontos que eran. Me escuchaba interesada y, de repente, me preguntó:

—¿Por qué no la haces *tú*?

—¿Yo? ¿Por mi cuenta?

—Vamos, de algún modo tienes que utilizar el Mills College —espetó, como si no pudiera molestarse en explicar los detalles en ese momento—. Pues claro, tú. Es idea tuya. Sabes el tipo de programa que quieres. De modo que realízalo.

—No lo entiendes —repliqué, con un ligero tono de pánico que inexplicablemente estaba invadiendo mi voz—. Para hacer algo así, realmente tienes que... saber qué estás haciendo. Tienes que... saberlo todo sobre este tipo de cosas.

Le ahorraré el resto de una discusión que me dejó asustado, al mismo tiempo que entusiasmado. Basta decir que al día siguiente fui a ver al rector de la universidad y recibí la autorización para emplear los edificios universitarios para un programa de dos semanas durante el verano siguiente. Llamé a un par de profesores de las instituciones cercanas que también estaban interesados en la educación humanística y uno de ellos se ofreció voluntario para ayudarme. En una semana, solicité una subvención en la Danforth Foundation para garantizar los gastos de puesta en marcha y, dos meses después, llegó un cheque de 25.000 euros. Un mes después, el célebre psicólogo, Abraham Maslow, accedió a ser el ponente central. Enviamos folletos y se inscribieron treinta profesores de Estados Unidos y Canadá.

Irónicamente, Maslow falleció esa primavera, pero incluso sin él, el Primer Seminario de Verano Anual [¡sic!] de Educación Humanística para Profesores Universitarios fue un éxito asombroso. Es decir, fue un éxito y yo me quedé asombrado. Al menos, una docena de vidas y carreras fueron cambiadas definitivamente gracias al seminario —la mía entre ellas—. Nunca más fui capaz de entender la docencia igual que los profesores de toda la vida. A partir de ese instante, la percibí como algo que estaba haciendo en aquel momento mientras descubría qué hacer a continuación.

En un capítulo previo me he referido a las personas que están «sedientas de transición». Yo lo estaba. Interiormente, estaba empezando a liberarme de las suposiciones alrededor del trabajo que me habían llevado hasta la docencia y despegándome de la imagen de mí mismo como profesor de literatura. Buscaba otro camino que seguir. Tras ese primer éxito solicité otra subvención, esa para financiar un año de formación en técnicas de desarrollo personal y proceso de grupos en el Esalen Institute. No llegué a lograr esa subvención, pero en su lugar, acepté un proyecto de aprendizaje autodirigido formado por experiencias de grupo, seminarios de formación y lecturas.

Después, Jim Bugental, el sustituto de última hora de Maslow en el instituto de verano de la universidad, me llamó un día para explicarme que él y algunos de sus colegas estaban comenzando un programa de formación para terapeutas noveles. ¿Nos interesaba apuntarnos a Mondi y a mí? Ni siquiera llegué a preguntárselo; le respondí que desde luego. Cuando uno tiene buena suerte no puede plantarse.

• • •

Toma una decisión que parece sencilla: elige una pareja, un trabajo o un vecindario, y lo que he escogido no es una pareja, un trabajo o un vecindario, sino una vida.

Jessamyn West

Exactamente, usted no sigue un trayecto. No existe un trayecto, exactamente. Es, más bien, como seguir las curvas de nivel. Llega a un lugar donde la forma de la tierra en sí obliga a girar a la izquierda y a otro lugar donde para cruzar ese río, tiene que cortar a la derecha. A pesar de que no parece haber ninguna lógica en su recorrido, estar en él es lo que importa de verdad.

Después de que el programa de formación para terapeutas legos estuviera en marcha unos meses, un grupo de estudiantes y un par de formadores empezamos a salir a cenar al finalizar las sesiones. Lo pasábamos bien, y en poco tiempo hablamos de lo maravilloso que sería vivir todos más cerca, de modo que pudiéramos vernos unos a otros con más frecuencia, quizá compartir el cuidado de los niños y cenar juntos un par de veces por semana.

No pasó mucho tiempo entre esas ideas y que empezáramos a buscar realmente (al principio, sólo hipotéticamente) una propiedad donde las seis familias representadas en nuestro grupo pudiéramos vivir unas al lado de otras en una pequeña «comunidad». Ese paso cargó al grupo con energías renovadas y un objetivo compartido. Mondi y yo salimos con nuestras tres hijas de excursión a la caza de la propiedad, durante las que la más pequeña (que en esa época iba a la guardería) preguntaba invariablemente: «¿Es *aquí* donde vamos a vivir?» Empezamos cerca del área de la bahía, ya que todos planeábamos mantener nuestros empleos, pero poco a poco fuimos aventurándonos cada vez más lejos, en busca de un terreno a un precio que pudiéramos permitirnos. Cuando al final encontramos la propiedad estaba a dos horas al norte de San Francisco, demasiado lejos como para mantener nuestros trabajos.

Recuerde una cosa: *Sea lo que sea lo que pretende lograr a través de cualquier medio, es probable que no sea lo que realmente conseguirá haciendo eso.* La atracción es sólo la fachada. Es la prenda rebajada que no es de su talla. Es el hueso que los ladrones ofrecen a su perro guardián para evitar que ladre mientras le roban las joyas. El resultado real, la lección o los beneficios se descubren únicamente con el tiempo y, a menudo, de una forma que no podría haber sabido de antemano. Los resultados más importantes de lo que hace son lo que, en otros contextos, se denominaría «derivados» o «efectos secundarios». Si nuestras vidas fueran fármacos, requerirían etiquetas de advertencia.

En mi caso, teníamos la intención de añadir una situación de vida nueva e interesante a nuestras vidas y lo que ocurrió es que tuvimos que descartar nuestras vidas anteriores y emprender otras totalmente nuevas. Formamos «La Comunidad», como bautizamos, un poco majestuosamente, a nuestro grupo de seis familias, y remodelamos y construimos casas en unas 35 hectáreas a las afueras del pueblecito de Forestville, en el Russian River. «¿Cómo se os pudo ocurrir una cosa así?», nos preguntaban nuestros amigos. Era difícil saber por dónde empezar, y cuando habíamos encontrado el hilo inconsistente de la causa y el motivo, habían pasado a hablar de otra cosa.

• • •

La puerta a la vida suele abrirse detrás nuestro, y hay una mano colocada para atraernos hacia detrás.

George MacDonald

Cuando dimos el gran salto de pasar de vivir cerca de nuestros trabajos a vivir demasiado lejos como para conservarlos, discutimos sobre la idea de desarrollar algún tipo de trabajo colectivo para ganarnos la vida en la comunidad. A mí me gustaba el jardín y cuidar de las gallinas y supuse que cualquier beneficio que generara nuestro trabajo colectivo se usaría para financiar un estilo de vida muy simplificado y más autosuficiente. Pero el grupo, en conjunto, no estaba tan enamorado de esa simplificación radical como yo. (Algunos de ellos seguían hablando, al mismo tiempo que ponían los ojos en blanco melodramáticamente, de la noche que serví aneas del estanque como verdura en nuestra cena comunitaria.) Por consiguiente, a pesar de que no dejábamos de hablar sobre nuestro trabajo común —y hasta llegamos más lejos, planificando el tipo de retiros y seminarios que dirigiríamos para personas que seguían viviendo una vida del tipo olla a presión en la ciudad—, nunca llegamos a dar los pasos necesarios para lograr que ocurriera.

Personalmente me sentí estafado por ese fracaso de no encontrar una vocación común y llegué a ponerme bastante nervioso al presentar mi caso: dejé un trabajo muy bueno como profesor, con la condición de que íbamos a establecer alguna forma de ganarnos la vida... y creía que todos aceptábamos ese plan... ¡pero resulta que soy la única persona que no deja de referirse a nuestro trabajo común! Los otros (incluyendo a Mondi en esa época, por supuesto) eran o bien psicoterapeutas, que estaban trasladando sus consultas a la cercana Santa Rosa; o bien, sus actividades eran portátiles: un hombre dirigía un negocio inmobiliario familiar y otro, dirigía una organización benéfica. Había otro tipo que había dejado un trabajo normal, pero estaba a un par de años de la jubilación, de modo que se prejubiló. Y, aparte, estaba yo: sin trabajo y con cuarenta años, demasiado joven como para jubilarme.

Nuestras amistades solían visitarnos en la comunidad y se referían a lo valientes que éramos por haber introducido un cambio tan importante en nuestras vidas. Nunca supe qué responder. Para mí, era como si, de repente, el recorrido de mi vida hubiera dado un brusco giro y como si yo lo bordeara para no quedarme atrás. No quiero decir que no me pareciera arriesgado. Me lo parecía. Por la noche, a veces me despertaba preguntándome qué había hecho. Mi familia me contaba que mi tía —la que me había presentado a sus amigos de historia inglesa en Columbia— estaba preocupada por si no podría volver al mundo de la docencia cuando me diera cuenta (porque lo haría) de que me había equivocado. Mi otra tía, la directora del departamento de inglés de un instituto, había dicho que estaba «deprimida» por mi decisión. Y para demostrar que sus miedos estaban bien fundados, el listado *Who's Who in America* [Quién es quién en América] me había borrado de sus páginas al final de mi primer año en la comunidad. Era una señal oficial de que no era nadie en ese momento.

Como mi anterior vida estaba tan fuertemente incrustada en el negocio familiar de la docencia, parecía como si hubiera dejado atrás mucho más que un empleo o una profesión. Pensaba en los pocos riesgos que había tomado en mi vida y en cómo mi trayectoria siempre había parecido llevarme hacia otro tramo del territorio, y a un territorio bonito. Una imagen que no cesaba de venirme a la cabeza era la de «navegar hacia el fin del mundo», a lo Colón, pero lo descarté por grandioso. Sin embargo, sentía que había roto una norma elemental y que podía convertirme en algún tipo de paria.

Empecé a trabajar con algunos de los pacientes de mis compañeros y miembros de la comunidad que eran terapeutas en un miniseminario titulado «Cuente la historia de su vida». Era el antiguo curso de autobiografías, desligado de sus límites como curso de redacción y reposicionado como una experiencia de autodescubrimiento pura. Siempre que llegaba al instante de preguntarles a los clientes qué era momento de dejar y qué capítulo de sus vidas estaba empezando en ese punto, interiormente me detenía para ver si alguna de sus respuestas se asomaba por las sombras de mi propia mente.

No veía nada que resplandeciera, pero podía ver que cada vez me sentía más cómodo trabajando fuera de una empresa y más allá del papel de empleado. Aún no tenía un nombre para lo que era ni para lo que hacía, pero sabía que comportaba ayudar a otras personas a través de las transiciones y empezaba a ser capaz de explicarlo con más facilidad.

No obstante, como profesor en recuperación, seguía sufriendo momentos de tentación. Un día, fui a la facultad de Santa Rosa, la universidad de la comunidad local, y hablé con el decano.

—Quiero impartir un curso en este centro —le anuncié con lo que esperaba que pareciera una gran convicción.

—¿Un curso de qué?

—Se titula *Estar en transición* —respondí con el triste sentimiento de que el título no llenaba lo suficiente, en comparación con *El auge de Occidente* o *Química Orgánica* o *Introducción a la higiene dental.*

—No ofrecemos ese curso —me contestó con el tono de alguien que esperaba no tener que explicar cuál era el objetivo de las *universidades reales*. Pero luego sintió pena por mí—. Podría ir al centro de reingreso de mujeres. Tratan muchas cosas sobre cambios personales allí y no están tan limitados como lo estamos nosotros para ofrecer cursos reales.

Le di las gracias y salí de su despacho sin tropezar con nada.

El centro de reingreso de mujeres resultó ser exactamente el sitio indicado para mí. Sus clientes —mujeres que reingresaban en la universidad después de años de obligaciones familiares o de trabajo de oficina mal remunerado— estaban mucho más «en transición». Habían hecho un cambio que el centro les aseguraba que era maravilloso y que muchos de sus amigos y familiares les hacían creer que era un error terrible. Allí aprendí que la transición de una persona puede llevar al resto de la familia (o a cualquier otro sistema humano al que pertenezca el individuo) también a transición. «Es bueno para ti salir y recibir toda esa nueva formación —le comentó el marido de una mujer cuando ésta volvió tarde a casa después de una clase—. Pero eso no significa que yo tenga que renunciar a tener la cena preparada... y... y... a ¡tener una *esposa*!»

Si no lo tenía muy patente a partir de mi propia experiencia, rápidamente percibí lo inalterable que es la norma de que toda transición exitosa debe empezar renunciando a tal como solían ser a las cosas, y que la mayoría de transiciones *sin* éxito comienzan por no conseguir afrontar bien el final. Y observé que cuando uno quiere hacer un cambio, apenas piensa en los finales que podría haber implicados.

Y también me di cuenta de que a las personas en transición que querían que ocurriera un cambio les parecía difícil sentir una simpatía verdadera por las personas que perdían algo en la transición siguiente. Llegué a comprender cómo esa incapacidad para simpatizar entraba en el camino de ayudar a las personas a través de su transición. Además, entendí claramente que la imposibilidad de las personas afectadas a pasar por la transición podía poner en peligro el propio cambio.

El «curso» en el centro de reingreso de mujeres fue seguido de mis propios seminarios bajo el epígrafe de «Caminos de paso» y de acontecimientos especiales ocasionales en los que exploraba qué otro tipo de ayuda se podía ofrecer a las personas en transición. Mi propia comprensión de la transición y de cómo ayudar a la gente a pasar por ella continuó aumentando, pero no tardó mucho en sumirme en un estado de dudas personales y anhelando una situación profesional más convencional.

Recuerdo estar sentado en un avión hacia Portland, Oregón, a mediados de la década de 1970, detrás de tres hombres que trabajaban en unas bodegas de Carolina de Norte. No dejaban de charlar sobre cosechas y variedades, sobre el clima y el equipamiento que utilizaban para producir el vino, y sobre la estrategia que perseguía una bodega respecto a la otra. ¡Cómo envidiaba esas conversaciones! Tenían un lenguaje común. Se entendían entre ellos bastante bien sin discutir. Pertenecían a una profesión y tenían problemas similares. Tenían mentores y cargos reconocibles en el negocio. Aunque, al mismo tiempo, su conversación me pareció totalmente estúpida. Uno de ellos gritó: «¿Un Merlot del 70? Por Dios, no. Uno del 71, quizá, o un Cabernet del 70, ¡pero no un Merlot!» Y los otros dos asintieron como si el primero hubiera citado algún tipo de verdad del oráculo.

• • •

No trace pequeños planes. No tienen ninguna magia para despertar la vitalidad de los hombres.

DANIEL H. BURNHAM

Fue más o menos en esa época que decidí que no había sido bastante atrevido. Tenía una idea para un gran programa público, incluso más importante que mi primer seminario de verano anual [aunque único] para profesores de universidad. Invitaría a seis u ocho expertos para que cada uno se ocupara durante dos horas de un segmento concreto del ciclo de la vida. El programa, en conjunto, llevaría a los oyentes a lo largo de toda la vida en un único fin de semana, para mostrarles que cada paso, desde el nacimiento hasta la muerte, representaba una transición evolutiva significativa. Ira Progoff, que era muy conocido por su uso de los diarios personales como herramientas autoexplorativas, aceptó ofrecer una perspectiva general del viaje de la vida. Convencí al octogenario Carl Rogers para que reflexionara sobre los aspectos evolutivos de la edad adulta, algo que nunca antes había hecho en público. Encontré a otros conferenciantes para que abordaran la infancia y la juventud. Y la célebre Elizabeth Kübler-Ross confirmó que hablaría durante dos horas sobre la muerte como una experiencia de desarrollo.

Yo mismo me encargué de los aspectos evolutivos de mediana edad. (Más adelante, me pregunté si no era un poco como alguien que compra un equipo de béisbol para poder jugar.) Era evidente que no jugaba en la liga de mis célebres compañeros de presentación, pero estaba tan emocionado por lo que estaba creando que no me preocupé por eso.

No tenía ni idea de cuántas personas asistirían, pero decidí que era mejor apuntar alto. De modo que alquilé el centro cívico Marin, el auditorio con 2.000 plazas que era uno de los últimos proyectos de Fank Lloyd Wright. Arreglé un acuerdo de copatrocinio con la asociación de psicología humanística, y empecé a buscar las inscripciones por todas partes. De hecho, las inscripciones resultaron estar por encima de lo que había esperado, y en vísperas del acontecimiento más de 1.700 personas se habían apuntado.

Entonces, la noche antes de que empezara la conferencia recibí una llamada de la ayudante de Kübler-Ross para comunicarme que mi atracción principal tenía neumonía y que habría de retirarse. Su ayudante estaba arreglando un vuelo asociado desde Boston para participar en su lugar.

Pero esa persona no era famosa, y casi la mitad de los asistentes se habían sentido atraídos por la presencia de Kübler-Ross.

Supe cómo se había sentido Ícaro cuando sus alas empezaron a deshacerse por el calor del sol. Reestructuré el programa del acto y escribí algunas cosas adicionales para explicar. Pero no dejaban de acudir a mi mente imágenes de personas marchándose a centenares y me sentí fatal. Y entonces sonó el teléfono. Una voz agradable me preguntó si era Bill, luego dijo que había oído que Elizabeth «me había dejado plantado» y me ofreció ayuda. Me explicó que se llamaba Ram Dass.

El programa salió estupendamente. Ram Dass, no tan conocido en aquella época como se ha convertido desde entonces, estuvo magnífico. Todo el mundo estuvo bien. El público quedó encantado. Y lo había hecho yo solo, perseverando a pesar de que me habían advertido que me estaba arriesgando mucho. ¡Pues, mírenme! ¡Mi carrera realmente iba a despegar!

De hecho, las puertas del cielo no se abrieron y las invitaciones para dar conferencias por enormes sumas de dinero no se acumularon en mi puerta. Volví a encontrarme haciendo las cosas que había estado haciendo antes de mi gran éxito. De alguna manera, nada había cambiado. Seguía teniendo que sentarme y decidir qué hacer a continuación. Pero de otra, todo había cambiado. Había aprendido que el mayor proyecto que podía haberme imaginado sucedió igual que lo hacen los pequeños: empezar con una idea, reunir los recursos para emprenderla y trabajar como un enano. Nunca más descartaría cualquier vía por imposible.

Preparé un librillo publicado por mí mismo sobre el desarrollo adulto y la transición, titulado *The Seasons of Our Lives* (1977),[1] y lo vendí en una conferencia. Fiel a mi argumento de que nada ocurre por el motivo que uno pretende, había empezado el manuscrito y escrito la primera mitad durante una semana que pasé abandonado en Vernal, Utah, mientras esperaba a que un cálculo renal se decidiera a salir o no. Conseguí que imprimieran el panfleto en una copistería local y vendí 3.000 copias en los años posteriores. Pero lo más importante fue que me convenció de que podía servirme de la escritura para hacer aflorar mis ideas e imponerme como una persona con algo que decir.

• • •

Ningún hombre ha sido traído al mundo cuyo trabajo no haya nacido con él; siempre hay trabajo, y herramientas con las que trabajar, para los que quieren hacerlo.

JAMES RUSSELL LOWELL

Ya he señalado que nunca pretendí trabajar en empresas. Mi bagaje y valores personales estaban tan individualmente orientados que era muy torpe para apreciar la función destacada que tienen las empresas en la sociedad moderna y en la economía. Pero cuando, a raíz de *Transitions* (1980), recibí invitaciones para hablar frente a grupos de directivos, acepté. Y en cinco años cambié el enfoque de mi trabajo: de las personas individuales pasé a las empresas.

Desde el principio me encantó la experiencia de introducirme en una empresa y aprenderlo todo sobre ella. Mis primeros tres clientes fueron el U.S. Forest Service, KalKan Foods y McDonnell-Douglas Astronautics; no podría haber abarcado más terreno que ese: abetos, comida de perro y un laboratorio espacial. Volví al papel de estudiante y cada visita a la empresa se convertía en la reunión de un seminario maravilloso y gratuito al que estaba asistiendo. Sin embargo, no podría haber desconocido mucho más cuando comencé. Todavía recuerdo el momento cuando tomé la inteligente decisión de no preguntar qué significaba «CEO»*; me limité a asegurar que estaría encantado de conocerlo.

Trabajé con esas empresas en la gestión del «proceso de transición» trastornador que era causado por cualquier cambio al que sometían a los trabajadores. Podía demostrarles que la transición podía lograr que un cambio fuera incontrolable y que el dinero invertido en someter a las personas a ese cambio con éxito era una fracción ínfima de lo que perderían si los empleados no hacían la transición y el cambio salía mal.

Algunas de las empresas que más interesadas estaban en la gestión de la transición eran compañías, como Intel, que sometían a sus trabajadores a ingentes cantidades de cambios y que lo hacían constantemente. (Una de

* «CEO» son las siglas en inglés para *chief executive officer*, director general. *(N. de la T.)*

las bromas de esa compañía de Silicon Valley era: «Si llama mi jefe, averigua su nombre, ¿vale?») La compañía introdujo la gestión de las transiciones en el programa de formación al que se mandaba a todos sus directivos, y formé a más de 200 personas en Intel para que organizaran mis seminarios dentro de la empresa.

Mientras trabajaba allí, empecé a darme cuenta de que los empleados de Intel no hablaban de sus *trabajos* del mismo modo que en otras empresas donde había trabajado. Se referían a sus *encargos*. Al principio pensé que, simplemente, era parte de la jerga que crea cualquier empresa, pero, poco a poco, caí en la cuenta de que en un sentido muy real, el personal de Intel no tenía trabajos regulares. Hacían algo durante un tiempo y, luego, resolvían otra cosa. Solían trabajar en dos o tres equipos de proyecto a la vez. Nadie se resistía a un nuevo encargo porque «no fuera trabajo suyo», y tampoco se enfrentaban a las reorganizaciones para proteger sus empleos. El resultado era que Intel era extraordinariamente flexible y podía hacer reagrupaciones para abordar más rápido nuevos problemas y cuestiones que surgieran.

Tardé en reconocer las implicaciones de lo que estaba observando, pero en 1990 comprendí que lo que Intel había logrado era, en gran parte, «desemplear» sus procesos de trabajo, para conseguir que el trabajo se hiciera de modo que no exigiera encargos exclusivos y a largo plazo de tipos diferentes de trabajo para diferentes tipos de personas. Cuando el trabajo me llevó a otras partes de Silicon Valley, noté que numerosas empresas de alta tecnología estaban haciendo lo mismo. En todas partes el resultado era el mismo: mayor velocidad, más flexibilidad, menos *statu quo* para entrar en el camino de la innovación.

Todo eso no me parecía nada más que una forma mediante la que algunas empresas estaban reestructurando sus lugares de trabajo hasta que, un día, busqué la palabra *trabajo* en el diccionario. La palabra era antigua, se remontaba a raíces celtas que aparentemente significaban «un trozo de algo». En poco tiempo pasó a significar una sección de trabajo y, en el siglo XVIII se hablaba de un «trabajador» para referirse a alguien contratado para hacer una tarea concreta. (Irónicamente, el trabajador era lo que hoy en día se denomina *trabajador temporal.*) No fue hasta que la revolución industrial se introdujo en las fábricas (y la división de trabajos), que dejó de decirse *hacer un trabajo* y se empezó a hablar de *tener un trabajo*.

Ese fue un cambio espectacular, que empecé a denominar el primer gran «cambio de trabajo». Ese cambio provocó todo tipo de cosas. Como la gente se hizo más movible y las comunidades se hicieron más dilatadas, la gente tomó sus identidades a partir de los trabajos que ejercían. A medida que la oportunidad de trabajar fue dejando de existir fuera de los límites de «trabajos», la gente empezó a entender sus empleos como posesiones. Las empresas empezaron a crear sus procesos de contratación, valoración, pago y formación alrededor de los trabajos. La tarea de supervisión fue redefinida como comprobar que *la gente hacía sus trabajos.* Las políticas públicas fueron reformuladas para garantizar que todo el mundo podría *encontrar un trabajo digno.* Por tanto, nos convertimos en una economía *basada en el trabajo* y en una sociedad *orientada hacia el trabajo.*

En el momento que publiqué *JobShift* en 1994 y *Creating You & Co.*, en 1997, estaba dispuesto a cambiar toda mi vida profesional y alejarme de ayudar a las empresas a pasar por cualquier transición que estuvieran viviendo en el presente, para ayudarles a afrontar eficazmente el amplio desempleo que había observado en todas partes. Y quiero decir «en todas partes». A diferencia de mis libros sobre transiciones, que tardaron quince años en editarse en el extranjero y se hicieron internacionales muy despacio, *JobShift* fue traducido a ocho lenguas en dos años. Cuando hablaba sobre el tema en Europa, Sudamérica y Australia, la gente reconocía todos los síntomas.

Pero mientras que el tema de la transición no era polémico, tratar del cambio laboral generaba enconados sentimientos. Los trabajadores no querían oír que los empleos, que ellos concebían como parte de la orden natural de Dios, eran realmente una creación de la sociedad; y, peor todavía, que sus empleos encajaban mucho mejor con el tipo de trabajo realizado en la época industrial que con el que iba a ejercerse en la época de la información. No querían escuchar que los empleos estuvieran amenazados, no sólo por la competencia exterior, la avaricia de los ejecutivos o las fluctuaciones a corto plazo de la economía, sino por un cambio permanente en el trabajo que necesita realizarse; un cambio que hacía que los empleos tradicionales estuvieran tan pasados de moda como el yugo.

Me sentía emocionado por llegar a la polémica, sobre todo en un tema tan crucial que implicaba el bienestar de tantas personas. Sin embargo, me sobresaltaba la intensidad y hostilidad que encontraba en algunas personas que no estaban de acuerdo conmigo. Una persona que llamó por teléfono a un programa de entrevistas al que asistía en California, preguntó si era comunista y después afirmó que quería que supiera que tenía un arma «¡Y no me da miedo usarla!». Un líder sindical canadiense me pinchó con preguntas beligerantes durante un discurso que ofrecí en Halifax, luego me comentó en privado que estaba de acuerdo con mi análisis, pero que «Nuestros miembros no nos reelegirían si estuviéramos de acuerdo con usted públicamente». Después de que un extracto de *JobShift* apareciera en *Fortune*, la carta de uno de los lectores de la revista desestimaba mis argumentos, un poco descontroladamente, aduciendo que «los trabajadores norteamericanos nunca lo tolerarían».

Aunque, al mismo tiempo, la prensa diaria estaba repleta de historias sobre más series de reducciones, incluso en compañías que iban bien financieramente. Y el negocio de las empresas de trabajo temporal seguía aumentando. Y la revista *Fast Company* se convirtió de la noche a la mañana en una sensación en el mundo de las publicaciones con un tema llamado «La nación del agente libre». Y todas las encuestas demostraban que los trabajadores estaban muy preocupados por sus perspectivas de trabajo futuras, a pesar de que el índice de desempleo de Estados Unidos era el más bajo de las últimas décadas.

Era obvio que el cambio laboral había creado una transición muy profunda en la que incontables personas de todos los países desarrollados y de la mayoría de los países en vías de desarrollo estaban siendo obligadas a renunciar a las condiciones y normas que habían conocido y eran precipitadas a una zona neutral que les asustaba. Me pareció que ese tema era tan importante que en poco tiempo todo el mundo lo reconocería. Había dejado atrás la transición.

Un año más tarde, sin embargo, Mondi estaba luchando contra el cáncer y me encontré de nuevo frente a las transiciones. No frente al antiguo tema de las transiciones empresariales, sino frente a mi tema original de las transiciones personales. Aunque había una especie de justicia poética en mi tema en desarrollo: los viajes, a diferencia de las excursiones de punto a punto, tienen un camino que describe una curva sobre sí mismo, de modo que uno se encuentra volviéndose a enfrentar a otro nivel, con temas que creía que había dejado atrás.

• • •

Cuando una persona verdaderamente posee todo lo que ha sido y ha hecho, que puede que lleve algún tiempo, se muestra feroz con la realidad.

Florida Scott-Maxwell

Me siento como si hubiera vuelto adonde empecé en 1970, porque me doy cuenta, en las secuelas de la muerte de Mondi y en mi propio sufrimiento, de que las personas me parecen más interesantes que las empresas. No se trata de que los acontecimientos empresariales o gubernamentales no sean sumamente importantes para el bienestar de todo el mundo, o que mi propio futuro no está íntimamente vinculado con lo que ocurre en ese mundo. Simplemente, mi imaginación ha vuelto a ser capturada y estimulada por las experiencias de los individuos de maneras que no lo había estado durante esos años en que centraba mi atención en las empresas.

Hoy en día, es la forma en que mis propias transiciones me aportan nuevos desafíos lo que me emociona. Es como si una pérdida personal intensa, una que combatí en cada paso del camino, hubiera abierto áreas de percepción creativas y crecimiento personal. Es como si se me desvelaran nuevos significados mientras recuento el simple relato de mi propia carrera. Es como si las cosas más fijadas y completadas, *el pasado*, estuviera muy vivo y creciendo; y a medida que el pasado cambia, crea la posibilidad de un nuevo futuro. Vuelvo a sentir ganas de ayudar a las personas a comprender el valor que reside en la historia de sus vidas y en las transiciones que han experimentado.

En especial, creo que la búsqueda de una vocación de una persona está llena de significado. De alguna manera, la historia de la vida profesional de una persona no es más que una de esas muchas hebras biográficas que forman el tejido de toda la vida. Pero, de otra, el viaje vocacional es para muchas personas el hilo central alrededor del cual se entrelazan los otros. No «vocacional» en el sentido limitado de una historia laboral, sino en el sentido más amplio de las diversas formas mediante las que las personas son *reclamadas* por sus vidas para contribuir a la tarea de hacer el trabajo del mundo.

El recorrido que me ha llevado a un trabajo representativo y a una forma de ganarme la vida con él ha sido largo y sinuoso. Lo que en un momento me parecieron contratiempos o fracasos, en la actualidad me parecen más bien zigzags que me permitieron ganar altura. Lo que creía que había dejado atrás volvió a aparecer delante de mí en mi camino. (En cierto momento, ¡estaba seguro de haber terminado, definitivamente, con la docencia!) Los sitios en los que me había quedado atascado o había perdido el camino resultaron ser las entradas escondidas a las zonas neutrales que tenía que visitar para reorientarme para la siguiente parte de mi viaje. Lo que había pensado que era esencial para mi éxito resultó ser el equipaje que necesitaba dejar si tenía que convertir el desigual camino que tenía que recorrer en el siguiente capítulo de mi vida.

Y... en su caso, ¿cómo ha sido su camino? ¿Ha seguido un meandro parecido cuando respondía a la fuerza perpendicular de las circunstancias y la fortuna? Es probable que quiera tomarse un tiempo para repasar el camino que ha continuado. Es probable que quiera recordar los títulos que eligió en el capítulo cinco. ¿Se acuerda del pasaje de Emerson que cité anteriormente sobre que la vida era como un jeroglífico? Compruebe si puede descifrar el código de su propia vida.

9

Encontrarse en la zona neutral

No es tanto que nos dé miedo el cambio o que amemos las viejas formas, sino es el lugar intermedio lo que nos asusta... Es como estar entre trapecios. Es Linus cuando su sábana está en la secadora. No hay nada a lo que agarrarse.

MARILYN FERGUSON

La zona neutral es la segunda de las tres fases que comprende una transición. Es ese momento intermedio, después de que haya dejado su vieja vida y antes de que descubra e incorpore por completo la nueva. El final y el nuevo comienzo son estados que están caracterizados por hacer algo *(renunciar a algo y emprender un nuevo comienzo)*, pero la zona neutral es un momento en el que puede parecer que no ocurre nada. Mientras que las dos otras fases de la transición suelen estar delimitadas por acontecimientos, la zona neutral es más bien un vacío tranquilo de la vida. Es una pincelada incolora de vacío que se extiende por la vida, como la mancha gris que deja una goma de borrar sucia.

En los días posteriores a la defunción de Mondi, no dejaba de esperar que sucediera algo. Algunos hechos se produjeron, desde luego. La reunión de amistades y familia en el funeral: mi hermano y mi sobrina; un viejo amigo que vivía en Maine en aquel momento; una prima de Mondi de Oregón; muchos amigos de Mondi del Instituto Jung. Celebramos la ceremonia en Forestville, cerca de la casa en la que ella y yo habíamos vivido once años. Era el único lugar en el que nuestra familia realmente había echado raíces. Cuando finalizó, mis hijas y yo —probablemente diría *nuestras* hijas en aquella época, ya que todavía no estaba acostumbrado a hablar en singular— regresamos a la casa de Mill Valley, que seguía patas arriba por la remodelación. Un día más tarde nos despedimos y todos regresaron a sus casas. Yo me quedé y esperé a que mi vida volviera a empezar.

• • •

Los cereales crecen de noche.

HENRY DAVID THOREAU

Es difícil describir la zona neutral sin hablar metafóricamente. Es una estación de inactividad en la que la vida se retira a sus raíces para preparase para una estación larga y fría sin lo que había proporcionado calidez y significado a la vida-antes-del-final. Es una extraña tierra de nadie entre un mundo y el siguiente. Es una zona en la que se reciben señales mezcladas, algunas provienen del pasado y otras, del futuro. A veces, las señales se mezclan con el ruido, mientras que, en otros casos, se anulan unas a otras, dejando sólo un silencio espeluznante. Es un área de baja presión donde todos los tipos de tiempo extremo son arrastrados al vacío dejado por la pérdida. Es una noche oscura para el corazón, o quizá, un largo y oscuro crepúsculo que se niega a decantarse bien hacia el día, o bien, hacia la noche.

Mientras desayunaba el día después de que todos se hubieran marchado, me di cuenta de que me sentía como si hubiera estado en la zona neutral durante años y años. El tiempo se ralentiza enormemente en la zona neutral. Los días parecían tener cuarenta horas. Aunque al mismo tiempo, las semanas parecían esfumarse, dejando atrás sólo unos cuantos momentos de recuerdo.

Me encontré en una situación en la que, por primera vez en casi cuarenta años, podía hacer cualquier cosa que quisiera. Pero, que yo recuerde, no había absolutamente nada que quisiera hacer. A menudo me descubría mirando la pared, con la mente en blanco, con la enfermedad y la muerte de Mondi que parecían un sueño del que en cualquier momento me fuera a despertar. Pero, luego, recordaba nuestra vida juntos antes de que el cáncer empezara a colonizarle el cuerpo, y esa vida —qué inocente y tranquila parecía mirando hacia atrás—, esa vida era el sueño y su muerte, el despertar.

Parte de la confusión se encontraba en que había dos transiciones vinculadas en curso y el resultado era un tipo de caída doble en la zona neutral. La primera transición había sido estimulada por su diagnóstico original y empezó cuando terminó su vida de mujer sana. En esa transición, el desprendimiento había sido lento y gradual, salpicado por períodos en los que esperábamos que el cáncer demostrara ser tratable. En esa primera transición, la zona neutral era un estado de incertidumbre doloroso subyacente que siempre estaba ahí, esperando ser activado por los resultados negativos de las pruebas o el descubrimiento de un nuevo síntoma. Pero a pesar de que esos hechos detonantes eran fuertes contratiempos, nunca fueron definitivos. Los niveles de las pruebas descendían, pero volvían a repuntar, antes de bajar de nuevo. Y su significado último siempre era dudoso. Todo era ambiguo.

—¿Qué significa que haya líquido en el pulmón? —preguntábamos al médico.

—Bueno, puede provenir de donde entramos a drenar el pulmón, un tumor más o menos benigno, o podría ser que el cáncer se hubiera extendido hacia el pulmón.

—¿Cómo podemos descubrir de qué posibilidad se trata?

—Podemos extraer un poco de fluido y analizar si tiene células cancerígenas.

—¿Y si es así…?

—Bueno, por desgracia, eso tampoco sería totalmente decisivo, porque las células podrían encontrarse en el tejido, pero no en el fluido.

—Entonces, ¿puede hacerle una biopsia al tejido?

—Podríamos, pero no queremos perjudicar a los pulmones más de lo que sea necesario. Además, en realidad no sería muy distinto. El tratamiento sería el mismo de todos modos.

¡No sería muy distinto que el cáncer se hubiera extendido por sus pulmones o no! ¡No es muy distinta la vida o la muerte! Pero para descubrir de qué se trataba teníamos que operar de nuevo, y eso podría llegar a inclinar la balanza hacia la muerte. Por tanto, no lo hicimos. De modo que teníamos que limitarnos a esperar y observar, preguntándonos qué pasaría. Preguntándonoslo. El nombre de este juego era «vivir en la incertidumbre».

Algunos de nuestros amigos la animaban a tener esperanza y ser positiva. La creencia, aseguraban, era un factor fundamental en la curación.

Debía pensar que iba a ponerse buena, que *se estaba* poniendo buena. No tenía que dejar de imaginar que su sistema inmunológico se levantaba como un ejército nativo y que destruía al cáncer imperialista.

En aquella situación, estaba dispuesto a hacer incuestionablemente todo lo que pudiera ayudar. Pero Mondi era más discerniente. Intentaba visualizar cómo las pequeñas tropas positivas de su sistema inmunológico mataban a los invasores. Pero entonces, un día, declaró que la metáfora de la batalla no le funcionaba. «No consigo superar el sentimiento de que el cáncer también es una parte de *mí, yo contra yo*, o algo parecido. Por tanto, ahora estoy negociando con él.» El trato era que tenía que quedarse en un recinto cerrado y dejar de atacar a los locales. Sonaba extraño, pero entonces los resultados de sus pruebas mostraron una mejora, de modo que quizá era una buena idea.

Como expliqué en el primer capítulo, terminó decidiendo que «no puede saberse» y que tanto el optimismo como el pesimismo eran las fantasías que utilizamos para escaparnos de una terrible incertidumbre. Yo mismo podía simpatizar tanto con los optimistas como con los pesimistas, pero como ella, llegué a la conclusión de ser agnóstico respecto a los resultados. Intentamos aceptar los días —y las noticias que traían— tal como venían. Uno no puede afrontar grandes unidades de tiempo en la zona neutral. El tiempo era como el maná que Moisés encontró en la zona neutral: bueno para ese día únicamente. Pasamos esa primera zona neutral, el tiempo entre el diagnóstico y el comienzo de su muerte, aceptando la existencia día a día, como una pareja de iniciados en un paseo terminal.

• • •

Hasta los cobardes pueden soportar las adversidades;
Sólo los valientes pueden soportar el suspense.

MIGNON MCLAUGHLIN

Esa fue la primera zona neutral. La segunda empezó cuando me quedé solo. El final había sido inequívoco en ese caso: la muerte reduce la ambigüedad a cero. Pero, de nuevo, estaba viviendo con incertidumbre. En el primer caso, había sido una incertidumbre sobre cuál de los dos caminos que podíamos conocer se manifestaría. En ese caso no había futuro, nada que esperar, nada que temer. La vida parecía haber llegado a una paralización, a pesar de que a mi alrededor podía ver que los demás se movían precipitadamente con una energía casi maníaca. Pero formaban parte de un universo paralelo, visible pero inaccesible para mí.

Estar rodeado de otras personas era difícil en ese momento, ya que en casi todo lo que decían había un subtexto silenciado: «¿Te encuentras mejor? Espero que estés mejor. Por favor, dinos que te encuentras mejor.» Su preocupación por mí era verdadera, pero había pocos que pudieran resistir la tentación de recomendarme una visión de las cosas menos infeliz y desanimada. «Bueno, está claro que estás pasando una mala racha», comentaban. «No hace ni un mes que Mondi murió. Necesitas tiempo.» Era cierto, desde luego, pero era también su forma de *decir algo*, cuando lo que estaba descubriendo era que prefería el silencio.

En cambio, me sentía atraído por las personas que se sentían desanimadas e inseguras de sí mismas. Fui a una exposición guiada de arte chino clásico en esa época, y vi una voluta que me atrajo fuertemente. Me gustaba, en parte, por la escena que mostraba de un anciano solo en las montañas. (Una de mis fantasías era marcharme y vivir por mi cuenta en las sierras.) Pero también me atraía por el poema que se había escrito para acompañar la imagen. Sentí como si esas palabras hubieran salido de mi mente:

> He contemplado las aguas del río amarillo
> que no deja de cambiar de turbio a claro.
> La corriente corre hacia adelante, más rápida que una flecha;
> Me siento sacudido por la vida, como los juncos arrastrados por la corriente.

Y luego, los versos que me estremecieron por mi identificación: «Después de incontables ciclos de calamidad,/sigue sin hacerse ninguna luz.»[1]

Sigue sin hacerse la luz. En los rituales de paso que había estudiado, la gente recibía mensajes de los dioses o de sus antecesores. En la vela de tres días que había pasado en Eureka Valley cuando cumplí los cincuenta había oído búhos por la noche, tan persistentes y tan cercanos a mí que el chamán que había guiado mi ceremonia de refugio me explicó, después de volver, que seguramente había encontrado mi propio animal totémico. Pero en la vela mundana que pasé esos primeros días solo, no había mensajes de ningún tipo.

La primera zona neutral, mientras esperábamos a saber qué iba a hacer el cáncer, en ese momento me parecía casi emocionante, en comparación. Habían pasado cosas entonces. Había un futuro que esperar o temer, según las noticias de la semana. A pesar de nuestro agnosticismo sobre los resultados, seguía habiendo una sensación de que podía ocurrir algo si se encontraba la puerta correcta para abrir. En la segunda, no obstante, la incertidumbre giraba alrededor de si había alguna puerta o no. Quizá la vida no se había convertido en una enorme pared sin puertas.

Todo se había detenido. No las obligaciones, por supuesto, ya que los días estaban cargados de llamadas y cartas sobre las cuestiones personales y legales que rodeaban la muerte de Mondi. Esas eran interminables, pero al final de esos días me encontré observando a través de la ventana hacia el espacio profundo, sintiéndome tan solo como si estuviera en algún viaje interestelar en solitario.

¿Volvería a trabajar? A los sesenta y tres era bastante mayor como para dejarlo si vivía sencillamente. Había leído que algunos colegas de la universidad se habían jubilado. Parecían felices. No podía decidir qué quería. No podía ni imaginar cómo decidirme. O en un enfoque distinto: ¿encontraría otra mujer y empezaría una nueva relación seria; no en matrimonio, a lo mejor, pero en pareja? Esa posibilidad era como plantearse si podría cruzar el mar para ir a Europa. Podía imaginarme el destino, pero llegar allí simplemente me parecía imposible. No había empezado una relación desde cero en casi cuarenta años.

La incertidumbre sobre mi futuro, poco a poco, comenzó a desvelar una cualidad inesperadamente significativa a medida que transcurrían las semanas. Aceptar esa indecisión voluntariamente empezaba a parecer como un extraño tipo de disciplina espiritual. Cuando me sentía inseguro o preocupado podía ver cómo mi mente empezaba a producir pseudorrealidades que me calmaban. Era como el período anterior al fallecimiento de Mondi, cuando mi mente inventaba afanosamente *interpretaciones* de los resultados de las pruebas de mi esposa. En aquel momento me había pillado inventando futuros imaginados. Eran ligeramente reconfortantes, pero siempre me dejaban desanimado porque no ofrecían ningún trayecto que seguir. Eran como paisajes pintados en una pared que no llevaban a ninguna parte.

Pero entonces pensaba «Ya lo vuelvo a hacer» y en mi autorreconocimiento como persona que se sirve de un futuro imaginario para silenciar su miedo, veía todas las veces en mi vida que había hecho eso. Se podía considerar un descubrimiento espiritual, decidí, y cuando me pillara haciéndolo me diría a mí mismo, casi como si hablara con un niño pequeño: «Está bien, todo irá bien; no tienes que fingir.» E, inexplicablemente, me sentía mejor, más fuerte. A medida que las semanas avanzaron, descubrí que estaba desarrollando, sin ningún esfuerzo sistemático, lo que el poeta británico John Keats denominaba *capacidad negativa*: ser capaz de vivir con «incertidumbres, misterios, dudas, sin ningún alcance irritable después de los hechos y razones».[2]

Cuando Mondi estaba viva, siempre había existido otra vida imaginaria moviéndose en mi interior. A pesar de que apenas era consciente de ello, siempre había imaginado cómo viviría si no tuviera que enfrentarme a *esa* vida. Mi vida imaginaria estaba compuesta por lugares a los que iría, personas nuevas a las que conocería, las cosas desconocidas que probaría, si fuera libre para hacerlo. Miraba la programación de la tele… y pensaba: miraría esa película si no estuviera «pedido» esa tarde por Mondi. Si leía la sección de viajes del periódico del domingo, pensaba: si viviera solo podría dejarlo todo e irme a Nueva York. Controlaba las películas cercanas, el programa sinfónico, un artículo sobre un autor que pronunciaba una conferencia en una librería local, a pesar de que sabía que no había muchas posibilidades de que asistiera a alguno de esos actos.

Pero después, en mi solitaria zona neutral, todas esas cosas eran realmente posibles. Era como si la vida se burlara de mí: «Ya lo ves, chico. Has dicho que esto es lo que harías si no tuvieras esas responsabilidades, distracciones, exigencias de tiempo. Ahora… tienes tu oportunidad.» Era emocionante, de alguna manera abstracta. Pero como era *posible* —como no emanaba de ningún deseo personal interno—, las posibilidades tan sólo me cansaban y me hacían sentir únicamente más vacío y sin sentido.

¿Cómo se activa el lado creativo de la zona neutral, me preguntaba? ¿Cómo se descubría dentro de ella el «caos creativo» del que había hablado durante veinte años? Pensé en acudir a algún lugar sagrado —Chartres, Stonehenge, Sedona—, uno de esos parajes poderosos en los que se dice que las presencias espirituales están allí para ser seleccionadas. Fui a Inglaterra, a dar una conferencia, y mi editor británico me describió una maravillosa abadía en ruinas, del siglo XII, que se encontraba en Llanthony, en las montañas de Gales. Visitarla fue una experiencia singularmente evocativa, pero regresé a casa tan confuso como me había marchado.

• • •

Si hay un pecado en contra de la vida, quizá consista no tanto en perder las esperanzas en la vida, sino en desear otra vida y eludir la implacable grandeza de esta vida.

ALBERT CAMUS

El mundo al que regresé no sólo era solitario y gris. También parecía bidimensional, como un decorado en un lienzo. Algo que Michael Novak había escrito sobre las empresas resultaba ser cierto también en las relaciones. Existen, argumentaba, «no meramente para satisfacer necesidades y deseos pragmáticos. A un nivel mucho más esencial, funcionan para construir y asegurar una idea de realidad».[3] ¡Exacto! Con la muerte de Mondi y el final de nuestra relación había perdido más que la vida que teníamos conjuntamente. También había perdido mi mundo cotidiano y la idea de realidad que sentía al formar parte de ella.

Recordé los momentos decisivos previos de mi vida. Conseguir un primer empleo, conocer a Mondi, unirme a la comunidad, escribir *Transitions*, empezar a trabajar en empresas: todo ocurrió en un momento en el que había seguido un recorrido tanto como había podido. En ese momento choqué con algún acontecimiento que me sacó de la ruta que había estado siguiendo. Cada uno de esos nuevos comienzos había sucedido cuando estaba desanimado por no saber qué camino tomar. Todos ocurrieron cuando algo con lo que había contado había desaparecido. Todos tuvieron lugar cuando estaba en la zona neutral.

Cada vez que me había encontrado allí había pensado: «¡Estás totalmente perdido! ¡*Ahora* sí que la has liado!», pero, cada vez, de una forma completamente imprevisible, que parecía no sólo ilógica sino también tan peculiar para esa situación en concreto que seguro que no era ningún tipo de consejo para el futuro, había encontrado un camino justo delante de mí. Era como en esas historias de niños en las que se descubre una puerta mágica detrás de la ropa colgada en el armario. (¿Siempre había estado allí? ¿Por qué no la había visto antes?)

Cada vez que había ocurrido en mi vida lo había entendido como una racha de suerte única. No obstante, a pesar de que sabía que era irrepetible, siempre me esforzaba en recordar después qué había hecho para sobrevivir en ese lugar en el que estaba atrancado. No dejaba de intentar identificar el «truco», para poder utilizarlo la siguiente vez que me quedara atascado y, así, poder evitar ese terrible sentimiento de estar desolado y confundido. Pero, evidentemente, nunca descubrí el truco. Las buenas noticias eran que sabía que había estado en ese lugar y recordaba que había sido el preludio para una nueva vida en el pasado. Las malas, que seguía intentando descubrir algún truco para convertir la incertidumbre en una oportunidad.

«Aquí vuelves a estar», pensaba un día mientras compraba verdura en el mercado local. Las zanahorias, los puerros y la col china resplandecían como objetos santos en algún templo. La practicidad segura de los vendedores era desconcertante, ya que estaba esforzándome mucho en pensar en aquello —y en todo lo que veía en esos días— como el posible escenario para el nacimiento de mi nueva vida. Aparentemente, los dependientes no eran conscientes de lo accesible que era la grandiosa realidad de muerte y renacimiento que había allí, justo en ese momento. Oscilaba entre un sentimiento de emoción acerca de una nueva vida que podría estar justo más allá de las patatas, y una profunda desesperación por el vacío que sentía cuando percibía que tan sólo eran verduras y que me estaba dejando arrastrar por todos esos galimatías sobre la muerte y la resurrección.

• • •

Todo vive mucho tiempo, pero nada envejece.

Benjamin Franklin

Cada aspecto de mi vida estaba libre. No sabía qué clase de trabajo quería hacer, ni si quería seguir trabajando. Me gustaba el lugar donde estaba viviendo, pero me imaginaba trasladándome a una isla lejos de la costa de Maine. Pensaba en cómo podría llegar a conocer a alguien con quien pudiera salir. Practicaba actividades con mis amigos y miembros de mi familia. Iba a cenar y a obras de teatro y a conciertos por mi cuenta, e imaginaba que podía topar con alguien con quien quisiera tener una cita. Pero no me sucedía. Conocía a una pareja que se había relacionado a través de un anuncio en la sección de «Amistades» del periódico local, y empecé a leerla regularmente. Pero no tenía ni idea de qué escribir.

«Hombre mayor vital...»

No, espera. Mayor... ¿que quién? Sería mejor afirmar: «Hombre de 63 años...» ¿O eso sonaba a demasiado mayor?

«Hombre de unos sesenta años...» ¿Sesenta y tres años se podía considerar como «unos sesenta»?

Decidí que «mayor» era vago sin ser inexacto. «Hombre mayor vital busca... busca...»

¿Qué buscaba? ¿Una relación nueva? ¿Compañía? ¿Una compañera para toda la vida? ¿Sexo? ¿Una nueva vida? Sí, buscaba una nueva vida. Pero uno no puede anunciar que busca una nueva vida.

Por lo tanto: «Hombre mayor vital busca una nueva relación. Le gusta viajar, la intimidad, los actos culturales...» ¡Uf!

No podía imaginarme publicar el anuncio —aunque pudiera haber decidido qué escribir—, porque no podía imaginarme esperar que alguien respondiera. Pero volvía a imaginarme que conocía a una persona nueva, mientras me regañaba a mí mismo por no hacer nada para conseguir que ocurriera.

Ser mayor empezó a obsesionarme. Solo me sentía mucho mayor de lo que me había sentido cuando Mondi estaba viva. Como miembro de una pareja, había pensado muy poco en cómo podían verme las personas que no me conocían. Pero cuando oí que un amigo describió a alguien de mi edad como «un tipo viejo», creí morir. Me sentí como si hubiera llegado a un punto en el que tuviera que pensar en terminar, en lugar de en empezar cosas nuevas.

Con el fin de tranquilizarme empecé a fijarme en ejemplos de personas que hicieron cosas nuevas e impresionantes cuando eran... mayores.[4] Miguel Ángel había sido el arquitecto principal de la Basílica de San Pedro cuando estaba entre los setenta y uno y los ochenta y nueve años. Claude Monet no había ni empezado sus magníficas series de nenúfares hasta los setenta y tres. Grandma Moses se inició en la pintura cuando tenía setenta y ocho años. Marian Hart, que no aprendió a volar hasta pasados los cincuenta, cruzó en solitario el Atlántico a los ochenta y cuatro.

Edith Hamilton, cuyos libros sobre mitología había leído con tanto placer, no había empezado ni a escribir sobre el tema hasta después de jubilarse como directora de una escuela a los sesenta y cinco años. ¡No había visitado su querida Atenas hasta los ochenta! A los noventa, cuando planeaba otro viaje, alguien comentó que era maravilloso que pudiera emprender su último viaje. «¡Último, hummm!» Contestó. Realizó *tres viajes más* al mundo clásico antes de fallecer a los noventa y cinco años. Me agarré a esas historias como a un clavo ardiendo. Pero no me sentía muy tranquilo con sus ejemplos. No jugaba en su liga. Debían de haber sabido algo que yo desconocía. Y tenían más iniciativa que yo. Yo no actuaba; sólo imaginaba.

Un día estaba en el mercado otra vez, estudiando a las mujeres que revolvían los melocotones y olían la albahaca. Las que eran atractivas parecían muy *inalcanzables*, y las interesantes parecían agobiantemente *necesitadas* y abrumadoramente *neuróticas*. Intenté charlar con ellas, algo del estilo de: «¿Verdad que los melones tienen hoy muy buen aspecto?» Pero eso parecía tan forzando que provocaba que quisiera desaparecer.

A pesar de saber más, volví a imaginarme que había un método, un truco para salir del *impasse* de la zona neutral. En mis anteriores avances creativos, simplemente había tenido suerte, decidí. Por tanto, iba a limitarme a comprar los productos frescos —que, después de todo, para eso había ido—, regresar a casa y prepararme una buena cena que me comería solo. Muchas personas habían vivido solas unas vidas correctas y valiosas. Muchísimas.

Una voz interrumpió mi ensueño:

—Hola, Bill. Soy Susan Mitchell.

Estaba confundido y desorientado, como se siente uno cuando el mundo externo es completamente discontinuo en relación con el mundo interior. Pero, desde luego, que la recordaba. Habíamos trabajado juntos en un proyecto hacía casi diez años. Sí, sí, claro que la recordaba.

Me contó que había oído que mi mujer había fallecido y que lo sentía mucho. Respondí algo. Dijo algo. Estuvimos de acuerdo en que era reconfortante encontrarnos de ese modo. Desde hacía poco tiempo ella vivía en Mill Valley.

Tenía un aspecto espléndido. Era muy simpática y agradable. Una amplia sonrisa.

—¿Cómo lo llevas, Bill?

—Bien, creo. Voy tirando. Gracias por preguntar.

—Si algún día quieres, simplemente, charlar, tomar un café con alguien o algo así, llámame.

—Gracias. Lo recordaré. Gracias.

Expresamos que era curioso que ambos compráramos en el mismo mercado y que no nos hubiéramos cruzado ningún día. Asombroso. Pero, ahora, quizá cruzaríamos de nuevo nuestros caminos. Nos despedimos.

—Ha sido agradable volvernos a ver.

Y entonces ella se marchó. Y yo me quedé probando de imaginar qué debería haber dicho.

Me sentí como Parsifal, el caballero del mito del Santo Grial, a quien le habían contado que encontraría el castillo del Grial y que cuando finalmente viera el anhelado Santo Grial, debía preguntar: «¿Quién es el Grial?» Así que allí estaba, sentado en el comedor del castillo, cuando de repente se introdujo el Santo Grial en la sala y avanzó lentamente hacia él. ¿Y su pregunta? Estaba demasiado asombrado como para hablar.

Estaba tan cerca que podía tocar lo que había pasado tantos años buscando. Y su mente se quedó en blanco; se quedó sin habla. Cuando se acordó de la pregunta mágica que se suponía que tenía que plantear, el Grial había sido sacado de la estancia y él tuvo que empezar su larguísima búsqueda de nuevo. Yo era peor que Parsifal, si cabe, ya que hasta que no se marchó no pude pensar qué debería haber dicho.

Decidí llamarla, pero no había ninguna «Mitchell, *Susan*» en el listín telefónico; sólo «Mitchell, S.» y había varias. Dejé de lado el listín. Más tarde, lo volví a sacar y revisar; *todavía* no había ninguna Susan Mitchell. Elegí una *Mitchell, S* al azar y marqué el número. Estaba aterrado. Tenía la mano tan sudada que me costaba sostener el teléfono. Un timbre. Otro. Luego saltó un contestador automático. No podía asegurar si era la voz de Susan o no, de modo que solté un relato superdetallado y totalmente irrelevante de por qué no sabía si esa era *Susan* o no. Pero si lo era, pues que me había propuesto que la llamara para quedar y charlar un rato. Y eso hacía. Quería charlar, así era. Entonces. Entonces, ¿podíamos quedar para tomar un café? ¿En el Book Depot Café? ¿Para tomar un café? Podríamos charlar. ¿Qué le parecía al día siguiente por la tarde?

Colgué, tranquilo por lo que había hecho, pero avergonzado de lo inepto que había sido y de lo estúpido que habría parecido. Llamé a otra *Mitchell, S.* y repetí toda la rutina anterior antes de darme cuenta de que la voz del contestador automático me había parecido la misma que en el número previo. Pasé por la experiencia, pero odiaba lo asustado que me sentía. Bueno, estaba desentrenado. Había estado al margen de ese ejercicio durante décadas. Lo que me recordaba lo mayor que era. Ella era mucho más joven, quince años, como mínimo. Me preguntaba si daba la imagen de viejo titubeante. Me sentía avergonzado y miserable. Y anciano.

Me devolvió la llamada en pocas horas. Ambos números eran suyos —el de casa y el del trabajo—, de modo que había oído mi invitación por duplicado. Antes de que tuviera la oportunidad de pensar en lo horrible que habría sido escuchar las dos en vez de una, me contestó que estaría en el Book Depot Café al día siguiente a las cuatro. Respondí que perfecto. Colgamos. Me juré que mejoraría mis habilidades telefónicas —mis habilidades sociales, de hecho—, ya que era probable que intentara cosas como esa más a menudo. Y no podía contar con que la siguiente mujer fuera una vieja amiga que me divisara en el mercado. No podía esperarse que un rayo cayera dos veces sobre el mismo lugar. Tenía que encontrar otras formas de conocer a gente.

• • •

Hablar contigo me parece un refugio.

EMILY DICKINSON (carta)

Había mucha gente en la cafetería y estábamos apretujados en una mesita redonda entre dos grupos numerosos de personas. Para empezar y con el fin de ponernos al día de lo que habíamos estado haciendo en los diez años posteriores a nuestra última charla, cada uno resumió su vida más reciente. Los resúmenes se convierten imperceptiblemente en historias de una vida y, en poco rato, estábamos comparando impresiones sobre qué se sentía al estar vivo. La charla se fue alargando, tomando giros inesperados y maravillosos. De repente, se hicieron las cinco y media y tenía que marcharse. Nos levantamos, chocamos y nos pusimos a reír. Después, le di un abrazo. Y la besé.

Un perturbado, un violador anda suelto. Me miró sobresaltada aunque sonrió. Acordamos que volveríamos a quedar. (*Tendría* que mejorar mis habilidades sociales. No podía contar con que mi siguiente cita fuera una mujer tan tolerante.) Salí de la cafetería sintiéndome más feliz de lo que me había sentido en mucho tiempo. Habíamos conversado con mucha libertad. Había sido muy interesante.

Quería llamarla inmediatamente y fijar otra cita, pero me contuve durante la noche. Más adelante, la llamé y le comenté que me gustaría llevarla a cenar. Quedamos para el sábado siguiente. Nos encontraríamos en el restaurante. (No se me ocurrió que podría ser su modo de asegurarse de que tenía la libertad de disponer de su propio coche, en el supuesto de que resultara ser tan inepto como había parecido.) La semana pasó volando. Estaba nervioso, aunque emocionado y esperanzado.

La cena fue un desastre. De hecho, la cena estuvo bien. *Yo* fui el desastre. La conversación no fluía como en la cafetería. Buscaba temas de los que tratar. Más adelante me reveló que prácticamente se había convencido esa noche de que no estaba preparado para otra relación. Todo el trabajo de establecer conexiones con una nueva persona me hacía sentir tan incómodo que simplemente no sabía qué decir. Después de despedirla en su coche, decidí que había destrozado cualquier oportunidad que hubiéramos tenido.

Pero, entonces, al día siguiente, allí estaba yo, llamándola de nuevo. Eso de las llamadas se estaba volviendo sencillo. Durante la cena de la noche anterior habíamos descubierto que a los dos nos gustaba caminar. A medida que la cena se deslizaba incómodamente hacia el abismo comentamos que sería agradable practicar alguna actividad juntos algún día; es decir, no sólo sentarnos y hablar de lo difícil que era conversar. Por eso, la llamé y le sugerí que fuéramos a caminar el fin de semana siguiente. Se detuvo de un modo perceptible antes de contestar, pero luego en un tono de voz de «por qué no», respondió: «Está bien, sería divertido.» Y así es como paseamos por el Dipsea Trail, por encima del monte Tamalpais hacia el océano, hacia Stinson Beach.

Superada la intensidad de estar juntos, la caminata resultó ser una magnífica idea. Nos volvimos a relajar. Aprendimos más cosas uno del otro. Me enteré de que había estado a punto de casarse un par de años antes y que los planes se habían roto dolorosamente. Le conté lo duro que había sido afrontar el hecho de que Mondi iba a morir. Era obvio que ambos estábamos preocupados por si ya estábamos preparados para otra relación.

Después de la parte descendente de la excursión, almorzamos muy bien en un pequeño restaurante en Stinson Beach y luego volvimos a subir por la montaña hasta donde había dejado mi coche. Cuando llevábamos tres cuartas partes del camino de subida hacia la zona del aparcamiento, empecé a notar un extraño sentimiento de familiaridad con el área que estábamos atravesando. Entonces, de repente, cruzamos una pequeña vereda y me di cuenta de que a cien metros de ese lugar era donde había esparcido las cenizas de Mondi. Nunca antes había accedido a la zona desde abajo, por lo que no había reconocido dónde me encontraba. ¿Qué significaba esa coincidencia? ¿Mondi me estaba vigilando? ¿Qué pensaba ella de que estuviera con otra mujer, o de mi ineptitud?

• • •

El mundo teme una nueva experiencia más que le teme a nada. Porque una nueva experiencia reemplaza a tantas experiencias antiguas... El mundo no teme una nueva idea. Puede encasillar cualquier idea. Pero no puede encasillar una nueva experiencia verdadera.

D. H. LAWRENCE

Durante los días siguientes, Susan y yo nos vimos mucho e, igual de inesperadamente que había empezado, nuestra relación adoptó una vida propia. Dejamos de hablar de una forma cuya descarada intención era conocernos uno al otro y empezamos a pasárnoslo bien, simplemente. Sin referirnos a ello, comenzamos a suponer después de cada vez que nos encontrábamos que pronto habría otra cita. Empecé a explicar a los demás que estaba saliendo con alguien, aunque no estoy seguro de que sonara como si tuviera varias citas, de vez en cuando, con varias personas distintas. Mis tres hijas parecieron ambivalentes al oír mi nueva actividad, pero dijeron que estaban encantadas. La madre de Susan fue a visitarla y ésta la llevó a mi casa para que nos saludáramos.

En Navidades se marchó a pasar las vacaciones con unos amigos, mientras que yo organicé una gran cena familiar para mis hijas y sus familias. Pero en diferentes momentos de esa semana de vacaciones, me las arreglé para que cada una la conociera. Anne se mostró práctica, pero pareció ligeramente positiva. Sarah estuvo muy interesada y pasó un rato haciéndole preguntas. Margaret fue educada, pero resultaba evidente que se sentía incómoda con el giro de los acontecimientos. Después, Margaret me confesó que era muy duro para ella verme con otra persona que no fuera su madre. Le recordé que simplemente estábamos saliendo; no me iba a casar. Respondió que eso ya lo sabía, pero que seguía siendo difícil.

Durante ese invierno, Susan y yo pasamos mucho tiempo juntos. Salíamos cada fin de semana. Durante la semana, por la noche, a veces alguno de nosotros preparaba una cena para el otro después de un largo día de trabajo. En mi casa nos acomodábamos en poltronas delante de la chimenea del comedor y comíamos en bandejas, mientras que en la suya, cenábamos a la luz de las velas en la mesa del rincón del comedor. Fuimos a conciertos. Pasamos un fin de semana en Big Sun. Y charlamos, y charlamos.

Una noche hablábamos por teléfono, justo antes de irnos a dormir, cuando sin previo aviso empecé a tiritar. Estaba tumbado en la cama, de modo que amontoné las mantas a mi alrededor y esperé que se me pasara. Finalmente, le comenté lo que me estaba ocurriendo.

—Creo que tu voz suena temblorosa —afirmó—. ¿No te estarás poniendo enfermo?

—No —intenté cargarme de valor para decir lo que creía que me estaba pasando—. Creo que estoy asustado —solté. Al verbalizarlo, supe que era cierto.

—¿De qué? —preguntó.

Le contesté que no lo sabía. Pero sí que lo sabía. Tenía miedo de lo rápido que la nueva vida que había imaginado estaba formándose. Me sentía como si sólo hubiera pretendido explorar un nuevo camino durante un trocito, yendo lo suficientemente lejos como para comprobar qué se sentía al estar con una nueva persona después de tantos años. Pero «un trocito» estaba resultando ser cada vez más lejos y, en ese instante, me sentía como si no hubiera vuelta atrás. Estaba empezando a amar a esa mujer de verdad. Me cautivaba su sentido del humor, su inteligencia, su belleza y su dulzura.

Pero había un par de problemas, y cuanto más atraído me sentía hacia ella, más preocupado estaba. Uno era el tiempo. Subjetivamente, parecía como si hubiera pasado una eternidad desde la muerte de Mondi, pero, en realidad, no había transcurrido ni un año. Lo sabía todo sobre lo importante que era dejar correr suficiente tiempo para lograr un final verdadero y pasar por la zona neutral. Hasta había escrito que las personas que no lo hacen suelen abortar la transición en la que se encuentran. En el mejor de los casos, tienen que renunciar a todo de nuevo; en el peor, desarreglan sus vidas (y las de sus parejas) tristemente. Pero *cuánto* era «suficiente tiempo» no lo sabía. No podía dejar de oír en mi mente la frase: «No tomes decisiones vitales durante un año.» Eso parecía arbitrario, pero buscaba desesperadamente unas directrices. «No, durante un año» era mejor que nada.

El segundo problema era la diferencia de edad. Yo era dieciocho años mayor que ella. Yo iba a la universidad cuando ella nació. De nuevo, deseaba que hubiera algunas pautas que seguir, aunque sospechaba que si las hubiera, habría estado por encima del límite. Fue una señal de lo rápido que nuestra relación se estaba consolidando el hecho de que abordáramos la cuestión de la edad muy al principio. Estuvimos de acuerdo en que era una diferencia considerable, pero decidimos no intentar sacar conclusiones finales en ese momento, sino continuar explorando lo que teníamos. Descubrimos que a pesar de nuestra diferencia de edad, era asombroso lo similares que eran nuestros intereses, puntos de vista y gustos. Seguimos buscando problemas, pero no surgieron.

En primavera, esas dos cuestiones volvieron a perseguirnos, aunque continuamos intimando. Pasamos un fin de semana juntos en una casa alquilada en Sea Ranch, un trozo de costa precioso a tres horas al norte de San Francisco. Desde nuestra habitación, por encima de un campo lleno de lirios silvestres, observábamos las praderas que se extendían hasta el borde de la tierra donde las olas chocaban con el acantilado. Con las ventanas abiertas podíamos oír las olas y el trino de los halcones en lo alto. Estábamos tumbados imaginando cómo podría llegar a ser nuestro futuro.

No lo verbalizamos, salvo indirectamente, pero estaba claro que queríamos vivir nuestras vidas juntos; un hecho que nos cogió por sorpresa a ambos. El fracaso de sus planes matrimoniales, acaecido hacía menos de dos años, la había llevado al extremo de decidir que iba a vivir el resto de su vida como soltera. Eso era irónico, porque en mi viaje a través de las veredas de Gales había pasado horas aceptando mi soledad y hasta llegué a sentir una especie de descanso al darme cuenta de que no tendría que negociarlo todo con otra persona nunca más.

Esa noche salimos a cenar a un restaurante en lo alto del acantilado, al norte de Sea Ranch, que daba a una cala honda. Mientras esperábamos nuestra mesa nos sentamos en unas sillas sobre el césped, en el borde del acantilado, y sólo hablamos ocasionalmente y observamos cómo el sol se escondía detrás de la neblina que se acumulaba a lo largo del horizonte. Algo había ocurrido. Habíamos cruzado, inconscientes, la barrera entre posibilidad y certeza. Y esa noche, mientras estábamos tumbados en la cama escuchando cómo rompían las olas, ambos supimos que a pesar de que no emprenderíamos ninguna acción basada en nuestra decisión hasta que hubiera pasado el año (las directrices iban a sufrir una modificación), *íbamos a permanecer unidos definitivamente.*

• • •

No hay señales en el mar.

VITA SACKVILLE-WEST

La noche siguiente me desperté pasada medianoche. Incluso antes de estar completamente despierto, supe que estaba volviéndome a preocupar por si era sensato, o no, hacer lo que ya había decidido mi corazón. ¿Cómo podía parecer tan correcto algo que rompía todas las normas? Había sido educado para estudiar detenidamente las cosas, para sopesar todos los indicios y no para ser precipitado. Había pasado toda mi vida siendo prudente y racional. Había sido criado para no hacer nada que no pudiera justificar a través del sentido común. Había pasado toda mi vida reuniendo los argumentos para justificar mi comportamiento, como si vivir fuera algún tipo de extensión de un concurso de debates. Había sido educado para *decidir*, pero en ese momento, había llegado a un punto de mi vida en el que tenía que *elegir*.

Las decisiones se toman en base a los indicios y la lógica, pero las elecciones siempre son un acto de voluntad.[5] Muchas actividades importantes mejoran según las decisiones, pero la vida en sí misma está formada por elecciones. Las decisiones empiezan con datos externos, respecto a los cuales el decisor intenta valorar los pros y contras y obtiene un plan de actuación. Las decisiones puede ser tomadas por cualquiera, y todo el mundo (aplicando las mismas aportaciones y lógica) llegará a conclusiones similares. Pero las elecciones son exclusivas e idiosincrásicas. Eso las hace humanas. Empiezan con (y expresan) quiénes somos. Las decisiones tienen muchas formas posibles, pero las elecciones sólo tienen dos: *sí* y *no*.

Después de decidir hay que transmitir la emoción de la motivación para alentarse a uno mismo a obrar de acuerdo con lo que ha decidido. Pero con una elección, el acto de elegir empieza a poner las cosas en marcha. Las decisiones le dejan a uno en la periferia. («¿Quién decidió eso?», grita el jefe, y alguien de entre el grupo parece culpable.) Las elecciones le colocan (al elector) en el centro de la imagen; son automotivantes y por lo general, conducen a un compromiso.

Fue una elección dejar la docencia y entrar en la comunidad en 1974. Fue una elección quedarme con Mondi durante el doloroso descubrimiento de su infidelidad. Y era una elección, en ese momento, comprometerme con

Susan. Con las decisiones, uno puede evaluar la cantidad de riesgo que está tomando. Con las elecciones no se pueden sopesar las probabilidades. No existen las probabilidades, porque no se puede lanzar la moneda centenares de veces para calcularlas. Existe una única vida, consecuentemente existe una única cara de la moneda. No hay ni un segundo intento. No se puede hablar sobre tomar un camino correcto, porque *correcto* implica *correcto* versus *equivocado*, y eso son dos, y no podemos volver sobre nuestros pasos y probar el otro para ver si es mejor. Cuando se elige, existe sólo el camino que *se decide* tomar y la vida que esa elección crea para usted.

Había aprendido a tomar decisiones prudentes de mi madre. En ese instante, vivir una vida basada en elecciones me parecía tan peligroso como ella solía hacerme creer que era. Como quería tanto a sus dos hijos nos transmitió la lección que la vida le había enseñado: que *no se puede ser muy cuidadoso*. La creí durante más de sesenta años. Viví mi vida prudentemente, evitando el riesgo siempre que podía. Pero, en ese momento, estaba al final de mi programación, descendiendo por un camino que ni siquiera estaba en su mapa.

Cuando me di cuenta de eso empecé a tranquilizarme. No era que mi reconocimiento hiciera menos serio el tema; simplemente que no era estúpido, ni irreflexivo, ni irresponsable por no ser capaz de imaginármelo todo con antelación. De acuerdo, pensé, viviré a partir de una elección. Hacerlo representa vivir *arriesgadamente*.

Me imaginé de pie, en el mismo borde de un alto acantilado, inclinándome hacia adelante con los brazos extendidos, sintiendo cómo la corriente del aire me levantaba como a un saltador de esquí... luego, apoyándome y cayendo lentamente en la corriente del aire, hasta que los pies se desprendían de la tierra y me deslizaba por el cielo camino del horizonte. Sentí un ansia de libertad. Estaba viviendo mi vida con el corazón. Era mi elección. Era mi vida.

• • •

Empecé a hacerme una idea de mi vida, no cuando la lenta forma de los éxitos encajó con mis objetivos preconcebidos, sino con el descubrimiento gradual y el crecimiento de un objetivo que no conocía.

JOHANNA FIELD

Decidimos casarnos al invierno siguiente, y cuando comenzamos a planificar el acontecimiento volvimos a encontrarnos con el mundo de las decisiones: dónde celebraríamos el acto, a quién invitaríamos, qué tipo de música pondríamos, qué tipo de comida serviríamos. Era extraño. Los meses posteriores estuvieron repletos de actividad, pero parecieron relativamente tranquilos. Los meses anteriores a que hiciéramos nuestra elección habían sido aparentemente bastante normales; pero parecieron enormemente movidos. No son los acontecimientos lo que hace que un período de su vida sea de transición. Es la intensidad de los cambios internos que ocurren, los giros internos que posiblemente no llegará a reconocer hasta que pueda retroceder y contemplar que, en ese punto, sus pasos torcieron hacia una nueva dirección.

La zona neutral es, como se explica en las historias para niños, donde se encuentra el *tesoro*. Pero no puede salir a buscarlo, a menos que pueda decidir realizar un final y dejar su antigua vida detrás suyo. Y *encontrar* el tesoro no es el verbo adecuado, ya que no topa con lo que está buscando, como una estatua escondida en la vegetación de un jardín. Es más bien como una pieza de música que escucha, al principio sólo unas notas distantes, pero luego lo suficiente como para captar la melodía.

O a lo mejor es el artista. En ese caso, la nueva vida que esté creando no se crea o se esculpe de un bloque de piedra, trozo a trozo. Es más bien como una pieza de música que está componiendo a medida que avanza. Vivir creativamente en la zona neutral implica improvisar, encontrar el camino a través de pruebas y errores. Pero «componer» una pieza de música es una metáfora muy activa, porque en la zona neutral suele haber poco que hacer, salvo esperar atentamente mientras el extremo de la nueva vida empieza a aparecer, levantándose de las tinieblas de su vista como algo grande y extraño, emergiendo a la superficie de un estanque.

• • •

El empleo verdadero de la imaginación es descifrar el presente bajo sus numerosas incoherencias y las anomalías del lenguaje... En cuanto al futuro, su trabajo es no preverlo, sino permitirlo. Toda creación verdadera no es una preopinión del futuro,... sino el entendimiento de un nuevo aspecto del presente, que es un montón de materias primas legadas por el pasado... Por tanto, deje que el futuro se despliegue por sí solo cuando quiera, como un árbol que hace brotar sus ramas una a una. Desde un momento presente hasta otro el árbol crecerá, y cuando sus días están contados deja de vivir. No tiene escrúpulos.

ANTOINE DE SAINT-EXUPÉRY

Mi viaje a través de la zona neutral fue como mis visitas previas a ese lugar, aunque había tanto en juego en esa ocasión que no dejaba de verme tentado a echar mano de consejos. Aunque cada vez que empezaba a hacerlo percibía que ello era el *camino* que estaba intentando evitar. En parte, nunca antes me había atrevido a ir adonde la vida me llevó. Contemplaba todo lo que me encontraba como si hubiera estado preparado para mí como parte del nuevo recorrido en el que estaba inmerso en ese instante: «Encontrar una nueva vida.»

Lo hice *a mi manera*, no en el sentido de la vieja balada de Sinatra, que es *mi* manera como lo contrario a la manera de *todos los demás*. Lo hice a mi manera, en el sentido de observar todo como algo potencialmente significativo, en el sentido de imaginar que cualquier cosa que acaecía era un mensaje dejado especialmente para mí. Y lo hice a mi manera, en vez de resolver o planificar qué tendría que hacer.

Al salir de esa zona neutral, había hecho lo mismo en relación con mi trabajo. Mi elección, en ese caso, fue este libro, y eso representa un alejamiento intimidante de la atención en las empresas que me había hecho triunfar. Una voz en el interior de la cabeza me repite: «¿Y qué? ¿Vas a alejarte de las empresas que te pagarán cinco veces más que las personas con las que trabajarás? ¿Y en qué basas esa opción? Algún interés pasajero, seguramente.» No, le contesto. Es el futuro, *mi* futuro, y acabo de vislumbrarlo.

Así pues, descubrí que el futuro es parte del presente, como uno de esos puzzles infantiles en los que objetos extraños se esconden en los detalles diarios del dibujo: un cisne cruza las cortinas del comedor, un avión desciende en picado en el amplio sombrero de una mujer, etc. Lo esencial es no precipitarse y resolver las cosas, sino limitarse a centrarse uno mismo y esperar atentamente.

En realidad, no tenemos esa tradición en nuestra cultura —tampoco sabemos apreciar la importancia de la zona neutral—, pero la siguiente descripción de ese estado es la que me pareció más útil cuando me encontré en el centro de mi propia zona neutral. El escritor es un alemán que se pasó toda la vida estudiando tradiciones espirituales japonesas, y en el pasaje siguiente describe la tendencia japonesa de usar un momento tranquilo (o un descanso) para autoconcentrarse antes de enfrentarse a una situación nueva o difícil:

> No van allí para «meditar» sobre sus propios problemas, sino para rodearse de la fuente de la vida, cuya fluidez desprende a un problema de su complejidad y permite que [una persona] se sirva de sus propios poderes en perfecta libertad.[6]

Esta es la espiritualidad a la que accedemos en la zona neutral: la fuente de la vida, que también es el aspecto creativo de la zona neutral.

• • •

> *Vivir es una forma de no estar seguro, de no saber qué pasará a continuación ni cómo. En el momento en que lo sepa, empezará a morir un poco.*
>
> Agnes de Mille

Cuando recuerdo la experiencia en la zona neutral que acabo de describir, pienso: «Esa resultó ser maravillosa, pero no podrías volver a hacerlo si lo intentaras. Ni siquiera sabes qué hiciste, por el amor de Dios.» Me da vergüenza afirmar que si mi vida actual fuera a desmoronarse, sospecho que volvería atrás para intentar descubrir qué hacer (cómo hacerlo... cómo hacerlo) para volver a empezar. *¡Soy un aprendiz muy lento!* Cuando tenga noventa años seguiré descubriendo, como si fuera la primera vez, que el camino de la transición implica, simplemente, seguir el propio recorrido, dejando cosas cuando llegue el momento, estando abierto a la zona neutral cuando eso sea lo que tenga que hacer, y aceptando la nueva forma cuando surja de entre las tinieblas del presente.

10

Transición y vejez

Nunca he disfrutado de la juventud con tanta intensidad como en la vejez... Nada es inherentemente e invenciblemente joven, excepto el espíritu. Y el espíritu puede entrar en un ser humano quizá mejor en la tranquilidad de la vejez y morar allí sin molestia alguna, que en el caos de la aventura.

GEORGE SANTAYANA

Cuando tenía nueve años, mi padre me compró una copia del *World Almanac* anual. El libro era un compendio de información y conocimiento que se extendía, en ese momento, a lo largo de ochocientas páginas y abarcaba casi todos los temas que alguien que escribiera un informe para la escuela primaria podría llegar a necesitar saber. Está claro que no me aportaba cosas que realmente quisiera saber, como: En qué consiste la vida, Quién sería algún día y Cómo gustar a los demás. Pero sus listas de montañas más altas (por continente), inventos útiles (fechas e inventores), ciudades de más de un millón de habitantes —había muchas menos en aquella época—, campeones de la liga de béisbol y la esperanza de vida (por sexo y edad), eran maravillosamente tranquilizadoras para un joven curioso que quería entender el mundo.

Algo que leí el otro día hizo recordarme esas tablas de esperanza de vida. Todavía me acuerdo de que mostraban que un hombre de mi grupo de edad podía esperar vivir sesenta y tres años. Eso me parecía bien porque mi tío Billy, mi tío abuelo del que recibí el nombre, había muerto un año antes de los sesenta y tres. Aunque sabía que algunas personas vivían más años y aunque tenía un conocimiento vago de «promedios», tenía en mente que los hombres tenían algún tipo de reloj interno que se detenía a los sesenta y tres. Cuando uno tiene nueve años, sesenta y tres queda tan lejos como otra galaxia, de modo que acepté las noticias impersonalmente, como la longitud del Amazonas y el pez más grande pescado nunca con caña de pescar.

Había muchos motivos por los cuales enamorarme de Susan a los sesenta y tres años me sorprendió, pero ni mucho menos porque en algún nivel de memoria o expectativas estuviera muy seguro de que estaría muerto a esa edad. Del mismo modo que el Everest era la montaña más alta y que el jugador de béisbol Ted Williams batió los 0,406 en 1941, los hombres morían a los sesenta y tres años. Eso decía el *World Almanac*.

Excepto mi padre, por supuesto. Falleció a los *cincuenta* y tres, en lo que los papeles denominaron un «accidente en barca». Eso lo hizo parecer un poco más glamouroso de lo que fue, ya que lo que realmente sucedió fue que cogió un bote viejo que estaba tan deteriorado que iba a ser convertido en un macetero para petunias, e intentó levantarse sobre él en medio de la bahía Passamaquoddy, de Maine, donde las corrientes de la marea corrían lo bastante rápido en algunos puntos como para crear rápidos de aguas bravas. Aunque no era muy peligroso, él estaba completamente borracho en ese momento. Se cayó. El agua del océano en Maine está muy fría y su artritis limitaba su movilidad, de modo que lo más probable es que muriera bastante rápido. El cuerpo nunca fue recuperado. No dejó ninguna nota, pero como estaba muy deprimido en esa época y como le había dicho a mi tío que «probablemente no regresaría» de su visita al norte de Maine, a menos que lograra controlar su alcoholismo, siempre entendí su muerte como un suicidio.

Por eso he tenido mis propias razones para considerar los años posteriores a los cincuenta como problemáticos, aunque no soy el único que lo pienso. Se suele afirmar que nuestra sociedad occidental es ingrata en relación con hacerse mayor. Nuestros mayores no son respetados, como lo son en culturas más tradicionales, porque hemos tenido una cultura orientada hacia la juventud durante un par de siglos. Efectivamente, ese hecho tiene una especie de sentido social, a pesar de que suele tratarse como si formara parte de una conspiración desacertada e inexplicable contra la gente mayor. Los enormes y rápidos avances científicos y técnicos (que, irónicamente, han prolongado el promedio de vida unos quince años desde que yo tenía nueve años) implican que son las personas jóvenes, y con más formación, las que comprenden qué está ocurriendo hoy en día. En un sentido práctico, son más valiosos para la sociedad que las personas mayores, y las sociedades tienen una manera de favorecer sus activos valiosos.

En una sociedad en la que el conocimiento más importante es la inalterable sabiduría de ubicaciones geográficas especiales, patrones típicos de conducta animal, los tiempos de maduración de las plantas alimenticias, remedios botánicos y los indicios de cambios en el clima, las personas mayores son minas de conocimiento que no tienen precio. Ese tipo de conocimiento no es algo que uno acumula rápidamente. Se consigue únicamente viendo esas cosas como ocurren una y otra vez a través de los años, durante los cuales se pueden escudriñar todas las irrelevancias e identificar el centro del conocimiento esencial.

Además de esa sabiduría, vivir mucho tiempo proporciona otro tipo de conocimiento que también era muy importante en las sociedades tradicionales. Como han crecido y envejecido en una sociedad que reconocía y celebraba las fases del año y las etapas de una vida, los miembros más mayores de ese tipo de sociedad han experimentado rituales que llevaban a cabo el modelo de tres fases de final, zona neutral y reinicio muchas veces. En las ceremonias celebradas en los momentos decisivos estacionales del año, o en la muerte de un gobernante y el ascenso de otro, su atención se había centrado repetidamente en esas tres etapas transitorias.

A nuestros propios mayores no sólo les falta el conocimiento práctico, socialmente útil, que tenían los ancianos del pasado. También carecen de la familiaridad y la comprensión de la transición que esas personas mayores tenían, porque han envejecido sin experimentar conscientemente transiciones significativas. Sus vidas han estado repletas de cambio, evidentemente. Pero nuestra sociedad no les ha preparado para deshacerse de una vida antigua y construir una nueva. Eso también tiene cierto sentido, porque, en términos prácticos, la idea mecánica de cambio ha tenido un valor más utilitario que el que ofrece el concepto más orgánico de transición.

La concentración en el cambio nos ha proporcionado el poder de reconstruir el mundo, pero también ha comportado que nuestra sociedad no haya desarrollado formas comparablemente eficaces para afrontar las dimensiones humanas del cambio. Nuestra sociedad, por eso, ha timado tanto a los ancianos como a sí misma, ya que toda sociedad necesita haber reconocido formas (con ejemplares vivos) de cómo renovarse a sí misma a nivel individual. Necesitamos modelos de cómo rellenar nuestras vidas periódicamente, de modo que no se limiten a debilitarse y desaparecer, como lo hacen las vidas de tantas personas mayores de nuestra cultura. Al haber olvidado la transición del modo que lo ha hecho nuestra sociedad, no es sorprendente que carezcamos de personas mayores que nos sirvan de guías y asesores en los momentos críticos de nuestra vida.

La mayoría de esfuerzos actuales para reafirmar el valor societal y personal de la edad y de la vejez se están evaporando en el aire, ya que esos esfuerzos no se basan en ningún terreno en el que los mayores tengan una ventaja real sobre los jóvenes. Para establecer el valor para nuestra sociedad de sus ancianos, deben ser presentados como poseedores de algo que la sociedad necesite. En este punto es donde la transición representa algo que tiene tanto valores personales como societales, ya que es la dinámica a través de la cual las personas crean y obtienen un acceso al mundo de lo sagrado. Si las personas pueden reconocer eso cuando envejecen, no sólo creerán que sus vidas son más representativas, sino que además se convertirán en el recurso para los jóvenes que han dejado de ser.

• • •

Para entender las cosas debemos haber estado una vez en ellas y luego haber salido; de modo que la primera ocasión debe ser cautividad y luego liberación, ilusión seguida de desilusión, entusiasmo seguido de decepción. El que sigue hechizado y el que nunca lo estuvo son igual de incompetentes.

AMIEL

Al seguir el ejemplo de la maquinaria y los datos que dominan nuestro mundo, solemos entender el conocimiento como algo que se acumula, poco a poco, con el tiempo. Se empieza con un poco y, luego, gradualmente se va consiguiendo cada vez más. Es como las posesiones: se amontonan con el tiempo. Pero la acumulación pasiva no es la forma en que uno aprende las cosas más trascendentales que sabe sobre el mundo. La forma cómo lo consigue es mucho más parecida a la que

Amiel describe en la cita anterior. Primero es sumergido en el conocimiento, luego se distancia de él (y hasta llega a negarlo), y luego retorna a una nueva relación con él.

Ese es el tipo de conocimiento al que conduce la experiencia de la transición. Primero sabe, luego deja lo que sabía, o creía que sabía, porque el proceso de desencanto hace que la «realidad» antigua parezca muy irreal. Después, durante la fase transitoria de la zona neutral, deja de experimentar la vieja realidad y es posible que sienta que le falta una realidad en ese momento o que su realidad es confusa o alocada. Pero ese estado también pasa y vuelve a la vida de nuevo. Aunque no es la misma vida; es una vida renovada, transformada. Como el Kansas en color al que regresó Dorothy, que era en blanco y negro cuando se marchó.

La única forma a través de la cual se adquiere ese tipo de conocimiento —que se denomina «sabiduría» para distinguirlo del que se adquiere de la forma ordinaria— es tras haber experimentado una transición vital profunda, o si no, tras haber experimentado numerosas transiciones durante el proceso del envejecimiento. Sólo después de que lo haya hecho logrará ver el viejo mundo con una mirada transformada y entenderlo completamente. Arthur Shopenhauer hablaba irónicamente, aunque con precisión, cuando expresó que una persona «que ve dos o tres generaciones es como una que se sienta en la caseta del mago en una feria y observa los trucos dos o tres veces. Están pensados para verse sólo una vez».[1] La realidad de una única perspectiva es lo que numerosas tradiciones espirituales han llamado el mundo de la ilusión, aunque su simplicidad hace que sea una perspectiva apropiada para los jovencitos.

Nuestra sociedad no es muy sensible al conocimiento que proviene de ver los trucos repetidamente, ya que se crea con el tiempo por una relación dinámica y madura entre el conocedor y lo conocido, en lugar de limitarse a estar *allí* para ser adquirido como el conocimiento racionalista. ¿No hacemos caso de ese conocimiento porque no llegamos a apreciar la importancia del proceso de transición, o no llegamos a entender el proceso de transición porque hemos olvidado la relevancia de ese tipo de conocimiento? No lo sé. Pero sí que sé que las dos dificultades armonizan.

Sé que evitamos los finales siempre que podemos y que obviamos siempre que podemos el vacío de la zona neutral. Los finales nos parecen fracasos y, a un nivel más profundo, nos despiertan el temor por la muerte. Por consiguiente, nos servimos del ajetreo, la estructura y estatus del trabajo y de la vida familiar para apartarnos de la vista los finales. Únicamente cuando la vida provoca que la muerte sea un hecho ineludible, la mayoría de personas supera esta aversión, pero, para entonces, la resonancia de ese gran evento es tan grandiosa que las pequeñas muertes de los finales suelen ahogarse en la fuerte música de la escena final.

Todos esos momentos de transición en la vida de una persona tradicional fueron tratados como sesiones prácticas para el último final con el que se encontrarían al término. La muerte es una experiencia chocante, nueva, en nuestra sociedad. No es extraño que usemos lo que anteriormente denominé «la falacia aditiva» para evitar los finales; creemos al hacerlo que si no dejamos de sumar y sumar a lo que tenemos, terminaremos con algo nuevo y evitaremos la necesidad de afrontar finales.

Pero no son sólo los finales lo que nos asusta. La soledad y el vacío que suelen sentirse en la zona neutral son tan terribles para muchas personas modernas como los finales, ya que vuelven a despertar en nosotros todos nuestros miedos infantiles de abandonamiento. Y como la mayor parte de personas modernas ha dejado de conocer bien el mundo natural, la idea de que necesitamos un tiempo en barbecho o un tiempo de gestación ha dejado de ser natural para nosotros. Siempre que no podemos percibir que algo está ocurriendo —y, por lo general, uno no puede hacerlo en la zona neutral— dudamos de que algo pueda estar pasando «realmente». Y el caos, el estado de energía pura que es vivido, bien como un revoltijo, o bien, como un tiempo de vacío, nos hace sentir descontrolados y un poco locos.

No logramos entender que los nuevos comienzos reales, el tipo que revitaliza e inaugura un nuevo orden de cosas, surgen de esa zona neutral caótica. En lugar de eso, intentamos llevar a cabo un comienzo renovado por un acto de voluntad, preparando un plan que organice toda una secuencia de acciones que emprenderemos para transformarnos nosotros mismos y nuestros mundos. Cuando los planes no funcionan como esperábamos, negamos con la cabeza tristemente y concluimos que, o bien los propios planes eran defectuosos, o bien, hubo un problema con cómo fueron implementados. La idea de que fracasamos porque intentamos lograr que un *cambio* hiciera el trabajo de una *transición* no se nos ocurre.

No son sólo las personas las que hacen eso. Las empresas y organismos gubernamentales se reorganizan, se fusionan, establecen cambios culturales y luego se preguntan por qué las personas no pueden pasar por el caos transitorio siguiente. Pagan a consultores para que les ayuden a «prever» un nuevo futuro para sí mismos y, después, anuncian grandes cambios, como si todo lo que los demás tuvieran que hacer para experimentarlos con éxito fuera comprender cuál será el resultado y por qué es necesario. La mayoría de empresas no tienen ni idea de que esa renovación verdadera requiere un final consciente de cómo solían ser las cosas.[2] Piense en la cantidad de elogios y recompensas que reciben las personas en el mundo empresarial por realizar los nuevos comienzos más dudosos, en comparación con los que reciben por llevar a cabo finales absolutamente esenciales.

Aunque se habla mucho de lo difícil que es cambiar, es la transición lo que es realmente difícil. De hecho, es habitual que tanto las empresas como las personas se apoyen en los cambios para evitar las transiciones que transformarían verdaderamente sus existencias.

- Las personas salen de una relación, en lugar de abandonar el *enfoque* de las relaciones que las hizo fracasar y ser insatisfactorias en el pasado, y continuará causándolo en el futuro.
- Las empresas creen que algún cambio concreto (que llevaron a cabo sin prestar atención alguna a las transiciones que causó) no funcionó. Pero en vez de renunciar a la técnica de realizar-el-cambio-y-olvidar-la-transición, lo repiten iniciando otro cambio, y se sorprenden cuando ese tampoco funciona.
- Las personas buscan un nuevo trabajo en lugar de afrontar las actitudes y los comportamientos hacia el trabajo y hacia las figuras de autoridad que las hicieron fracasar en sus empleos anteriores. No se preguntan a qué deben renunciar llegado ese momento. En cambio, aseguran que necesitan volver a empezar, de modo que emprenden un cambio.
- Las empresas intentan copiar el producto exitoso de la competencia y después vuelven a probar con otro cuando el primero no es el ganador. No abandonan su estrategia de imitar al competidor y hacer algo original en lugar de eso, a pesar que la originalidad es exactamente lo que le da ventaja al competidor.
- Las personas deciden trasladarse a una nueva vivienda o a otra población, en vez de desprenderse interiormente de la vieja forma de

vivir ese sentido que les falta. Realizan un cambio, en lugar de la transición más profunda que les conduciría a una trayectoria de vida genuinamente renovada.

En el mundo moderno, muy pocas personas o empresas comprenden la necesidad de renunciar periódicamente a todo de lo que han dependido para su sentido y seguridad, y de explorar detenidamente la zona neutral para descubrir allí el hilo que les llevará a una nueva vida.

Y en este punto, claramente, es donde los mayores sí que tienen una ventaja respecto de los jóvenes, o la tendrían, si tampoco acostumbraran a desconocer tanto el camino de la transición. Creo, no obstante, que estoy exponiendo los argumentos muy rigurosamente. Ya que lo que a los mayores les falta es una *afirmación* de la sabiduría que muchos de ellos, en realidad, sí que poseen por vivir a lo largo de una vida de transiciones. Por tanto, tenemos un secreto cuadro-en-espera, un grupo de personas cuya experiencia les ha enseñado, individualmente, que hace tiempo todas las generaciones eran enseñadas por sus sabios. Reconocer esa sabiduría beneficiará tanto a sus portadores como a toda la sociedad.

• • •

La edad me desconcierta. Pensaba que era una época tranquila... pero me vuelvo más nervioso a medida que envejezco.

FLORIDA SCOTT-MAXWELL

Mientras hacía memoria sobre mi propia vida durante el proceso de escritura de este libro, me impresionó lo joven que era cuando empecé a intentar crear una carrera y una familia; a los veintitantos, cuando salí del ejército, empecé a trabajar y luego me casé. No era tanto que fuera joven en años o experiencia o que fuera ingenuo, como que estuviera *poco desarrollado*. Sabía muy poco de mí mismo o del resto de personas. Más concretamente, afirmaría que no sabía nada de qué aspecto tenían las personas cuando se han visto en su propio corazón. Era simplista y tenía muchísimas ideas en esa época. Como era mayor que Mondi (ella tenía sólo diecinueve años y yo veintiséis cuando nos casamos), me resultaba sencillo creerme que era más maduro. Pero la madurez me quedaba a años luz.

Durante los veinticinco años posteriores a que empezara una familia y una carrera profesional, estuve mucho menos interesado en madurar que en lo que estuve en *crecer*. Era la década de 1960 y 1970, y yo era miembro activo del Movimiento de Potencial Humano. Todos hablábamos mucho del crecimiento. Íbamos a centros de *crecimiento* como el Esalen Institue y asistíamos a encuentros y a grupos de Gestalt, en los que todo el mundo estaba intentando *crecer* conscientemente. En parte, era sólo California en aquella época en concreto, pero los norteamericanos, en general, siempre han admirado el crecimiento. Admiramos las ciudades y las compañías que crecieron más y más rápido en la década pasada. Las revistas hacen listas de las economías nacionales que están creciendo más rápidamente, y las clasifican en orden descendiente según la velocidad de crecimiento. Más grande es mejor y más grande-más rápido, mejor todavía. Hasta los dudosos se vuelven creyentes cuando el crecimiento en cuestión implica sus propios activos.

Existe otro tipo de crecimiento, que es más difícil de calcular. Menos personas lo admiran o lo van a buscar hoy en día. No comporta expansión; simplemente, el proceso misterioso de madurar. Su objetivo no es un incremento en tamaño (o inteligencia, complejidad, experiencia, habilidades), sino tan sólo *madurar*. No es un crecimiento a través de la adquisición, sino un crecimiento a través del desarrollo o evolución. No cruzamos las barreras de este tipo de crecimiento ni rompiéndolas ni superándolas, tal como sucede cuando estamos empeñados en un crecimiento entendido como incremento. Superamos las barreras del crecimiento entendido como desarrollo cuando somos capaces de ver nuestros propios problemas como señales de que ha llegado el momento de abandonar la forma como hemos estado viendo y haciendo las cosas e iniciar una transición evolutiva.

Las barreras de este tipo de crecimiento se superan siempre que dejamos de concebir nuestros propios fallos y problemas como cosas que hay que resolver o eliminar y empezamos a entenderlos como señales. Lo que los problemas son, en realidad, son antiguas soluciones que han sobrevivido su utilidad. Desde ese punto de vista, siempre que apartamos un problema, en lugar de escuchar su mensaje, provocamos una serie de hechos que nos meten en un lío.

¿Recuerda la historia de la *Bella durmiente*? La maldición que puso a dormir a esa joven fue invocada por un espíritu «malvado» que quería herirla porque el espíritu se había quedado fuera de la lista de invitados de la boda de sus padres. En un sentido literal, la exclusión es comprensible («¿Quién necesita alborotadores en una boda?»), pero lo que la historia cuenta en un sentido más profundo es que intentar excluir lo malo y aumentar lo bueno, lo único que acaba incrementando es el poder destructivo de lo que se ha excluido.

Se encontrará con ese fenómeno siempre que intente disipar de su mente un mal pensamiento (aterrador, inmoral o vergonzoso). Ese tipo de acción, simplemente, incrementa su poder e interrumpe el flujo natural de pensamientos y sentimientos, en el que se siguen unos a otros en una sucesión fluida sin que ninguno se vuelva abrumador. En el lenguaje metafórico de la *Bella durmiente*, cuando las personas pierden su conexión positiva con ese flujo y el acceso que les proporciona al origen de sus vidas, «se duermen». Es decir, entran en un estado límbico en el que dejan de desarrollarse.

Una idea similar se transmite en la historia bíblica de Jacob y Esaú, aunque en este caso la metáfora no excluye a nadie de un acto, sino excluye a un hijo de su lugar legítimo como cabeza de familia. Jacob le quita a su hermano el derecho que le corresponde por nacimiento, que se describe a través de metáforas asociadas en la sabiduría popular con el peligro y el demonio: es más moreno, más peludo y menos civilizado que Jacob. Paradójicamente, esta acción injusta le da a Esaú tanto poder sobre Jacob que años después, cuando se encuentran, Jacob está aterrorizado de su hermano y proyecta intenciones hostiles y violentas sobre él. Le pide a Dios: «Líbrame de la mano de mi hermano, de la mano de Esaú, porque le temo; no sea que venga y nos ataque, a la madre junto con los hijos.»[3]

Sorprendentemente —al menos, desde el punto de vista del sentido común—, el hermano injustamente excluido no es ni rencoroso, sino que intenta buscar una reconciliación. La historia ilustra la idea que el poeta, Rilke, expuso en una carta a un joven escritor: «Quizá todo lo que nos asusta es, en su esencia más profunda, algo indefenso que quiere nuestro amor.»[4] El problema, el defecto, el elemento inferior no sólo *no es malo*, sino que es lo fundamental que tiene el poder de rescatar a la persona que, sin él, no está completa y no puede ni desarrollarse ni madurar. Es, para continuar las referencias al mundo de las historias de sabiduría popular, la historia archiconocida del niño desapercibido y olvidado que resulta ser el que gana al final y salva la situación.

Esa clase de victoria siempre entra por la puerta trasera, no sólo por ser lograda por el perdedor, sino también porque los métodos aplicados parecen no prometedores o, incluso, parecen al principio un error. La pequeña Dorothy, el personaje más joven de *El Mago de Oz*, salva la tierra árida y la casa desvencijada de sus parientes emprendiendo un viaje sorprendentemente bueno, que nunca habría comenzado si hubiera logrado alcanzar la seguridad del sótano. Si no hubiera fracasado en su intento de escaparse del ciclón, no habría habido ninguna historia, ni salvación; tan sólo, una casa vieja y arruinada. Después, regresa de su viaje transformador con la fuerza renovada que le dio, sólo porque *no* logró subirse al globo del Mago. Si no hubiera fracasado al intentar subir a la cesta del globo, nunca habría regresado con el poder de cambiar las cosas; tan sólo, con unos zapatos nuevos bastante bonitos.

• • •

Ni mejoramos ni empeoramos cuando vamos envejeciendo, sino que nos hacemos más como nosotros mismos.

ROBERT ANTHONY

Cada cultura tiene su propia imagen predilecta de movimiento a través del espacio. Para nosotros, es la línea recta, la distancia más corta entre A y B. Acercarse a B —«llegar hasta allí», dondequiera que sea *allí*— es lo que nos gusta denominar «avanzar». El viaje típico de la historia occidental ha sido un viaje de un solo sentido: del Viejo Mundo al Nuevo Mundo, de las colonias litorales a la frontera occidental, o del campo a la ciudad. Los occidentales siempre estamos buscando algo que está por «allí»; o si no, huyendo de algo que está «aquí». Cada camino ha sido un viaje de ida a alguna destinación donde las cosas serán mejores, donde se pueda escapar del pasado y volver a empezar. A menudo, las vidas de los occidentales tienen una cualidad bidimensional, como los mapas sobre lo que pueden trazarse proyectos de viajes.

Pero otras culturas, que incluyen la mayoría de las que han producido los tesoros espirituales de la humanidad, han visto el movimiento de otra forma. No de aquí para allí, sino de aquí para allí y regreso. La figura natural es circular. Como el *Tao Te Ching* expone: «Seguir adelante significa llegar lejos, / Llegar lejos significa volver.»[5] Los grandes viajes son peregrinaciones a un lugar sagrado, y después de que el viaje haya hecho su trabajo transformador, los peregrinos regresan a casa de nuevo. No importa lo enormes que sean los descubrimientos; están pensados para ser llevados a casa, para introducirlos en la vida diaria.

Cuando miramos hacia atrás en nuestras vidas, podemos ver, o bien el camino lineal, o bien, el circular, según qué estemos buscando. Los occidentales suelen optar por el lineal. Al hacerlo encuentran un período de tiempo que puede ser segmentado en épocas o etapas. Así es cómo le pedí que observara su vida en el capítulo dos, cuando le animé a dividir su vida en capítulos. Cada capítulo contaría una parte de la historia, de A a B, de B a C, de C a D, y estarían alineados en forma de uno, dos, tres.

En algunas partes de este libro, yo mismo he seguido ese esquema, con segmentos lineales (o viajes en un solo sentido) de algún aspecto de mi propia vida. El hecho de mantener las cosas en orden cronológico le muestra muchas cosas, sobre todo sobre causas y efectos, y creo que era una forma útil de concebir mi carrera y matrimonio. Pero la linealidad de A a B es básicamente entropía, el tiempo pasa, uno mismo envejece.

Cuando recuerdo esos dos períodos, puedo ver otra figura con la misma facilidad: viajes de ida y vuelta con enormes curvas, viajes de búsqueda-y-regreso, como la excursión de Dorothy a la Tierra de Oz y su regreso. Se puede hablar de transición en cualquiera de esos contextos. En el contexto lineal, es el hilo conductor entre un segmento de la vida y el siguiente, así como también el proceso que nos separa de la primera fase, nos da una vuelta y nos conecta a la segunda fase. En el contexto de viaje circular, la transición es una forma analítica de hablar sobre el viaje propiamente dicho.

A través de las lentes del viaje puedo contemplar la historia de mi matrimonio con Mondi, que empieza cuando parto en una búsqueda siguiendo un camino de ladrillos amarillos denominado «estar casado». Era parecido al leñador de hojalata, un hombre sin muchos sentimientos, y Mondi era mi Mago. Nunca antes había estado enamorado en serio, y creía que Mondi era mágica. Me contaba o me mostraba cómo encontrar la puerta escondida de mi corazón. Iba a transformarme.

Pero como en el caso de Dorothy, mi búsqueda resultó ser complicada, no un viaje sencillo en el que uno llega a un acuerdo a la primera y regresa a casa para cenar. Cuando lo recuerdo en la actualidad, cuarenta años después, me parece como si hubiera tenido que acudir al menos a cuatro de esas minibúsquedas durante mis años junto a Mondi. La primera vez buscaba a la persona que me rescatara de mi soledad. A ella, le gustaba decir que había estado solo, bebiendo en un bar, la primera vez que me vio en un entorno social, y que ese aislamiento era mi hábitat natural. Al principio, eso era cierto, pero gracias y a través de ella, salí de mi mundo privado y vacío y descubrí que iba a estar conectado íntimamente con otra persona. Vivimos la primera fase de nuestro matrimonio así, pero como Dorothy, una caminata no fue suficiente para finalizar el trabajo.

Después, a lo largo de sus insatisfacciones con nuestra falta de comunicación, se me presentó con un «problema», y empecé a esforzarme para conseguir conocerme a mí mismo y comprender el mundo de los sentimientos. De nuevo, ella era mi mago. Tenía las respuestas. Ese fue un camino muy pedregoso. No dejaba de pensar que había alcanzado el final deseado, cuando me daba cuenta de que tenía que emprender aún otra «tarea». Años después, cuando se descubrió el bulto en el pecho, yo seguía probando de identificar y cumplir con las tareas que ella me marcaba.

Si lo contara como una historia lineal, podría dividir esos años desde mitad de la década de 1960 hasta finales de la de 1980, en dos o tres segmentos, que corresponderían a la historia de mi trabajo, o a mi escritura, o dónde vivía, o las actividades de mi familia. Pero si tuviera que relatarlos como un viaje, todos esos años formaron parte del mismo ciclo: el ciclo destinado a aprender de los sentimientos. Ese ciclo se convirtió en otra sequía que llegó a un final con el *affaire* con su terapeuta.

Esa tormenta casi se me lleva de la faz de la tierra y, durante un tiempo, pensé que no tenía nada más que aprender de ella. Había dejado de admirarla; incluso, ni me gustaba la mayor parte del tiempo. Pero, poco a poco, aprendí algo de ella que ni ella sabía que me estaba enseñando. Cuando vi el dolor, el ansia y la debilidad que la habían hecho vulnerable a la seducción, empecé a mirarla con compasión. Había oído y leído bastante sobre compasión, pero me avergüenza confesar que nunca antes la había sentido realmente por alguien. A menudo, me había sentido comprensivo o preocupado por otra persona, pero nunca había aceptado a alguien absolutamente tal como era, ni amado por las flaquezas que deseaba que esa persona no hubiera tenido.

Perdí muchas cosas cuando hice eso. Un Toto invisible había volcado su pantalla y la había revelado en toda su imperfección. Allí estaba ella, pillada en el acto de traición. Hubo muchos meses, en aquella época, en los que todo lo que yo podía hacer era esperar. Lo mejor que podía soportar era mantenerme firme como el marido perjudicado. Pero no permitió que me librara tan fácilmente como eso. Tuvo el coraje de proteger su última pizca de vulnerabilidad aduciendo que no iba a hablar conmigo de mi aflicción y mi dolor. ¡Traición sobre traición! Me había herido profundamente y después no quería ni hablar de ello. (Tengo que admitir con un poco de vergüenza que, en realidad, estaba intentando usar sus primeras lecciones en contra de ella, ya que quería hablar de «mis sentimientos».) El hecho de rechazar esa petición demostraba que era una hipócrita, pensé.

No podía concebir, en ese momento —simplemente, era una visión demasiado enorme para mí—, que su rechazo fuera un regalo. Ya que si se hubiera enternecido y hubiera reconocido que me había herido, y si hubiera asegurado que se sentía fatal por eso, podría habérmelas dado de «misericordioso». Su loabilidad habría caído muchos puntos y la mía habría subido conmensurablemente. Yo me habría sentido más cómodo, pero también habría perdido mi oportunidad para madurar. Ya que fue sólo durante el lento proceso de comprenderla y aceptarla —con todas sus dobles normas y falta de empatía— que aprendía a sentir compasión por ella. Me ofreció la oportunidad de esa experiencia, a pesar de que casi nos destrozó a ambos. De nuevo, era mi profesora; en el sentido de alguien que provoca que aprendas, no de alguien que te enseña conscientemente.

Contada como un viaje circular, la historia de mi matrimonio tendría que ser la historia de una enseñanza. Mondi fue el profesor más destacado que tuve, no porque tuviera razón respecto a mí —a pesar de que siempre afirmaba tenerla y, en realidad, a menudo la tenía—, sino porque estar a su alrededor me hacía aprender. Era más bien como el «reto» de la historia de Toynbee del crecimiento de la civilización en el Valle del Nilo, un desafío que me empujó al punto en que, o bien, tenía que agarrarme y hundirme con el final de mi vida pasada, o bien, abandonaba y seguía la nueva trayectoria de mi propio desarrollo.

Pero ese viaje hacia el descubrimiento no fue el último que realicé. Tenía una última lección para mí y tampoco había previsto enseñármela. Todo lo que estaba haciendo era morirse. Pero debido a su ansia de toda la vida de experiencias vitales, estaba aceptando la muerte como a un viejo amigo. En varias ocasiones durante sus últimos meses, compartió conmigo cosas que nunca antes me había revelado sobre su infancia agresiva. Me contó su única vía para escapar de su desesperación y la miseria que sintió durante esos primeros años. En esa época, a veces llegaba a un punto en el que creía que no podría, ni siquiera por unos minutos más, soportar el dolor que la crueldad de sus padres le estaba causando. Pero entonces, como un regalo caído del cielo, pensaba: «Puedo suicidarme; la muerte me salvará.»

De una forma que apenas sospeché hasta que la tuve a mano, la muerte siempre había sido amiga suya. Cuando estábamos de vacaciones en la isla de Great Barrier Reef, justo un mes antes de que falleciera, estábamos descansando en nuestra casita, observando un prado en el que grandes lagartijas se ocultaban en la hierba. Más allá de las palmeras y al otro lado de una pequeña zona de playa blanca y más allá del mar, una tormenta se estaba acumulando en unos nubarrones. Le pregunté si conocía el poema de Emily Dickinson que comienza:

Porque no pude detenerme a esperar la Muerte—
Ella amablemente esperó por mí—
La Carroza albergaba tan sólo a Nosotros—
Y la Inmortalidad.

—No —me contestó—. Pero ya me gusta. Recítame el resto.

No podía recordar el resto, pero le prometí que lo buscaría y se lo enseñaría cuando regresáramos a casa.

Sin embargo, cuando, al final, volvimos a casa, pasó unos momentos tan duros que nunca llegué a hacerlo. Estaba muy ocupado manteniendo las cosas en funcionamiento y observando su vida hasta el último latido de su corazón, antes de que se girara y se desvaneciera en la oscuridad.

Observar su muerte no fue un regalo que me acercara tanto a ella, como a mí mismo. Si hubiera fallecido en algún momento previo de nuestro matrimonio no habría pensado que podía seguir adelante, porque la mayor parte de mi bienestar estaba atado al mago, a cosas que seguía esperando que pudiera hacer por mí. Si hubiera muerto sólo un par de años antes, habríamos dejado muchas cosas sin resolver y me habría quedado sumido en un estado tan caótico que no podría haberme beneficiado de los regalos que me otorgó al final.

Fuera lo que fuese lo que originalmente le atrajo de una relación —o un empleo, vecindario, estilo de vida—, no es el beneficio real que resulta guardar para usted. Y sea lo que sea lo que le mantiene atraído a una promesa suele, de un modo similar, no venir al caso. Esos beneficios aparentes son tan sólo el escaparate, las ofertas especiales (que resultan ser que no son de su talla, gracias a Dios). La lección, las ganancias o el efecto real son descubiertos sólo con el paso del tiempo y, a menudo, desde un cuadrante bastante inesperado. Fue el gran carisma de Mondi lo que me atrajo y, durante mucho tiempo, lo que me sujetó a ella. En términos lógicos, quizá deberíamos habernos separado años antes cuando nuestras diferencias fundamentales empezaron a causarnos un gran dolor. Pero si me hubiera separado de ella en aquel momento me habría perdido muchas cosas. Ya que muy al final, ardiendo en la hoguera de su propia mortalidad, me devolvió a mí mismo.

Concebir mi matrimonio como el tipo de búsqueda larga e interrumpida que terminó devolviéndome a mí mismo, es una forma muy distinta de ver la vida y la transición. En esta visión, la historia de una vida no es una crónica salpicada de fechas, lugares e incidentes. Es más bien como un mito, una historia con el modelo clásico de reto y respuesta. Según esta última visión, la historia de mi matrimonio es un cuento de abandono y regreso. Dejé el mundo de la soledad, bordeé algunos límites de transformación en la tierra de las relaciones y después, finalmente, regresé de nuevo. Pero el mundo solitario en el que reentré tras su muerte era tan vivo, complejo y lleno de significado como el Kansas al que regresó Dorothy. Además, era *mi* mundo.

Entrar en mi propio mundo era, creo, el sentido de ese sueño que describí previamente en este libro, en el que esperaba a Mondi en el coche y luego me rendía y volvía en coche a casa. En el sueño, estaba profundamente preocupado por la idea de que, quizá, debería haberme quedado a esperarla o que tendría que haber dado marcha atrás e intentar encontrarla. Cuando releo ese sueño en la actualidad, la última línea de mi diario me vuelve a impresionar: «La esperé, sentado en el asiento del pasajero del coche, durante unos minutos. Como no regresaba, me pasé al asiento del conductor y arranqué el coche.»

Como he comentado, me devolvió a mí mismo.

• • •

> *[Es la gravedad que] causa que el agua fluya, la aparta de su forma esférica y hace que siga un curso más o menos lineal y determinado. Pero el agua continuamente se esfuerza por volver a su forma esférica. Encuentra muchas formas de mantener un equilibrio rítmico entre la forma esférica natural a ella y la atracción de la gravedad de la tierra… ¿Qué provoca que el agua siga un curso tan sinuoso como ese [como un meandro]? Su esfuerzo por completar el círculo es sólo parcialmente exitoso, ya que no puede fluir hacia atrás, cuesta arriba, hasta su punto de partida. Justo al principio de su movimiento circular es arrastrada cuesta abajo y al seguir esta atracción hacia abajo oscila alternativamente de un lado a otro.*
>
> THEODOR SCHWENK

Puede imaginar cualquier período de su vida como el viaje de abandono y regreso, y siempre que lo haga se le revelarán nuevos significados. Hay algunos tipos de significados que, tomados en conjunto, representan su currículo particular de formación para ser una persona mayor. Si experimenta toda su vida como si estuviera compuesta por esta clase de viajes circulares, su paso se remonta detrás de uno de esos grandes ríos sinuosos y curvados que se ven cuando se sobrevuela la zona oeste de Estados Unidos. La vida de todas las personas parece eso, mirando hacia atrás, aunque muchas personas se disculpan por el curso o camino aparentemente aleatorio y divagante que han seguido. No obstante, en lugar de entender esas vidas como muestras de oportunidades o confusión, tendríamos que reconocer que son tan naturales al flujo de la vida como un cauce serpenteado es natural al río.

El *meandro* es el nombre técnico para las curvas durante el curso de un río, y fue fijado para un río en Grecia, cuyo lecho seguía ese tipo de camino. El meandro que envía el agua corriente fuera de la línea de descenso y luego la hace volver, es el camino natural de la vida, creo. Si se hacen rectos, se canalizan, los caminos del departamento de ingenieros son tan artificiales en la vida como lo son en los lechos de los ríos. En ambos casos, son sobrerracionales y, en último término, peligrosos porque no ofrecen un camino para que la corriente pase sin erosionar la tierra o inundarla. Son como esos esfuerzos en la automejora y las virtudes personales que se basan en excluir el lado oscuro de la vida. Son como los fertilizantes químicos que proporcionan toda la nutrición artificial correcta, pero que no le ofrecen al suelo materia orgánica para restablecer su textura.

La idea de que el desarrollo tendría que incluir toda la unicidad oscura y retorcida de una persona no es una visión de la vida rara ni del *New Age*. Cuando Jesús dijo a sus discípulos, hace más de dos mil años: «Vosotros, pues, sed perfectos como es perfecto vuestro Padre celestial»,[6] no les estaba diciendo que tuvieran que ser completamente brillantes como el capó de un coche nuevo. El adjetivo griego que es traducido como «perfecto» era *teleios*, que significa «haber alcanzado el *telos* apropiado o nombrado (el "fin", en el sentido de "objetivo" o "finalidad")».[7] Está afirmando que se espera que sean enteros, totalmente formados, completamente desarrollados. El fin del desarrollo es convertirse en los individuos únicos que somos esencialmente. Es lo que Jung definía como el proceso de *individualización*. Estar «sin pecado», en este sentido, es muy parecido a lo que se quiere decir con la palabra «maduro».

En este contexto es donde las personas mayores pueden convertirse en *ancianos*. Si pueden percibir, comprender y apreciar el significado del camino sinuoso que han seguido, pueden representar una función social muy valiosa al ayudar a los jóvenes a comprender la importancia de las transiciones en sus propias vidas. Pueden ayudar a los demás a descubrir el significado profundo (o la magnitud del desarrollo) de distintos acontecimientos negativos de la vida. Ya que ellos han topado con los problemas que señalan un período de transición las suficientes veces como para reconocerlos y tomárselos seriamente. Pueden apreciar, en este contexto, el peso del fracaso, ya que pueden entender que es a través de nuestros fracasos (cuando perdemos la vida que esperábamos alcanzar) que entramos en las transiciones evolutivas que nos ayudan a crecer más allá de la superficial, simplista y susceptible seguridad propia de la juventud.

Las personas mayores han hecho la excursión las suficientes veces como para reconocer las curvas del trayecto. Pueden comprender el inmenso valor de vivir en momentos en los que la renuncia es la única respuesta adecuada a la vida. Aunque la perseverancia sea trascendental, saben lo fácil que es negarse a captar el mensaje que la vida está intentado transmitir. Ya que en muchos casos, no estar dispuesto a aceptar el fracaso —aunque sea célebre en el mundo de los deportes y la guerra— es una garantía de que uno nunca aprenderá las lecciones que deben aprenderse si tiene que madurar.

Es por este motivo que los ancianos que tanto necesitamos en nuestra sociedad obsesionada por el éxito no son los ganadores por naturaleza que llegan a la cima sin un contratiempo. Esas personas son fáciles de idealizar, pero tienen poco que enseñarnos. Lo que los mayores tienen que ayudar a aprender a los jóvenes es que sin desprenderse de los frutos de una estación, no se puede florecer en la siguiente. Esos mayores pueden mostrarnos, porque lo han hecho muchas veces, cómo abandonar quiénes hemos sido para abrir el camino al crecimiento de en quiénes nos estamos convirtiendo. Pueden ayudarnos a entender las emociones de pena relacionadas con la transición (la tristeza por lo que hemos tenido que dejar), desorientación (cuando estamos perdidos en la zona neutral) y miedo (cuando los desafíos de los desconocidos principios son abrumadores).

Los mayores, si han aprendido de las transiciones que han vivido, crecen más tolerantes. Entienden que la totalidad es el objetivo y que excluir algo es una victoria breve y superficial que conduce a un último fracaso. Pueden ayudarnos a compensar el sobreénfasis en el éxito material de nuestra sociedad, no despreciando el éxito, sino desidentificando los resultados de los esfuerzos que ellos, como todos los demás, hacen. Emplearse a fondo y, luego, dejar que los resultados sean los que quieran, significa admitir realistamente la frecuencia con la que los resultados están más allá de nuestro control, al mismo tiempo que proteger los intentos neuróticos de controlar cómo salen las cosas, esfuerzos que conducen a todo de la postura defensiva a la deshonestidad.

Es saludable señalar que la palabra «éxito» originariamente no estaba relacionada con los resultados «positivos», y mucho menos con la acumulación de riqueza y honores. Simplemente, significaba *lo que sigue después de algo*. Éxito era una palabra neutral, como *resultado*. El regalo de los mayores es un respeto por este tipo de éxito (que representa la realidad, después de todo) y una desconfianza por todas las concentraciones en los esfuerzos de autoagrandamiento que pasan hoy en día por vivir «exitosamente».

Los mayores pueden hacer estas cosas no porque sean más nobles o más virtuosos que los jóvenes, sino porque tienen la buena suerte de vivir en la etapa más rica de la vida. Eso no quiere decir que no sea posible que sientan dolor y pena, sino, simplemente, que al menos pueden concebir la vida más allá de la fachada. Su única tristeza inevitable es que la vida que al fin pueden saborear también se está agotando. Pero pueden ver y comprender las vidas que han vivido como viajes a los que han ido.

La metáfora del viaje nos revela muchas cosas importantes. Nos recuerda que cada etapa de la vida tiene su equipaje y que nuestros intentos para convertir algo suelen requerir que paguemos un billete. Los viajes, como porciones de nuestras vidas, tienen sus destinos anunciados, pero también es habitual descubrir que fuera cual fuese su destino pretendido, el viaje era su propia justificación.

Esos viajes que nos llevan a *sus* destinos, no a los nuestros, contribuyen a dar sentido a la experiencia, que ya hemos señalado, de descubrir que uno sigue estando (o no) *en lo cierto* mientras el viaje continúa. Esta experiencia es mucho más importante que tener una finalidad, en el sentido de algo que puede parafrasearse. Es la experiencia de «localizar y dirigirse» hacia algo, o de estar en armonía con algo interno.

Un viaje puede llevarnos a Canterbury o a la Meca, pero en realidad, todos los viajes son peregrinaciones. Un viaje puede ser un viaje de negocios, pero sigue siendo un viaje y ¡vaya negocio es, que todos nos sentimos atraídos! Y, en último término, todos son regresos; pero, cielos ¡cómo ha cambiado Ítaca en nuestra ausencia! Siempre estamos marchándonos: del zar, de Egipto, de una antigua vida. Y siempre nos dirigimos hacia un nuevo mundo.

Independientemente de dónde empiece el viaje y de cuál pueda ser su destino, la dirección real de viajar es hacia un realismo más profundo, o más superior; las direcciones se confunden a medida que uno se acerca a lo esencial. Todos los desencantamientos a lo largo del camino (gracias,

Mondi) son un pequeño despertar, una vislumbre momentánea detrás de un velo, una experiencia temporal de mirar por un mundo repentinamente transparente. Pero avanzar, aunque sólo sea de ilusión en ilusión, también es importante, ya que sólo mediante ese movimiento hacia adelante, uno es preparado y conducido hasta esa transición final en la que uno muere a una nueva vida.

Quizá esa sea una buena definición de transición con la que terminar: *el proceso natural por el que uno muere a una nueva vida.*

11

Iniciar una nueva vida

Vivir es una forma de no estar seguro, de no saber qué será lo siguiente o cómo será. En el momento que sepa cómo es, empezará a morir un poco.

AGNES DE MILLE

Este libro empezó con un final y acabará con un principio. Esto es extraño, pero también adecuado, ya que esa es la forma de una transición. Las cosas inanimadas comienzan y luego se acaban, pero en el proceso dinámico a través del cual los organismos crecen y se convierten, los finales llegan primero y los inicios, al final. Esta es la forma del viaje del nacimiento, en el que abandonamos nuestro nido original y entramos en el mundo, y es la forma de la muerte que nos retirará del mundo y nos llevará a lo que haya más allá. Esa es la forma de la transformación y la renovación, dondequiera que ocurran, y es la forma de los viajes míticos que describen la transformación y la renovación en términos metafóricos.

En una transición, lo que venga después domina lo que había antes. La transición es un gran juego de piedra-papel-tijera, en el que lo que venga después —lo que *suceda*— automáticamente gana. Lo nuevo sale victorioso, la primavera suplanta al invierno, el año nuevo manda al viejo a freír espárragos. Pero no existe ningún antagonismo en estos casos. Sólo sucesiones. Mientras que nuestras transiciones continúen, seremos exitosos.

Mientras estoy aquí sentado, trabajando en mi manuscrito en nuestro dormitorio, oigo cómo Susan se da un baño al otro lado de la puerta. Recuerdo estos últimos cinco años, que no podría haber imaginado con antelación. Esta transición concreta, que empecé intentando evitar, me ha conducido a un territorio objetivamente nuevo. Nada en mis sesenta primeros años me preparó para el presente. En la actualidad, puedo observar con claridad que los segmentos de la vida (en mi caso, entre la edad de 55 y 60 años, por ejemplo) funcionan según normas distintas a las que rigen las transiciones entre los segmentos (en mi caso, entre los 60 y 65 años). Este último período, del que estoy acabando de salir, es evidente que ha sido una transición.

Al escribir sobre los momentos en los que una sustancia natural pasa por una fase de transición, James Gleick observó que:

> Al igual que las barreras entre dos reinos de existencia [por ejemplo, de líquido a gas o de no magnetizado a magnetizado], las transiciones tienden a ser muy no-lineales en sus matemáticas. El comportamiento tranquilo y predecible de las cosas en cualquiera de las fases tiende a ser de poca ayuda en la comprensión de las transiciones.[1]

¡Amén! Ese es uno de los motivos por los que estar en transición es tan confuso. No es sólo que el nuevo capítulo funcionará de otro modo. Sino también que la transición que le conduce al nuevo capítulo va a seguir sus propias normas. La cantidad de desorientación que pasamos como resultado de afrontar algo nuevo, es realmente sólo producto de encontrarse en transición.

Recuerdo mis debates internos sobre la diferencia de edad entre Susan y yo, sobre mi perplejidad de cuánto tiempo tendría que esperar antes de volverme a casar, sobre mi ansiedad por lo que mis hijas y amigos dirían cuando les anunciara que iba a casarme de nuevo o, peor, lo que *no* dirían, pero pensarían. Creía que estaba luchando con el futuro, pero, en realidad, estaba luchando con el proceso de transición, *la forma en que el futuro entraba en mi vida*. Pero ese período de transición fue sorprendentemente rico, ya que mientras lidiaba con todas esas cuestiones internamente, también estaba realizando enormes elecciones.

Lo que estaba eligiendo era no sólo una persona con la que casarme, sino también una persona en la que convertirme; lo que estaba escogiendo era no sólo una nueva vida, sino una nueva forma de vivirla. Ya que durante el proceso de elegir casarme con Susan, descubrí que quería vivir desde la perspectiva de dentro hacia fuera: desde mi corazón y hacia el mundo. Eso representaba que tenía que avanzar, crear un futuro por mí mismo, y que el camino a lo largo del cual pasaba del pasado al futuro era un tramo de vida que nadie había cruzado antes.

Desde luego que incontables personas se habían vuelto a casar antes. Pero nunca antes nadie había sido yo enamorado de ella. Eso no comportaba que no pudiéramos tomar decisiones tontas, sino que las respuestas no estaban impresas al revés, en letra pequeña, al final de la página. Teníamos que encontrar las «respuestas correctas» por nuestra cuenta. Mi billete era apto para hacer un solo viaje. Era mío. No podía utilizar el de nadie más.

• • •

El tiempo es un modisto especializado en arreglos.

FAITH BALDWIN

Vivir racional, conceptual y razonablemente, siempre me había permitido dividir las cosas en cuestiones. Había alineado las cosas en secuencias causa-y-efecto. Había presentado alternativas, bajo las que había listas mentales, pros y contras. Los resultados siempre habían sido muestras complejas de factores y variables, de modo que las decisiones no eran sencillas, evidentemente. Pero, al menos, tenía los datos justo delante de mí, agrupados en categorías. Podría ser arriesgado, pero los riesgos surgían de lo difícil que fuera sopesar las distintas variables y de la frecuencia con la que las grandes decisiones dependieran de comparar manzanas y naranjas. Los riesgos eran reales, pero eran calculables. Siempre tuve la sensación de que podía resolver lo correcto que tenía que hacer.

Vivir desde el corazón me presentó diferentes tipos de riesgos desconocidos. Las cuestiones y las conexiones se disolvieron y las decisiones se deshicieron en muestras de formas cambiantes, arremolinadas y ondulantes. Las cosas dejaron de alinearse en categorías y se mantuvieron cambiantes. Un día me sentía seguro y al siguiente quería tirarlo todo por la borda. Las alternativas dejaron de ser cosas que podía estudiar; en cambio, no dejaban de transformarse en otras cosas, como las sombras transmitidas por un fuego parpadeante. El riesgo no era sólo el de tomar una decisión equivocada. Era el riesgo de no ser capaz de percibir la realidad. El riesgo era el de no ser capaz de comprender qué estaba ocurriendo.

El otro día topé con una cita de un filósofo indio, Rabindranath Tagore: «Cuando las viejas palabras se extinguen en la lengua, nuevas melodías surgen desde el corazón, y cuando se pierden los viejos caminos, se revela un nuevo país con todas sus maravillas.» Era tranquilizador. Uno se desprende del camino antiguo y se aferra al nuevo. Sencillo.

¿Pero cómo iba a saber que lo que sentía eran *mis* nuevas melodías? ¿Qué ocurriría si simplemente eran viejas melodías de una emisora cercana, que se colaban en mi misma frecuencia? Entonces leí el comentario de Henry Miller: «*Confusión* es una palabra que hemos inventado para un orden que aún no hemos entendido.» Perfecto. ¿Pero cómo se entiende cuando finalmente se consigue, y cómo se sabe que la comprensión no es una decepción personal? ¿Y la *confusión* no es tan sólo un estado en y por sí mismo… y siempre es una condición terminal?

• • •

Ahora nos adherimos a la vida con nuestro último músculo, el corazón.

DJUNA BARNES

He salido de los últimos cinco años con una gran simpatía por las personas que tiran la toalla y que, o bien intentan retroceder hasta una antigua seguridad, o bien, avanzar rápidamente a través de un cambio (¡cualquier cambio!) que haga diferentes sus vidas. Pero, al no elegir ninguna de esas opciones, también logré una nueva concepción de mí mismo: una concepción basada mucho menos en mi capacidad para estudiar las cosas detenidamente, que en la experiencia puramente subjetiva de ser la persona a quien mi vida le está ocurriendo.

La situación que precipitó ese cambio se limitó a intensificar el proceso natural de vivir y envejecer. No obstante, aunque sea natural, me llegó como una sorpresa. Me había esforzado tanto en comprender la vida conceptualmente y había puesto tanta fe en que esa comprensión me enseñara lo que tuviera que saber, que me impresioné al darme cuenta de que no soy, de ningún modo, inteligente por mis esfuerzos. La sabiduría, he descubierto recientemente, procede del propio acto de vivir.

Desviar mi atención de la comprensión y centrarla en vivir desde el corazón también me otorgó otro regalo: inesperadamente, descubrí una amplia diversidad de mis propios recursos internos que se abrían frente a mí. En el mundo empresarial en el que había trabajado, *diversidad* es la palabra que suele darse para la mezcla de razas, etnias, sexos o tipologías; lo opuesto al viejo estereotipo de hombre blanco que solían cultivar las empresas. En mi propia zona neutral, averigüé otra clase de diversidad, una interna, una personal que me hacía sentir como el reparto de personajes de un solo hombre. Me di cuenta de que era tan *diverso*, tan lleno de diferencias y complejidades confusas, que cambié en el mismo instante en el que apenas pude reconocerme.

Eso requirió un acostumbramiento. Encontrar placer en mi propia mutabilidad subjetiva implicaba que tenía que estar dispuesto a dejar de sentirme bien, siempre que esos sentimientos positivos empezaran a dar paso a algo más oscuro. Significaba que tenía que estar dispuesto a dejar que las buenas ideas se escabulleran, porque, o bien volverían a aparecer, o bien, algo igual de bueno las sustituiría; o bien, si así ocurría, podría apañármelas sin buenas ideas ese día. Comportaba confiar en que lo que parecía llano y monótono era tanto un preludio de un nuevo período de emoción e interés, como un final de la etapa previa de emoción e interés.

Sin embargo, todo era nuevo y extraño. Ya que me había pasado toda la vida aferrándome a sentimientos buenos e intentando disipar los malos. Llevaba a todas partes una libretita en el bolsillo para apuntar buenas ideas y me enfadaba cuando las «perdía» por no registrarlas. Pero vivir en un mundo de sentimientos mutables era distinto. La libreta que empecé a llevar después no era tanto para atrapar una idea escurridiza, como para ofrecerme un espejo verbal en el que observar mi propio proceso. Ese cambio del contenido al proceso era algo que no podría haber hecho antes de encontrarme con la edad, ya que hasta ese momento intentaba mantener al tiempo a raya.

Es irónico darse cuenta de que uno de los regalos que he recibido al envejecer es la capacidad para vivir en el momento. He estado intentando aprender a hacerlo durante los últimos treinta y cinco años, pero ha sido sólo con la ralentización natural de mi mente y con las pérdidas que he ido experimentando que empiezo a encontrar que el momento presente es suficiente por sí mismo. La pérdida me ha concedido ese regalo, no «enseñarme» que los momentos son limitados y preciosos. (Eso habría sido aprenderlo de la forma conceptual.) Y los escritores que solía leer, que fomentaban el mismo cambio de concienciación, tampoco podían «enseñarme». Es algo que sólo aparece con el tiempo y con el proceso natural que sigue después de una pérdida. Mientras el barro gira en el torno, las virutas de oro se asientan por su propio peso. El tiempo no vuela; gira, y los momentos se asientan por su propia gravedad. Sin una pérdida seria, el agua no está lo suficientemente agitada como para hacer que ocurra.

Hubo otros regalos de la edad que descubrí mientras me acostumbraba a mi nuevo matrimonio. Cuando era más joven, trataba mi vida como si fuera una de las muchas que podría vivir. No sé si solía pensar que aún me quedaba tiempo para un segundo trayecto por el camino de la vida, o si la vida era simplemente menos imborrable para mí en esa época. Usted podría pensar que reconocer que esa era mi única vida y que su realidad estaba teñida en su tejido me haría ser más vacilante y prudente. Pero, en realidad, me hizo más decidido y dispuesto a arriesgarlo todo. No más sesiones prácticas; era el juego propiamente dicho. No más intentos; sólo jugárselo todo por el todo.

Una noche, cuando Susan y yo llevábamos cuatro o cinco meses saliendo fuimos a ver la película *El indomable Will Hunting*, que acababan de estrenar. En la película, el joven protagonista estaba trabajando con un psicoterapeuta de mediana edad cuya mujer había fallecido. Miré y escuché atentamente para descubrir cómo ese otro viudo había afrontado su pérdida y qué podía enseñarme a mí sobre la mía. Pero a medida que la película avanzaba, un cambio inesperado ocurrió dentro de mí y me encontré mirando la película desde la visión del joven paciente que se sentía intensamente atraído por una mujer, pero asustado por comprometerse con ella. Cuando ella descubrió que él no estaba preparado para dar ese paso, se marchó del país y de la vida del chico. Ese giro de los acontecimientos me sorprendió. ¿Qué ocurría si me movía con tanta prudencia que algo como eso me sucedía?

Salimos del cine. Estaba lloviendo mucho, recuerdo, y corrimos hacia el coche. Abrí las puertas del automóvil y saltamos dentro, ya fríos y calados hasta los huesos. Pero apenas pensaba en ese malestar, porque sentía una presión tan fuerte en el pecho que casi no podía respirar. Comenté que la película me había emocionado realmente y, luego (tan inesperadamente para mí como para ella), rompí a llorar y le confesé: «Quiero pasar el resto de mi vida a tu lado.» Hasta ese momento no había verbalizado ese pensamiento ni en la privacidad de mi mente, aunque, desde luego, me había preguntado cuándo y si llegaría hasta el punto del compromiso real.

Estaba allí sentado preguntándome si había cometido un error terrible al soltar mis sentimientos tan de repente, pero Susan simplemente me abrazó. Mientras volvíamos hacia casa unos minutos después, me di cuenta de que, completamente sin planificarlo, había dado un paso enorme que, en mi mente, no había sabido cómo dar. Cuando lo recuerdo me siento feliz y satisfecho. Me dejé llevar por el corazón y ocurrió lo correcto. Me pregunté dónde habría terminado mi vida, pero me encantó el territorio en el que me estaba adentrando.

A medida que la fecha de la boda se acercaba, manteníamos un intenso plan de trabajo que solía mantenernos separados. Supongo que si hubiera sido por mí, nos habríamos casado con alguna ceremonia más bien práctica. Pero Susan tenía un sueño distinto y el resultado fue una ceremonia muy sencilla y muy bonita. Había cincuenta personas, en gran parte familiares, en un edificio iluminado por velas en la Bahía de San Francisco. Todo fue exquisito. Al final de la comida, en lugar del gran pastel de boda, cada invitado recibió un trozo individual y decorado de «pastel de boda».

No habíamos planeado buscarnos tiempo para una luna de miel auténtica después de la boda, de modo que nos marchamos tres noches a una pensión en lo alto de los acantilados sobre el Pacífico, en Big Sur. La noche que llegamos, una enorme tormenta bajó desde Alaska y cercó nuestra pequeña cabaña en un remolino estruendoso de nubes y viento. A pesar de que estaba aferrada al suelo y techada con césped, vibraba y se tambaleaba bajo la fuerza de la tormenta, que era la más importante desde que una enorme cortó la carretera de esa parte de la costa un año antes. A lo largo de la noche tormentosa, me fui despertando de vez en cuando y me preguntaba si íbamos a salir volando y descender los doscientos cincuenta metros del acantilado. Cada vez que lo pensaba, me repetía: «Si eso ocurre, moriré feliz.» Y luego volvía a dormirme.

Me pregunto, mientras escribo estas palabras, si algunos lectores llegan a creer que estoy recomendando que dejen de preocuparse por lo que sea que estén intentando decidir en sus vidas y que, simplemente, se lancen. «Escuche su corazón» suena un poco como «olvide sus pensamientos», pero es bastante distinto. Todo lo que estoy diciendo que olvide es esa búsqueda ansiosa por la respuesta correcta; ¡seguramente estará archivada en alguna parte! La solución no proviene de encontrar la forma correcta de actuar, sino de descubrir su propia manera de hacerlo.

Imagino que ese es el motivo, comparativamente hablando, por el que mi propia transición fue relativamente rápida. (¿Vuelto a casar en un año y medio? Eso sí que es rápido.) Pero la transición no empezó con la muerte de Mondi. Comenzó, y comenzó con gran intensidad, cuando ella y yo empezamos a despedirnos después de su diagnóstico, dos años antes. Tampoco fue ralentizada por toda clase de asuntos inacabados. Nuestras peleas sobre su *affaire* con el psicoterapeuta habían quedado atrás; habíamos experimentado ese horrible final mucho antes de que descubriéramos que estaba enferma. Y no sólo era que hubiéramos estado en esa transición mucho tiempo. Sino que, además, habíamos atravesado ese territorio repetidas veces, ya que, como empecé explicando en este libro, pasamos por nuestro final una y otra vez, como si despedirnos fuera una ceremonia tradicional que estuviéramos practicando.

La transición que incluyó la muerte de Mondi y mi vuelta a casarme no fue una breve, en realidad. Y no seguimos ningún libro de instrucciones («Cómo pasar una transición con éxito»). Haber planificado cómo enfrentarnos a ese capítulo de nuestras vidas según una serie de pasos habría convertido una experiencia importante en una mecánica, en la que habríamos *controlado* la situación, en lugar de *experimentarla* realmente. Intentar ser cariñoso, comprensivo y consciente según una técnica priva a la vida y a la relación de la riqueza que resulta de la acumulación de una experiencia no mediada, toda la enorme confusión de alegría y dolor que la vida ofrece a cualquier persona que esté abierta a ello. Uno de los escollos de la perspectiva *progresista* es que se hace selectiva. Opta por la alegría, opta por realización sexual, opta por autoexpresión y apertura y comunicación y sensibilidad. Al hacerlo, limpia la pila de compost separando todas las malas hierbas y el abono.

A todos nos gustaría saber exactamente qué hacer, pero si un libro de *respuestas* de este tipo existiera de verdad, nos encontraríamos frente a un problema más serio, si cabe. Ese libro nos haría a usted y a mí innecesarios, porque entonces el mundo no tendría necesidad alguna de la persona exclusiva que somos cada uno de nosotros.[2] Tan sólo viviendo la forma exclusiva de nuestras vidas individuales y siguiendo el viaje sinuoso en el que hemos estado desde que nacimos, usted y yo realizaremos las elecciones que son adecuadas para cada uno de nosotros. Sin la necesidad de vivir a su manera las situaciones a las que el mundo le hace enfrentarse, *no tendía vida propia*. Ya que no hay una vida prometedora, fresca, colgando del armario, esperando a ser recogida y llevada como un abrigo nuevo.

Por esta razón estamos aquí: para seguir nuestros propios viajes personales y sinuosos, y para estar condicionados por ellos. Si eso fuera innecesario, no estaríamos aquí viviendo las vidas que estamos viviendo. Cómo se suma todo esto al gran modelo de la realidad universal, no tengo ni idea. Pero *que se suma* está claro. Cualquier hectárea concreta de la tierra está habitada por un grupo específico de criaturas, cada una de las cuales está ocupada viviendo su propio viaje particular. Los caminos interrelacionados de esos viajes harán que esas espiras de cables multicolores de una cabina de teléfono parezcan, en comparación, un diagrama de introducción a la geometría. Lo que denominamos «realidad» no es más, o menos, que viajar avanzando por todos los niveles, desde el subatómico, pasando por el personal y hasta el galáctico.

• • •

La vida de un hombre de cualquier valía es una alegoría continua... una vida como las escrituras, figurativa.

JOHN KEATS

La forma externa de mi familia cambió poco a poco para incorporar a Susan. Cinco años antes, Mondi y yo empezamos a hacer una excursión familiar bienal con hijos y nietos, a algún lugar cálido, justo después de Navidades. La primera vez fuimos a México, y la segunda —ya bajo la sombra del cáncer de Mondi y reducida debido a su debilidad— nos contentamos con un hotel en Arizona. En esa ocasión, mi hermano Dan y su hija y su familia se unieron a nosotros. En 1998 volvía a tocar salida familiar y esa vez fuimos a Jamaica. Era la primera inmersión de Susan en mi familia y nos ofreció la oportunidad de pasar un período de tiempo juntos más prolongado. Susan remó en kayak con su nieta, Tyler, e hizo caminatas con su nuevo cuñado, Dan. Paseó por la playa con sus hijastras y recibió instrucciones sobre videojuegos de sus nuevos nietos. Cada mañana, cuando nos encontrábamos para el desayuno, se sentía un poco más como en casa dentro de ese nuevo grupo.

Cinco años antes, mientras me estaba preparando para el primer viaje posnavideño de la familia a México, tomé algunas notas para recopilar lo que veía en mi presente y en mi futuro. Acababa de cumplir los sesenta y creía que tendría que tener algunos «pensamientos sobre la vida» serios y profundos. Hace unos días, encontré esas notas y la planificación para los siguientes cinco años. No sé si realmente creía que lo seguiría, pero anoté los puntos con la esperanza de que el hecho de transcribir las posibilidades en forma de palabras me ayudara a captar algo de la vida que me encontraría en el camino que me esperaba por delante.

El diagnóstico del cáncer de Mondi todavía estaba a un año vista, de modo que el hecho más trascendental de mi futuro me era invisible. En el primer punto escribí que publicaría un libro nuevo. Esa no fue una conjetura muy brillante, porque ya tenía un contrato para *JobShift* y casi había terminado el manuscrito. Lo siguiente que anoté es que me semijubilaría. Con todo el caos por el que Mondi y yo habíamos pasado en los años anteriores, estaba cansado y más que un poco deprimido. Había pensado que podría descansar un poco y, a mi edad, eso se traducía rápidamente en jubilación. De hecho, el tipo de renovación que he estado describiendo en este capítulo me ha aportado mucha más energía que cualquier cantidad de descanso que hubiera disfrutado. A pesar de que hubo momentos en los últimos cinco años en los que consideré seriamente retirarme y a pesar de que he recortado mi calendario de viajes, sigo trabajando activamente.

Apunté que haría balance y que pensaría en qué tipo de legado iba a dejar detrás de mí, y eso ha estado sucediendo. Este libro es parte de ese impulso, ya que representa un tipo de documento distinto al que había estado pensando, y uno que ofrecerá, eso espero, a los lectores un coraje renovado para avanzar a través de sus propios momentos difíciles. Otra parte de ese impulso fue una preocupación creciente por esas personas de nuestra sociedad que están pasando un momento especialmente duro debido a un elevado índice de cambio, y cuyos cambios llevan a sus familias a transiciones particularmente difíciles. Estuve pensando en cómo algunas de estas ideas se representarían en un contexto societal: ¿Qué haría nuestra sociedad si tuviera que decidir ofrecer a sus miembros ayuda con las transiciones, comparables, aunque distintas, a los viejos ritos de paso?

¿Y cómo podía ayudar yo a los jóvenes que encontraban muy poco apoyo de parte de sus padres y a los que les faltaba un círculo de mayores que en una época ayudó a condicionar el curso de las vidas de los jóvenes? ¿Cómo podía ayudar e involucrarme en algunos de sus proyectos para mover el mundo en las direcciones en las que creía que debía moverse? En este momento de mi vida, ya no tengo que jugar más sobre seguro y proteger mi reputación. Puedo permitirme aprovechar algunas oportunidades. Me estoy retirando de ese período en el que expresaba mi conservadurismo innato siendo *responsable* y mi radicalismo innato *conociendo y mostrando mi maestría* respecto a lo que la vida me deparaba.

En este momento, mi conservadurismo innato surge más como un deseo por conectar los significados del pasado con las necesidades del presente; un esfuerzo para utilizar la sabiduría que pueda haber logrado, al perder lo que creía que no podría soportar perder. Y mi radicalismo innato surge no de dominar los desafíos con los que me encuentro, sino en el reconocimiento más tranquilo de que no sólo puedo afrontar riesgos, sino que quiero hacerlo.

Cuando Ulises, al final, terminó su largo y duro viaje de regreso a casa y se deshizo de los supuestos usurpadores y los alejó de su casa y de su esposa, se sentó e intentó figurarse qué haría a continuación. Se dice que entonces consideró una profecía que decía que reuniría todo lo que quedaba de su antigua tripulación y que partiría hacia una tierra extraña y lejana, tan diferente de la suya propia que no distinguiría un bote de remos de una cesta para aventar el trigo.

No sé exactamente qué implicó eso para Ulises, pero para mí significa avanzar a través de un umbral que separa el mundo que he conocido de un mundo que no es reconocible en mis antiguas palabras. Estaba reflexionando sobre ese umbral la otra noche cuando me desperté de un sueño, ya que el límite del sueño es otro umbral famoso. Había estado soñando que paseaba por el campus de mi antigua universidad, guiando a un adolescente y a un jovencito. Les contaba cosas sobre las excelencias de la facultad, la arquitectura de sus edificios del siglo XVIII y la reputación de sus licenciados.

Pero, entonces, la escena cambiaba. Había perdido a los dos jóvenes y estaba intentando encontrar mi camino dentro de un edificio lleno de largos pasillos. Ocasionalmente, mis andanzas me hacían pasar por una ventana a través de la que podía ver árboles y personas, pero la mayor parte del tiempo caminaba de arriba abajo por pasillos y salas. Estaba solo y no llegaba a ninguna parte. Sabía que al final saldría, pero me estaba costando mucho rato y estaba empezando a sentirme cada vez más frustrado. Quería volver al mundo exterior del campus.

En la imagen de mi sueño, había estado hablando con otras personas sobre temas importantes del mundo exterior durante mucho rato. Mis propios «jóvenes» interiores se habían quedado impresionados y escuchaban atentamente. La charla que les había impresionado había sido útil, creo, pero entonces, inesperadamente, mi vida me devolvía al «interior». Pasé mucho rato vagando por mis pasillos internos. Al final del sueño, estaba preparado para volver a salir y hacer algo nuevo. Ulises estaba preparado para afrontar nuevos retos en un mundo que sería muy diferente de aquel en el que se había ganado su reputación, un mundo en el que ni reconocería el bote de remos con el que había hecho el largo viaje de regreso a casa.

Estoy preparado. He aprendido durante este último cuarto de siglo trabajando con la transición que uno puede reprimir el futuro, así como también el pasado. Hace cien años se empezó a estudiar el inconsciente y lo trataron como si estuviera compuesto por contenidos ocultos. Los recuerdos, deseos, fantasías: eran las «cosas» que la mente consciente no podía afrontar y que escondía de la luz de la conciencia. Esa visión representaba el mundo tradicional del materialismo del siglo XIX, pero no encaja con lo que sabemos sobre el universo en la actualidad. Hoy en día, la realidad parece más bien como campos energéticos, vibraciones y ritmos o modelos de movimiento todavía sin articular. Cuando me refiero a reprimir el futuro, son estos modelos y campos los que creo que no nos dejamos ver a nosotros mismos.

Pero el futuro existe para cada uno de nosotros, en la forma de un movimiento tenuemente sentido, un modelo que casi podemos vislumbrar por el rabillo del ojo. Para verlo y comprenderlo, para aprovechar las oportunidades que predice, siempre debemos desprendernos de nuestra vieja forma de pensar y las ideas que nos llevaron hasta ese punto de nuestra vida. Finalmente llegaremos a la nueva comprensión y a la nueva realidad, pero eso no sucederá hasta que hayamos vagado durante lo que nos parecerá frustrantemente mucho tiempo, buscando la puerta que nos abrirá nuestra nueva vida.

El futuro también contiene el pasado, ya que en el pasado hubo anuncios de lo que sería, y el futuro los arrastrará como ecos. Vuelve a ser julio, como lo era hace dos años cuando empecé a percibir de nuevo el mundo después de la muerte de Mondi en mayo. Al pasear a mi perro esta mañana he vuelto a encontrarme con dos plumas negras. Debe ser el período de muda para los cuervos, porque no encuentro esas plumas en otras épocas del año. La visión de las plumas me remonta a hace dos años, a la experiencia de entenderlas como un mensaje de Mondi. Esa idea vuelve de nuevo, pero sólo como un eco o un trasfondo. El pasado sigue estando presente, pero como un modelo recordado bajo la superficie de la experiencia. Sigue formando parte de mí. Siempre será parte de mí.

• • •

En un cuento de hadas noruego, el héroe llega a un cruce en el que hay tres señales: «Quien descienda por este camino volverá ileso»; «Quien recorra este camino puede ser que vuelva, o puede ser que no», y «Quien tome este otro, nunca más volverá.» Evidentemente, eligió el tercero.

LAURA SIMMS

Vuelve a ser de noche y acabamos de apagar la luz. La interacción de luz y oscuridad es fascinante. Desde un punto de vista estático, son opuestos y solemos preferir la luz a la oscuridad. Pero desde un punto de vista dinámico, su relación es más compleja. Por la mañana, la luz es la libertadora, ya que restaura lo que es *real* después de una noche de sueños e imágenes magnificadas. Pero por la noche es al contrario. La *realidad* del día se allana hasta la ordinariez. Estamos cansados de cómo nos abruma. En ese estado, la oscuridad es la liberación y la portadora de verdad. Esperamos contemplar lo que la vista del otro lado del tejido de la vida, nuestros sueños, nos reportará.

Me acurruco contra Susan mientras estamos tumbados cada uno en su lado. Pienso para mí: lo mejor que hemos comprado desde que estamos casados es el nuevo colchón para la cama. Es tan cómodo. Una imagen vuela y casi logro asirla. Pero se ha ido. Podría haber sido la respuesta, la llave de la puerta que me abrirá al futuro en la siguiente fase de mi viaje. Quizá eso sea lo que las plumas me estaban revelando esta mañana. Me dejo llevar. Susan se mueve. Empiezo a abandonar el día y su realidad. Cada noche es una transición minúscula. Otra imagen que pasa. La oscuridad es esa zona intermedia fértil. Es el origen de una nueva forma. Me dejo llevar por ella. Buenas noches. Buenas noches. Adiós. Abandonar, luego dejarse llevar. Y luego, la nada...

Epílogo

Creer sus propios pensamientos, creer que lo que es cierto para uno en su corazón privado es cierto para todos los hombres: eso es un genio. Exprese su convicción latente y eso es el sentido universal.

RALPH WALDO EMERSON

¡Listo! Este fue el libro más difícil de escribir de los diez que he escrito. Me obligó a remontarme a un terreno de mi experiencia personal que casi fue más duro de revivir de lo que fue experimentarlo por primera vez. Pero también fue duro porque no dejaba de preocuparme de cómo se entenderían los capítulos personales. Todo mi relato ha sido personal, pero en la mayor parte he escondido ese hecho revistiendo mi propia experiencia con generalizaciones. El libro *Transitions* (1980) desarrollaba las dificultades con las que me encontré en mi propio cambio profesional a media vida; *JobShif* (1994) y *Creating You & Co.* (1997), simplemente exponían la razón fundamental de una carrera como trabajador independiente que yo mismo había estado siguiendo desde mediados de la década de 1970.

Pero en este libro quería combinar mis conceptos con la experiencia real de una persona, ya que creía que sólo de esa forma podría capturar las realidades más intensas de encontrarse en una transición. Sólo puedo decir, como Thoreau hizo cuando escribió sobre sí mismo, que habría utilizado a otra persona si hubiera conocido su historia tan bien como la mía.

Cuando empecé, pretendía mantener separados los capítulos personales y los capítulos conceptuales para alternarlos, a modo de contrapunto, a lo largo de todo el libro. Pero cuanto más me adentraba en el tema, más duro me resultaba. El «aleteo» del que hablé al principio del libro, me hacía retroceder y avanzar de lo personal a lo general más rápido de lo que imaginaba, y al final entendí que tenía que llevar el libro adonde quisiera ir.

Mientras me preparaba para redactar este libro, leí de principio a fin los diarios que escribí entre los cuarenta y los cincuenta años. Me desprendí de esas visitas a mi pasado con dos impresiones que, en un principio, es posible que no parezcan estar muy relacionadas entre sí. La primera es cuánto tardé en aprender cómo exteriorizar lo que sabía; la segunda es la cantidad de tiempo que viví infeliz bajo el cielo gris de sentirme incomprendido. Como digo, esas dos cuestiones puede que parezcan desvinculadas, pero en realidad, son las mitades de un conjunto único.

La primera mitad es que aunque tuve premoniciones a los cuarenta años de cómo podría llegar a emplear la escritura para averiguar (o, incluso, crear) mi propia realidad, no conseguí hacerlo más que episódicamente hasta que cumplí los sesenta. Más que eso, no reconocí hasta que empecé este libro, lo mucho que podía aprender de mí mismo a través de la escritura. Soy un poco lento, tanto en el arte como en el amor. En ambos ámbitos, me costó casi una vida entera aprender a confiar en mi corazón.

La segunda mitad de mi descubrimiento estaba relacionada con cómo me veía Mondi, tanto como persona como escritor, lo que me llevaba a probar de complacerla e impresionarla. Como resultado de una familia que la trataba mal y la mentía constantemente, tenía un recelo muy arraigado de casi todo lo que la gente decía o hacía por ella. Y como hija de un hombre muy creativo que actuaba como si los edificios que diseñaba fueran sus «hijos» reales a los que hubiera traído al mundo, no podía evitar sentir que mi escritura era su rival para conseguir mi corazón.

Estas dos cosas se combinaron para animarme a escribir con un ojo puesto en su aprobación y me desanimaron respecto a afrontar los riesgos creativos que son necesarios si uno tiene que encontrar su propio camino en y a través de la escritura. Por su parte, esas cosas la hacían desconfiar de mi escritura y provocaban que la considerara un tipo de autoindulgencia por mi parte. Lo entendía de esta forma, sobre todo cuando escribía cosas que tenía pocas perspectivas de poder llegar a publicar. «¿Por qué sigues trabajando en eso?», me preguntaba en un tono que implicaba que había una docena de otras cosas que podría haber estado haciendo que habrían contribuido más a nuestra felicidad y bienestar familiar.

Aunque también se sentía orgullosa de las cosas que sí que publiqué, su fracaso por comprender la importancia que tenía para mí escribir *per se*, me dificultaba (ya que rebosaba autorrecelo) entenderme y creer en mí mismo. Una vez, por ejemplo, escribí una novela que fue rechazada por más de veinte editores. Siempre creí que esa novela era la experiencia de redacción más valiosa que había tenido nunca, aunque cuando lo comenté, a ella le costó creer que no me estuviera excusando por esos meses en los que no había aportado mi proporción a los gastos familiares. Cuando se enteró de que estaba hablando con el psicoterapeuta que me visitaba en aquella época sobre pasar a escribir sobre mis dificultades personales, lo concibió como mi evasión de los puntos sobre los que tendría que estar trabajando. Y cuando, sólo un par de años antes de su muerte, se encontró una caja llena de notas que había guardado de mis proyectos de escritura inacabados a lo largo de los años, se limitó a sacudir la cabeza en señal de incredulidad.

Solía sentirme molesto por esas actitudes y comportamientos, y durante años esa molestia borboteó en todo tipo de formas encubiertas y hasta inconscientes. Ella afirmaba que yo era hostil y que me servía de una vida repleta de viajes y centrada en el trabajo para mantenerme alejado de ella. Y tenía razón. Pero lo que ni ella ni yo podíamos entender era, no lo mucho que yo necesitaba cambiar, sino lo importante que era para mi desarrollo que ella negara su aprobación como lo hacía. Como lograba que no creyera de verdad que podía ganarme esa aprobación, me obligaba a comprender y valorar la función de la escritura en mi propia vida, en mis propias palabras. Me retuvo de una identificación muy sencilla de mi persona como escritor y comportó que tuviera que esforzarme mucho para esa identidad, no sólo trabajando en la escritura y logrando publicar los resultados, sino también esforzándome para superar mis dudas personales. El hecho de que recibiera poca ayuda de su parte para superarlas comportó que la escritura se convirtiera no sólo en un vehículo para mi autodescubrimiento, sino también para la autoafirmación.

Su falta de apoyo, combinada con el éxito que había tenido con muchos escritos prácticos sobre cambios empresariales, me alejó de los temas individuales y personales durante mucho tiempo. Cuando los retomé, redescubrí hasta qué profundidad podía llevarme el acto de escribir. Había olvidado qué era estar tan apoderado por el entusiasmo de las ideas que tomaban forma en mi mente, que me ponía a tomar notas en los semáforos mientras los coches de detrás me pitaban. Había olvidado lo emocionado que podía sentirme al descubrir que me volvía loco por cualquier cosa que escribía. Qué placer sentía al redescubrir el estremecimiento de ver que el suelo aparecía delante de mí cuando estaba a punto de dar el paso siguiente.

Más que nada, escribir este libro me ha permitido recordar el valioso hilo de continuidad que ha representado en mi vida la escritura. En cada uno de los momentos decisivos que he vivido, utilicé la escritura para iluminar mi camino. Y aquí vuelve a estar, en la forma de este libro, ligando quién era yo antes de la muerte de Mondi con quién soy en la actualidad, en este momento de renovación y redirección de mi vida. Es la luz que llevo para iluminar el oscuro vericueto de mi propia vejez y para hacer visibles las alegrías de hacerme mayor. Me ayuda a explicar y a mostrar cómo se puede volver a empezar siempre, mientras uno esté en su propio trayecto. Enmarcándolo todo está el hecho de que es la escritura lo que me permite describir, en general, y registrar, en particular, lo que ocurre cuando la vida emprende una transición.

Al final, la transición es mi entrada en la materia sobre la que he querido escribir. Ese tema es la vida propiamente dicha y cómo encaja naturalmente en la forma sinuosa del viaje. Muchas personas, que pretenden asesorarnos sobre el arte de vivir, hablan sobre hacer las cosas de una forma lineal, racional, eficiente. Mi opinión es que ese tipo de esfuerzos son como un proyecto para mejorar el paisaje de un país, sin talar todos los árboles y plantar un bonito césped liso.

Después de todo, la vida no es una competición de rugby contra un oponente, en la que está intentando ganar terreno en un movimiento lineal hacia una línea de gol imaginaria. No puntúa avanzando a través de todo el terreno. La vida es más bien como el béisbol, donde el movimiento no es el tira y afloja de fuerzas opuestas bajo un límite temporal fijo. En el béisbol, circula por las bases y puntúa si completa un círculo. El «tiempo» no es el tiempo del reloj, sino que está dictado por lo que sucede en el propio juego en el campo.

El movimiento de la vida también es circular. A diferencia del movimiento lineal y mecánico, empezamos y terminamos en el mismo punto, aunque cuando hemos recorrido las bases nos dan una carrera. No es una fuerza contra una contrafuerza o empujar contra la resistencia, ya que los círculos están condicionados por otras fuerzas. La tierra se desliza hacia adelante como una piedra que se tira con una honda, pero el sol la atrae hacia un lado. No se opone a ella. Es tan sólo una atracción de otra dimensión, no el antiguo tira y afloja, sino una atracción que curva el camino hasta que se arquea sobre sí misma y volvemos a encontrarnos en casa.

Pero tampoco en casa de nuevo. Como el hombre dijo, no puede volver a casa de nuevo, a pesar de que (como los planetas nos recuerdan) siempre esté intentando dar un círculo completo. Pero no lo consigue, no del todo, porque justo antes de poder completar el giro, se encuentra intentando fluir hacia arriba, contra la gravedad, de modo que se encamina hacia el mar de nuevo en otro intento por completar un círculo, que de un modo similar no llega a completarse a sí mismo. La vida serpentea de esta forma. El arte nos ofrece todo tipo de imágenes de este trayecto de la vida que va adonde está yendo en una serie de círculos incompletos. Existe la serpiente del conocimiento del jardín, el camino serpenteante a través del laberinto, el Caduceo de Mercurio, y existen las ramas retorcidas del árbol de la vida. Vivir es un camino sinuoso a través del vacío.

Qué es lo que causa el momento oportuno de estas vueltas está más allá de nuestro conocimiento. Entendemos tanto su aparición como una bacteria intestinal conoce las horas de las comidas de los humanos que provocan los altibajos de la nutrición que la sustenta. Todo lo que sabemos es que periódicamente, alguna situación o acontecimiento nos desvía del camino en el que pensábamos estar y, al hacerlo, nos vemos obligados a abandonar el camino que habíamos recorrido hasta ese momento. Al dejarlo, nos encontramos a nosotros mismos en un páramo durante un tiempo, y no será hasta que hayamos vivido ese tiempo que regresaremos a un nuevo comienzo.

Los griegos contaban la historia del viaje de autorrenovación de la vida de la forma siguiente:[1]

Deméter era la diosa que hacía crecer las cosas, en especial los cereales. Todavía la recordamos cada vez que nos referimos a los *cereales*, ya que esa comida recibió el nombre de cómo la llamaban los romanos, *Ceres*. La mitología griega relata una época lejana en la que las cosas crecían constantemente en un mundo sin estaciones. Un día, la hija de Deméter, Perséfone, estaba recogiendo flores en una pradera, cuando Hades, el dios del infierno, la vio y se enamoró de ella. Como estaba tan tranquilo respecto a las nimiedades mortales como lo estaban los dioses, Hades se limitó a subir a la Tierra y llevársela a su reino oscuro como su novia.

En la Tierra, la madre de Perséfone buscaba a su hija por todas partes. En su aflicción, Deméter se descuidó de cuidar del crecimiento de los cereales y pasaron de verdes a dorados y, después, a un marrón seco. El aire se hizo más frío, los días más cortos. Asustada por esos extraños cambios, la gente se esmeró en reunir todo el grano que podía, mientras el incomprensible primer invierno llegaba.

De alguna forma, lo que le había ocurrido realmente a Perséfone llegó a los oídos de Deméter, y se marchó a la tierra de los dioses, en la cima del Monte Olimpo, para pedirle a Zeus, su padre y el dios más importante, que le dijera a Hades que liberara a su nieta de una vez. Sin embargo, en los reinos dispersos y los poderes divididos de los dioses, las cosas no eran tan sencillas. Hades era el hermano de Zeus y era casi su igual. Y Hades pretendía tener su propio camino. Pero Zeus sí que intercedió y, finalmente, Hades aceptó renunciar a su joven reina.

Todo parecía estar arreglado y la gente esperaba que el eterno verano regresara. Pero, de repente, surgió un problema inesperado. Un jardinero del infierno anunció que había visto a Perséfone comer unas pepitas de granada y todo el plan para hacerla regresar se detuvo. Ya que quienquiera que coma algo en la tierra de la muerte ya no puede regresar como antes a la tierra de la vida. Perséfone había dejado de ser inmortal, ya que ahora la muerte se encontraba en su interior, como una semilla que espera el momento de germinar.

Los acuerdos para afrontar ese giro de los acontecimientos tardaron en fijarse, pero al final se acordó que Perséfone pasaría nueve meses sobre la tierra y tres meses de cada año en el infierno. Cuando ella estuviera junto a Hades, todo lo de arriba crecería oscuro y frío. El grano dejaría de crecer y tendría que recogerse y guardarse para pasar esa nueva y extraña estación, el invierno. Cuando ella abandonara el infierno al final de la estación oscura, la primavera volvería a llegar, los cereales germinarían y una nueva etapa de crecimiento volvería a empezar.

Así es como los griegos explicaron el ritmo viviente de plenitud y pérdida que nosotros llamamos estaciones. Pero la historia hace más que eso, ya que también habla, de un modo que va más allá de cualquier lógica, de la fuerte necesidad de la vida de renovarse y morir antes de poder experimentar la vida de nuevo. Tenemos que descender antes de poder subir, terminar lo viejo antes de poder volver a empezar.

Desde el punto de vista de los actores de la historia, el acuerdo final era un compromiso. Pero desde el punto de vista de la historia, el ciclo de vida y muerte resultante era lo fundamental. El acto de comerse las pepitas de la granada era mucho más que un triste error, y el resultado fue mucho peor que un compromiso infeliz. Ya que la finalización y la parte inferior del ciclo que inicia son tan necesarios como la reaparición de la oscuridad cuando sucede lo nuevo. En cualquier punto de la naturaleza, el nacimiento es una expulsión, la pérdida del mundo seguro y conocido que ha sido nuestra casa.

Y lo mismo ocurre con cada paso que damos durante nuestra vida, y lo mismo ocurrirá al final de nuestras vidas, en el que nuestro siguiente paso empezará con la pérdida de otro mundo seguro y conocido

... lo que me devuelve a donde estaba cuando mi propia vida fue engullida por la oscuridad de una pérdida, y me encontré a mí mismo en una transición.

Notas

Capítulo 1

1. De un carta escrita para William Smith, 9 de enero de 1975.
2. A lo largo del libro, «final», «pérdida» y «abandonar» serán empleados más o menos intercambiablemente, ya que representan diferentes facetas de la misma experiencia. «Final» servirá para describir la ruptura entre usted y todas las cosas con las que se haya identificado. «Pérdida» se utilizará para enfatizar la experiencia de tener que realizar ese final. Y «abandonar» servirá para denominar lo que tiene que hacer para afrontar el final y la pérdida.
3. Van Gennep, Arnold. *Ritos de paso.*
4. Hesse, Hermann. *Siddhartha.*
5. Experimentamos cambios, sin pasar por transiciones, todo el tiempo. En esos casos, salimos de la experiencia siendo la misma persona que éramos al iniciarla. Pero cuando estamos preparados para la transición, hasta un cambio relativamente minúsculo puede llevarnos a una transición evolutiva.
6. Tolstói, Leon. *¿Qué es el arte?*

Capítulo 2

1. Se refiere a un pasaje de Etty Hillesum, *An interrupted Life: The Diaries of Etty Hillesum*, 1941-1943 (1983).
2. Meredith Willson, «Goodnight, My Someone», *The Music Man* (Burbank, CA: Warner Bros. Records, 1962).

Capítulo 3

1. Véase Eliade, Mircea. *Lo sagrado y lo profano.*
2. Emerson, Ralph Waldo: «Nature», *The Complete Works of Ralph Waldo Emerson* (Boston, 1903-1904), Vol. I, p. 4.

Capítulo 4

1. «Sufrimiento» proviene de una palabra antigua que significa «pesado» y se refiere al sentimiento que acompaña la pérdida. «Luto», en cambio, proviene de una palabra que hace referencia a «recordar». La segunda, por tanto, está más relacionada con cómo la mente parte de la conexión rota, mientras que la primera trata más sobre la tristeza y la depresión que son consecuencia de la ruptura.

Capítulo 5

1. Véase Tu Wei-Ming, «The Confucian Perception of Adulthood», *Daedalus* (Primavera, 1976), 109-123; la cita está sacada de la p. 117.
2. Para ejemplos de desencantamientos rituales, véase Sam D. Gill, «Disenchantment», en *Parabola* (Verano, 1976), pp. 6-13.
3. Christopher Frye, *A Yard of Sun* (1970), Acto II.
4. Homero. *Ulises*. Para una consideración más exhaustiva de la epopeya desde este punto de vista, véase mi libro anterior, *Transitions: Making Sense of Life's Changes* (1980), p. 47-52.
5. Esta corriente alterna que caracteriza nuestra respiración, se incorpora a los esquemas originales del pensamiento espiritual. Cuando en el Libro del Éxodo se dice que «en seis días Dios creó el cielo y la tierra, y al séptimo descansó», en el original hebreo literalmente afirma que al séptimo día «espiró». Véase Wayne Muller, *Sabbath: Restoring the Sacred Rhythm of Rest* (1999), p. 36.
6. En *Under the Tuscan Sun* (1996), p. 124. Cursiva añadida.
7. *The Viking Book of Aphorisms*, seleccionados por W. H. Auden y Louis Kronenberg (1962), p. 157.

Capítulo 6

1. Toffler, Alvin. *El shock del futuro*.

Capítulo 7

1. Uso este término en el sentido que lo usó Carl Jung para hacer referencia a los esquemas psíquicos inherentes que son animados por algún símbolo: la figura de la madre, como el símbolo de la generatividad natural de la vida; el retorno de la vida en primavera, como una imagen del renacimiento después

de la muerte; el anciano sabio, como una imagen de la sabiduría que proviene de la propia vida, y el pájaro, como una imagen del espíritu. Pero como Jung señaló, las descripciones tradicionales de los modelos arquetípicos suelen perder su poder para estimularnos. «La verdad eterna necesita un lenguaje humano que se altere con el espíritu de los tiempos», escribió en *La psicología de la transferencia.*

«Las imágenes primordiales experimentan transformaciones incesantes y todavía se quedan igual, pero sólo en una forma nueva pueden ser entendidas de nuevo. Siempre requieren una nueva interpretación si, cuando cada formulación se vuelve obsoleta, no van a perder sus [poderes]...» Luego, añade provocativamente: «¿Dónde están las respuestas a las necesidades y problemas espirituales de [nuestra] nueva época? ¿Y dónde está el conocimiento para abordar los problemas psicológicos creados por el desarrollo de la concienciación moderna?» Citó en *Psychological Reflections.*

2. P. M. Allen, «The Evolutionary Paradigm of Dissipative Structures», en E. Jantsch, ed., (1981), p. 27, citado en Stickland, p. 132.
3. *Ibid.*, p. 70.

Capítulo 8

1. Imprimí el libro antes de descubrir que Levinson había escogido un título similar para su *Seasons of A Man's Life.* La publicación de mi libro fue financiada por un préstamo de un mentor y buen amigo mío, Jim Ingebretsen.

Capítulo 9

1. La traducción al inglés de la poesía que formaba parte de la voluta fue colgada por el museo al lado de la misma voluta.
2. Keats empleó y explicó el término en una carta que escribió a G. y T. Keats, 21 de diciembre de 1817.
3. *The Experience of Nothingness* (1970), p. 70.
4. Dos libros que contienen los ejemplos siguientes, así como también muchos otros, son John A. B. McLeish, *The Ulyssean Adult: Creativity in the Middle and Later Years* (1976), y Alex Comfort, *Una buena edad.*
5. La primera vez que oí la distinción entre «decidir» y «elegir» fue del coautor de *The Art of Japanese Management,* Anthony Athos, aunque no creo que la entendiera en esa ocasión, sino hasta que me encontré frente a esta importante elección.
6. Karlfried Graf von Durckheim, *The Japanese Cult of Tranquility* (1974), p. 46-47.

Capítulo 10

1. John Gardner y Francesca Gardner Reese, eds., *Quotations of Wit and Wisdom* (1975), p. 42.
2. Para saber más sobre cómo gestionar las transiciones empresariales, véase *Managing Transitions* (1991).
3. Génesis, 32, 11.
4. *Cartas a un joven poeta.*
5. Capítulo XXV.
6. Mateo, 5, 48.
7. *The Illustrated Bible Dictionary*, 3 vols. [Varios editores], 1980, Vol. 3. En su sentido más fundamental, *pecado* se refiere a una ruptura o no totalidad en el patrón natural del crecimiento, en vez de a una abolladura en el parachoques brillante de la vida. En griego, la palabra traducida en este libro como «perfecto», también significa «adulto, crecido, como opuestos de inmaduro e infantil.» *Ibid.*

Capítulo 11

1. Geick, James. *Caos: la creación de una ciencia.*
2. Esta forma de pensar sobre por qué cada uno de nosotros es necesario me la sugirió por primera vez hace muchos años James Bugental, el psicólogo existencialista que sustituyó a Abraham Maslow en mi seminario de verano para profesores universitarios, en 1970.

Epílogo

1. Parafraseado de Graves, Robert. *Los Mitos Griegos.*